A POLÍTICA DO BRASIL

lúmpen e místico

Consulte nosso catálogo completo e últimos lançamentos em **www.editoracontexto.com.br**.

A POLÍTICA DO BRASIL
lúmpen e místico

JOSÉ DE SOUZA MARTINS

Foto de capa
"Vulto", José de Souza Martins, 2001

Montagem de capa e diagramação
Gustavo S. Vilas Boas

Preparação de textos
Lilian Aquino

Revisão
Poliana Magalhães Oliveira

Dados Internacionais de Catalogação na Publicação (CIP)
(Câmara Brasileira do Livro, SP, Brasil)

Martins, José de Souza
A política do Brasil : lúmpen e místico / José de Souza Martins.
– 1.ed., 1ª reimpressão. – São Paulo : Contexto, 2017.

Bibliografia
ISBN 978-85-7244-646-4

1. Brasil - Condições econômicas 2. Brasil – Condições sociais
3. Brasil – História 4. Brasil – Política e governo I. Título.

11-05125 CDD-320.981

Índice para catálogo sistemático:
1. Brasil : Política 320.981

2017

EDITORA CONTEXTO
Diretor editorial: *Jaime Pinsky*

Rua Dr. José Elias, 520 – Alto da Lapa
05083-030 – São Paulo – SP
PABX: (11) 3832 5838
contexto@editoracontexto.com.br
www.editoracontexto.com.br

Sumário

A Igreja e o conservadorismo socialmente modernizador

O conformismo na modernidade brasileira: disfarces da permanência

O poder político do Brasil lúmpen e místico

Em *Il Gattopardo*, Giuseppe Tomasi di Lampedusa nos põe diante de um célebre e esclarecedor diálogo entre o príncipe e seu sobrinho, Tancredi. Ao tio, temeroso em face do que parece sua precipitada e imprudente adesão à Itália unificada pela invasora Casa de Savoia, do Piemonte, o jovem herdeiro cinicamente diz: "Se queremos que tudo permaneça como está, é preciso que tudo mude".[1] Esse mote pós-moderno não se aplica apenas aos fidalgos adesistas da Sicília engolida, no Risorgimento, pela unificação da Itália e o início de sua transformação num país moderno. Aplica-se a muitos desses países periféricos que entraram no mundo moderno antes de terem transformado profunda e radicalmente suas elites tradicionais. Antes que essas elites fossem alcançadas pela onda de modernização social e política que no século XIX se difundiu a partir dos países de ponta no desenvolvimento econômico.

Aplica-se ao Brasil. Desde o século XIX, suas elites oligárquicas vestem a máscara do liberalismo e das concepções políticas modernas sem abrir mão de seus compromissos com a tradição e o latifúndio antiempresarial, entorpecedor do progresso, e sem abrir mão de suas teias de clientelismo político que nos mantêm muito aquém da política e até da civilização. Já em 1909, em *À margem da História*, Euclides da Cunha dizia de nosso governo imperial, a propósito da abolição da escravatura: "É natural que fosse o seu último ministério conservador que realizasse, a 13 de maio de 1888, a mais alta das reformas liberais; e fosse o seu último ministério liberal que planejasse reviver as energias conservadoras das tradições monárquicas desfalecidas".[2]

Essa contradição nos persegue. É impossível entender o Brasil tradicional, o Brasil moderno e já nesta altura o Brasil pós-moderno, sem levar em conta esta tensa combinação de moderno e tradicional que freia o nosso desenvolvimento social e político e que se renova a cada momento. Somos, estruturalmente, uma *sociedade de história lenta*, um conjunto de relações socialmente arcaicas mediatizando, viabilizando e, ao mesmo tempo, tolhendo e limitando o desenvolvimento econômico, social e político, ralentando-lhe o ritmo e cobrando-lhe tributos, às vezes definidos como corrupção. É o Brasil moderno pagando propina ao Brasil arcaico para se viabilizar e na mediação dessa promiscuidade definindo-se na singularidade que lhe é própria, a singularidade de um país que não fez propriamente revoluções históricas, senão pela metade e inconclusas. Nesse sentido, a relevância que nesta obra tem o lugar político da propriedade da terra no país, especialmente a grande propriedade, não faz do livro um estudo sobre a questão agrária, no sentido que ela tem tido nos embates políticos sobre a carência sempre renovada da reforma agrária. O que pretendo demonstrar é que, através das mediações que a traduzem em questão política, a questão fundiária, em particular o latifúndio e a tendência latifundista da propriedade da terra no Brasil, continua a reger os fundamentos da política brasileira, mesmo através das ações de quem latifundiário não é.

Nosso regime fundiário, inventado no século XIX para assegurar relações retrógradas de trabalho em substituição à escravidão que terminava, implantou-se como mediação irremovível de nosso capitalismo de extremos desencontrados. Um capitalismo que concilia processos econômicos de ponta, de alta ciência e sofisticada tecnologia, e elaboradas relações trabalhistas, com relações servis de trabalho, que vão até o limite da escravidão por dívida.[3] O latifúndio e as instituições políticas que dele nasceram e permaneceram criaram no Brasil um tipo de mentalidade que domina os valores e domina as condutas, sobretudo a conduta política. O latifúndio se foi, já não é o mesmo do longo período da história pré-moderna do Brasil. No entanto, ficou o seu legado, a armadura das instituições, até a rebeldia social desmentida todos os dias por um conformismo preguiçoso, uma desmemória antipolítica, uma espera messiânica, um milenarismo retrógrado, um apreço reacionário pelas aparências.

Em estudo clássico da formação política do Brasil, referindo-se à insidiosa sobrevivência da dominação patrimonial na política brasileira, a que se deu o nome de "coronelismo", por referência aos coronéis da Guarda Nacional, criada no Império e que sobreviveu até os primeiros anos da República, Victor Nunes Leal comenta: "o 'coronelismo' é sobretudo um compromisso, uma troca de proveitos entre o poder público, progressivamente fortalecido, e a decadente influência social dos chefes locais, notadamente dos senhores de terras".[4] Formalmente extinto, o coronelismo sobrevive, no entanto, até nossos dias nas práticas de curral eleitoral a que não tem estado imune nem mesmo o governo federal, supostamente distante do localismo atrasado, e nem mesmo os governos modernizadores e até progressistas. Nem a suposta esquerda escapou da trama. Por outro lado, analisando o poder político do latifúndio na quadra particular do Estado ditatorial, no período de 1964 a 1985, Octavio Ianni sublinha, justamente, "como a sociedade agrária constitui também a ditadura".[5]

Convém lembrar que o Bolsa Família, que se firmou como instrumento de clientelismo eleitoral durante o governo de Luiz Inácio Lula da Silva (2003-2010), estatizou o clientelismo e confirmou sua adaptação à modernidade. Foi o modo de institucionalizar o conformismo político e, ao mesmo tempo, incorporar as massas desvalidas ao processo político por meio do Estado, arrancando-as da tutela privada dos régulos de província, sem acabar com eles, substituindo-os pelo intermediário cúmplice, transformando-os em sócios menores do poder. A neoesquerda populista, por meio do Bolsa Família, incorporou essas massas ao seu projeto de poder, recompensando-as com tênue ascensão social, nem por isso menos significativa. Tudo muito aquém dos arroubos ideológicos e dos formalismos doutrinários, o real mais poderoso do que o utópico, muito aquém das fantasias e muito desencontrado com o historicamente possível. Os resultados apareceram no peso deturpante que teve nas eleições de 2010 e já havia tido na eleição presidencial de 2006. O clientelismo disfarçado do Bolsa Família ameaça e, provavelmente, inviabiliza a democracia no Brasil.

Num estudo recente, o cientista político André Singer, que foi porta-voz da presidência da República no governo Lula, dá um balanço em qualificadas análises políticas que expuseram mudanças significativas no comportamento eleitoral da população durante os dois mandatos de Luiz Inácio.[6] É particularmente importante sua compreensão da emergência do lulismo como fenômeno político desencontrado com as tendências e polarizações que até então haviam regulado o processo político brasileiro. A tendência de então, das camadas populares adotarem uma postura conservadora e favorecedora do que, digo eu, análises simplificadoras definem como "direita", enquanto os grupos mais afluentes e de estratos sociais mais altos tendiam para a "esquerda" (isto é, opções pelo PT), não foi detectada e foi quebrada pelo resultado eleitoral de 2006. Naquele ano, o PT propriamente dito encolheu, enquanto Lula cresceu, embora o cenário sugerisse que, na perspectiva ideológica prevalecente, ele provavelmente não seria eleito, decorrência das repercussões do escândalo do mensalão e de outros casos de corrupção em seu governo.

Singer localiza nos programas sociais do governo, a começar do Bolsa Família, combinado com vários outros programas de menor visibilidade e de menor nomeada, um conjunto de fatores de melhoria das condições de vida de populações estatisticamente situadas no estrato social mais baixo das classificações relativas a consumo. Foram essas medidas que deram a Lula, em 2006, um poderoso eleitorado compensatório para os milhões de votos perdidos para as oposições em virtude dos escândalos mostrados no Parlamento, e seus elos com o Palácio do Planalto. Eleitorado recentemente batizado e conquistado pela eficaz política social de varejo do governo petista, teria sido uma inesperada conquista num cenário adverso, tão inesperado que não aparecia na sua real dimensão em estudos e pesquisas.[7]

No meu modo de ver, porém, não foi apenas a opção pela ordem na economia e pela comedida inovação na política social, como supõe Singer, que assegurou a Lula e ao PT a permanência no poder. O PT no poder empenhou-se ativa e detalhadamente numa política de conciliação dos contrários, amansando e enquadrando os belicosos, como fez com o MST (cuja agressividade decaiu em seu governo), os sindicatos e os intelectuais, e seduzindo os poderosos, como fez com os partidos verdadeiramente de direita, os banqueiros e os investidores estrangeiros. O testemunho de Poletto sobre a minimização do Fome Zero em favor do Bolsa Família e a conversão deste programa num instrumento de poder, com apoio e envolvimento de setores da Igreja Católica, é apenas um dos indícios de formação de uma poderosa máquina de continuísmo. O que incluiu a instituição do direcionamento dos movimentos sociais pela própria presidência da República. Essa máquina poderosa não funcionaria, porém, sem a competente liderança populista ativa de Lula, coisa que nenhum outro partido, de esquerda ou de direita, teria condições de fazer. Lula, sem o saber, revelou a dimensão antropológica da política brasileira e mostrou que sem antropologia a ciência política entre nós tende a perder-se na cópia e na imitação. Seu bilinguismo político é um fenômeno cultural ao qual o PT, literalmente, deve tudo o que conseguiu até hoje. Se dependesse apenas de seus políticos, o PT, provavelmente, estaria até hoje longe do poder, como partido minoritário e elitista, nada diferente de outros partidos que procuraram inovar na sucessão do regime ditatorial.

A extensão dessa virada pode ser constatada no vocabulário por meio do qual o PT e intelectuais a ele agregados procuraram dar nome a este estranho e poderoso novo personagem da cena política brasileira, a massa dos desvalidos sem expressão, disseminada sobretudo no Brasil rústico e marginalizado: o Brasil "dos grotões", como o classificaram analistas e petistas em vários momentos. Posso rastrear, através da vacilação conceitual da esquerda, a relutância em reconhecer nos devidos termos a emergência política dessas populações depreciativamente definidas no pensamento político. Em abril de 1982, fui um dos expositores num curso sobre reforma agrária organizado pelo Centro de Orientação Missionária, para missionários latino-americanos, em Caxias do Sul (RS). No elenco forte dos questionamentos apresentados pelos participantes estavam as mudanças econômicas e tecnológicas que vinham alcançando os pequenos produtores rurais, desorganizando-lhes a economia e o modo de vida, expulsando-os da terra e do campo. Foi o caso da crise do preço da soja, muitos pequenos agricultores reduzidos a dolorosa pobreza. Uma nova pobreza rural estava sendo gestada pela especulação econômica, pela modernização agrícola e pela emergência do que veio a ser chamado em português de agronegócio. O cenário era o do crescimento do número de desenraizados, vivendo precariamente à margem da economia organizada, gentes supostamente sem horizonte nem futuro.

Estava muito presente o desfecho recente e adverso do caso dos sem-terra acampados na Encruzilhada Natalino, em Ronda Alta (RS), parte dos quais, depois de longo cerco militar e policial, havia sido convencida pelo governo militar a aceitar remoção e assentamento em Lucas do Rio Verde, no Mato Grosso, o que enfraqueceu o movimento. A própria Igreja Católica tentava achar uma alternativa que, naquele momento, era a da compra de terra com dinheiro oferecido pela Cáritas, uma organização católica, para acomodar os acampados. Mas a CNBB não queria envolver-se no reassentamento.[8] É verdade que os sem-terra da beira da estrada tinham sua origem recente na expulsão da terra dos índios Kaingang, que a exploravam, uma esdrúxula variante dos desenraizamentos promovidos pela expansão agrícola do grande capital.

Num dos intervalos para o cafezinho, João Pedro Stédile comentou comigo que "quem conseguisse organizar esses lúmpens mudaria o País". Intuía ele o potencial político da imensa e crescente população inquieta e desamparada. Mas nessa afirmação contrariava a orientação doutrinária da esquerda, que desde Marx e Engels vira no lumpesinato e no campesinato categorias sociais incapazes de criar politicamente no marco da centralidade histórica da classe operária. Incapazes, portanto, de promover transformações sociais com progresso social e político. Ao contrário, tendiam historicamente para orientações ideológicas de direita, alinhando-se aos grupos politicamente reacionários. Na fala de Stédile havia a sugestão de uma possível mobilização política da população lúmpen e da possibilidade de seu alinhamento com a classe operária na categoria mais geral de "trabalhadores", que constituía a rotulação referencial do recém-surgido Partido dos Trabalhadores.

A ideia era arriscada, mas interessante, e se concretizaria dois anos depois, em janeiro de 1984, com a fundação do MST – Movimento dos Trabalhadores Rurais Sem Terra, de que Stédile foi o principal articulador. Essa ideia já vinha sendo amadurecida na Pastoral da Terra, a que Stédile estava ligado, sobretudo em vista da notória indisposição da maioria dos bispos católicos para abrigar a luta pela terra como luta política da Igreja. A Pastoral da Terra, reiteraram várias vezes os bispos, era uma pastoral de suplência. A designação "lúmpen" indicava a desconfiada incorporação política de uma massa de desamparados cujo comportamento podia ser enquadrado, mas não podia ser assegurado.[9]

Anos mais tarde, antes da chegada do PT ao poder, Tarso Genro se referirá a essa população, num de seus escritos, como "população marginalizada, lumpesinada ou meramente excluída do mundo da Lei e do Direito".[10] O que dá bem a medida da força da ideologia contra a evidência dos fatos: nessa época o cerne da luta popular, especialmente a luta pela reforma agrária, era marcada por intenso legalismo, praticamente todas as lutas populares orientadas pela reivindicação do cumprimento da lei e dos direitos sociais nela assegurados. Coisa que, aliás, continua até hoje.

A Igreja Católica, evitando a filiação conceitual marxista, preferiu designá-la como "excluída" e assim continua fazendo, uma forma de certo modo pudica de designação dos que supostamente não têm lugar no acontecer histórico. Rotulação que, no fundo, indica mais desconfiança do que confiança na competência dessa população para tomar o seu destino social nas próprias mãos. Francisco de Oliveira, também às voltas com a descrença na competência histórica e política dessa população, sobretudo em consequência de sua inserção indefinível no mundo do trabalho, preferiu, em 2003, designar sua atividade como "trabalho sem-formas".[11] As dificuldades conceituais do Partido dos Trabalhadores com a massa lúmpen chegaram ao fim quando ficou claro que ela se tornara constituinte do lulismo e fora decisiva na reeleição de Lula para a presidência da República em 2006 (e se tornaria decisiva para a eleição de Dilma Rousseff, em 2010). Ganhou um conceito respeitável e integrativo: *subproletariado*, encontrado providencialmente num texto de Paulo Singer, de 1985,[12] que André Singer significativamente adota no seu texto referencial.

Essa massa, cujas vacilações e incertezas históricas estão diretamente relacionadas com o modo singular como o capital e a propriedade da terra se articularam no desenvolvimento capitalista brasileiro, vive historicamente "dentro" e "fora" do capitalismo. Portanto, suas tensões são determinadas pela própria dinâmica do capital, enquanto o entendimento que das tensões têm é determinado pela visão de mundo tradicionalista e mística, que é o que lhe resta do passado histórico dissimulado pela superfície de formas sociais modernas. Um característico caso de anomia.

O latifúndio aqui se modernizou e aqui não se divorciou dos grandes avanços da ciência e da tecnologia, nem se refugiou em valores antimodernos de uma tradição feudal que não tivemos. Inseminou sua lógica na dinâmica da sociedade brasileira e condicionou nosso desenvolvimento histórico aos seus requisitos de permanência e multiplicação. No rentismo irracional, decorrente do primado histórico do seu lugar na realidade do país, tornou-se mediação relevante do processo do capital entre nós, o que gerou um modelo de capitalismo, econômica e politicamente, discrepante do modelo teórico de referência das análises ao capitalismo relativas e das ações a ele correspondentes. Discrepante até mesmo do modelo pressuposto nas análises de Marx.

Essa mediação contaminou as mentalidades, estreitou-lhes os horizontes, trouxe ricos e pobres ao redil de um imaginário que nos confina nos limites pobres de um querer coletivo deturpado em face do real e do possível. Do atraso social persistente à corrupção política insistente, tudo se repete em proclamações e ações que anunciam o fingimento do contrário e o imobilismo do inautêntico. É na dialética dessa singularidade que proponho esta interpretação do Brasil, que, espero, possa contribuir para a compreensão desta estranha peculiaridade histórica que é a de avançar economicamente, atenuar socialmente e recuar politicamente (no avanço meramente nominal, ideológico e de discurso ufanista), elementos do nosso desenvolvimento desigual e do nosso conformismo, fontes das nossas crises políticas e dos nossos impasses históricos.

Nessa função política, o latifúndio não está só. Do mesmo modo, a luta pela reforma agrária, que a ele se opõe, assumiu uma relevância no momento contemporâneo da história do Brasil, que a sobrepõe a todas as demandas sociais e políticas próprias da sociedade capitalista e moderna. Essa sobreposição é bem indicativa de que a ideologia da propriedade fundiária alcançou as populações desvalidas do campo e conformou sua mentalidade, inevitavelmente pondo no centro de sua vida o que não é central no processo histórico. Nessa perspectiva, a ideologia agrorreformista nem é superadora de contradições nem emancipadora nem, propriamente, libertadora. O que não torna a reforma agrária cíclica desnecessária nem supérflua.

Sob uma cultura alegadamente revolucionária e de esquerda, e em contradição com ela, vem ganhando consistência e se disseminando entre os novos proprietários de terra da agricultura familiar uma inevitável ideologia rentista, basicamente a mesma que regula a dinâmica do latifúndio. Estamos em face de um reconhecimento popular de que a propriedade da terra é título que gera um tributo, a renda da terra, pago pela sociedade inteira, que remunera irracionalmente a propriedade (e sem esforço, enquanto renda, remunera o proprietário) pelo simples fato de ser título de domínio de um pedaço do planeta, como dizia Marx. O que é diverso da remuneração do trabalho nela contido, a ser pago por quem dela precisa e precisa dos alimentos que nela se produz.[13] Embora hoje esse proprietário seja chamado de trabalhador, que de fato é, as determinações de sua situação social e de classe passam pela propriedade da terra e pela renda fundiária, mediações da determinação de sua consciência social.

A instabilidade potencialmente contida nessa realidade faz do pequeno agricultor e do trabalhador rural um coadjuvante das funções políticas conservadoras da propriedade fundiária, ainda que na mediação das carências próprias de sua situação social e de classe.[14] Diferença, entretanto, que não o aproxima das metas sociais e históricas próprias da classe operária, havendo entre ambos uma tensão estrutural que não pode ser ignorada por quem quiser compreender os dilemas e bloqueios políticos do Brasil de hoje. O Brasil ideologicamente moderno se pensa como um país constituído exclusivamente de categorias sociais urbanas, situadas nos setores de ponta da economia e da sociedade. Bane de seu imaginário as populações retardatárias da história, como a dos pequenos agricultores, dos posseiros, dos pequenos arrendatários, e relega a uma rotulação infundada e arcaizante até mesmo a grande empresa rural, reduzindo-a às simplificações da categoria de latifúndio, que não se aplica no caso ou não se aplica sempre. Vem daí a enorme e despistadora confusão em que estão mergulhados os embates sobre a questão agrária e as legítimas reivindicações dos que carecem de terra para trabalhar e podem fazê-lo com competência, em benefício próprio e em benefício do país.

Este livro trata, enfim, da difícil combinação que faz com que influentes setores da sociedade, historicamente marcados pela tradição conservadora, como a representada pela Igreja, tenham se tornado advogados, defensores e ativos protagonistas da revolução social e das mudanças sociais profundas, no marco de sua ideologia de referência, que fez do passado o tempo regulador do possível e do futuro. E que setores da sociedade organizados em partidos liberais, de centro-esquerda ou de esquerda tenham assumido a missão conservadora de fazer da ordem o princípio regulador do progresso.

Em *A chegada do estranho*, eu já havia assinalado que nossa sociedade combina a pedra da portentosa fachada barroca com a modesta e precária estrutura de taipa socada ou de pau a pique, barreada do branco da tabatinga, da arquitetura caipira.[15] Somos uma sociedade barroca, dominada pelos adornos da aparência, na dialética das inversões, em que os contrários desempenham as funções dos opostos, na espiral de um interminável desencontro, que move e imobiliza a sociedade ao mesmo tempo. Essa peculiar contradição se manifesta nos diferentes planos da nossa vida, também na política. Os pobres, que supostamente querem grandes e profundas transformações econômicas e sociais, votam nos ricos e nos conservadores. Os ricos e cultos e a classe média, que supostamente querem que tudo fique como está, votam nas esquerdas e pelas transformações radicais. E o partido que, no poder, mais sofreu com essa contradição entre situação de classe e ideologia de classe, o PT, conseguiu o milagre de colher eleitoralmente a vontade política dos ricos e da esquerda e fazer a vontade social dos pobres e conservadores (não necessariamente de direita, como pensam muitos dos que se presumem de esquerda).[16]

No fundo, sabem os pobres que não querem tanto e sabem os ricos que não querem mais e nada precisam temer do radicalismo de discurso. Estão os pobres, sem reivindicações inovadoras, nessa inversão de papéis e de funções, tutelados pelos ricos e pela classe média, supostamente esclarecidos. Estes querem mudar em nome de quem não o quer, ou de quem não sabe que, por sua situação social, "tem que querer" mudar. São os pobres, presumíveis depositários do mandato histórico da transformação social, na sua não intencional cumplicidade com a mudança que não é a sua, os que se tornam agentes do disfarçado primado do repetitivo. As rupturas, quando ocorrem, são rupturas sem projeto, no encalço das quais se engalfinham os que se supõem, e indevidamente se proclamam, dotados do mandato da história.

É, pois, a persistência disfarçada do passado, nessa troca de papéis, nessa dupla alienação, como regulador do processo político brasileiro, que constitui o eixo de articulação dos temas deste livro. É a persistência do passado que se esconde, e às vezes se esconde mal, por trás das aparências do moderno, que faz da sociedade brasileira uma sociedade em que essa peculiaridade pesa decisivamente. O que a faz pós-moderna sem moderna ser. Pesa mais do que à primeira vista se vê, em nosso destino e em nossos impasses sociais e políticos, em nosso modo de agir e em nosso modo de nos omitirmos diante dos desafios. Pesa também na nossa mentalidade coletiva, no uso trocado dos conceitos por meio dos quais nos definimos: pensamos ser uma coisa, sendo outra. Frequentemente, o rótulo "de esquerda" é aplicado a quem, na prática, é "de direita"; e o rótulo "de direita" é aplicado a quem, na prática, é "de esquerda". Tudo simplificação e inversão do conhecimento, reduzido a rótulos com base nas premissas do autoritarismo popular e nas limitações da cultura popular. Formas de escamotear nossas carências históricas, de conter as inovações e criações da práxis coletiva e de instituir, no fundo, mecanismos de controle político mediante a satanização do pensamento divergente. Formas de recusar o cidadão que só pode existir no marco do pensamento crítico.

Esta é uma sociedade de comparação difícil com as sociedades cuja dinâmica está pressuposta nos modelos de vida social que dominam os manuais de sociologia elaborados com base na observação das sociedades dominantes. O peculiar da sociedade brasileira está nessa persistência reguladora de sua história, sobretudo dos pactos de transição que foram amarrados em diferentes momentos de seu passado, em que foi decidido como e o que o Brasil seria e como e o que o Brasil não seria. Menos, portanto, pelas ocorrências características e factuais. E, mais, pelas determinações que dela fazem mediação viva do presente. História inacabada, o inacabado e o inacabável vão se revelando determinações estruturais que demarcam o nosso trajeto, nosso nunca chegar ao ponto transitório de chegada; àquele que define uma realidade configurada, marcada por seu próprio tempo singular, seu modo de ser e de interpretar-se.

A história contemporânea do Brasil tem sido a história da espera pelo progresso hipotético das grandes rupturas e a história do desdém pelo progresso real. Como o progresso não "veio", senão de um modo insuficientemente lento, essa história, no limite, se transformou na história da espera da hipotética revolução que nos remeteria ao Brasil edênico dos primeiros dias, que nos libertaria de nossa própria história, das contradições e das injustiças decorrentes que nos fizeram o que somos como nação. Mas a revolução também não "veio", para usar a concepção mística comum nos grupos populares, arrebanhados politicamente por aqueles que dizem querer colocá-los na senda das grandes transformações sociais. A revolução como um advento, uma dádiva, trazida dos céus pelo profeta Elias em seu carro de fogo, como imaginavam pobres camponeses do sertão de Minas num movimento milenarista de abril de 1955.[17] Afinal, deveria ser esperada, como dádiva e bênção, ou deveria ser produzida como práxis, movimento, processo? Na verdade, a história da sociedade brasileira tem sido uma história inacabada, uma história que não se conclui, uma história que não chega ao fim de períodos definidos, de transformações concluídas, de formas sociais e políticas acabadas, identificáveis, referenciais. Não é uma história que se faz. É uma história sempre por fazer, que nos enreda em realidades de que não gostamos e em fantasias que não se cumprem.

Os ensaios deste volume tratam de problemas distintos, articulados entre si por temas comuns relativos ao fazer História, na perspectiva desta contradição fundante do que somos e do que podemos: a dimensão política da propriedade da terra e a dimensão política da atuação dos que se envolvem na luta pela terra em nome da religião. Nossa peculiar questão agrária é o pilar do que somos e do que não podemos ser. Certa pobreza de perspectiva tem sustentado a suposição, mesmo entre sociólogos, de que a questão da terra interessa aos trabalhadores rurais e a mais ninguém. Problema residual do passado seria resolvido com o progresso e o desenvolvimento urbano inevitáveis. Assim pensam os que não conseguem ver que no problema fundiário está o núcleo das dificuldades para que o país se modernize e se democratize. Não só em consequência do rentismo parasitário envolvido no que é propriamente o latifúndio não empresarial, mas também em consequência de sua contrapartida no autoritarismo popular e antidemocrático.

Fala-se de sociedade civil, e de seu protagonismo histórico, e de cidadania como se uma coisa e outra pudessem se constituir e se disseminar com a vulgarização de dois ou três capítulos de clássicos do pensamento social francês. Essa ingenuidade da mentalidade colonizada não permite ver que não estamos na França nem na Europa. A cidadania não é o milagre do discurso fácil e teimoso, privado de fundamentos na história real e em nossas singularidades persistentes. Onde é real e tem sentido, não foi ela produzida pela cansativa repetição da palavra que a designa. Nem o será. A cidadania foi produzida por conflitos radicais, que afetaram a sociedade na raiz; além disso, muito mais profundos e significativos que os conflitos de classes, sempre invocados para propô-la.

As limitações da cidadania no Brasil e a pesada herança cultural gerada, inicialmente, pela questão do escravismo e reproduzida e ampliada depois pela questão agrária, constituem o cerne do modo anômalo como a modernidade se difunde entre nós. No plano político, nos partidarizamos antes de nos politizarmos. A política é para nós misticismo, dependente de canonizações e de lealdades místicas. É mais questão de fé do que de razão. A economia, ainda hoje, progride não só com os meios de produção da tecnologia moderna, mas também com as perversas iniquidades do trabalho escravo, reconfigurado para as carências e conveniências da modernidade. Este país se move, aos trancos e barrancos entre esses extremos. No entanto, reduzidos a uma equivalência funcional e falsa que, ao dominar nossa consciência social e nossas orientações de conduta coletiva, nos torna pós-modernos. Pós-modernidade que nos bloqueia e nos condena a mudanças sociais de superfície e a uma alienação social peculiar que faz do nosso cotidiano uma impotente espera pela embriaguez do Carnaval. E, ao mesmo tempo, incurável ressaca.

Por que entre nós, o discurso sobre a cidadania é mais forte do que a pseudocidadania que temos? Por que o já lugar-comum dos clamores da sociedade civil é tão mais visível do que a própria sociedade civil? Na verdade, estamos muito longe de uma sociedade de cidadãos. Nossas tradições históricas e nossos dilemas históricos não resolvidos nos empurram perigosamente em outra direção. A propriedade latifundista da terra não domina a economia nem é propriamente decisiva no que somos hoje, mas é um marco regulador, uma sentinela dos arcaísmos que desenham nossas possibilidades e limites. Ela se propõe como sólida base de uma orientação social e política que freia, firmemente, as possibilidades de transformação social profunda e de democratização do país. É um sério erro supor, como fazem muitos, que a questão fundiária deva ser isolada do conjunto dos processos sociais e históricos de que é mediação, para, no fragmento de um isolamento postiço, ser analisada como mero problema social, circunscrito a algumas regiões e a alguns grupos sociais. Na verdade, a questão agrária engole a todos e a tudo, quem sabe e quem não sabe, quem vê e quem não vê, quem quer e quem não quer. O conjunto da trama social de algum modo passa por ela, por sua mediação: das deformações da representação política no Congresso Nacional e suas insistentes práticas fundadas na dominação patrimonial à disseminada cultura do favor e às nossas ingenuidades políticas cotidianas. A questão agrária, entre nós, desdobrou-se numa visão de mundo, num tipo de mentalidade, presente e dominante até mesmo no querer cotidiano de quem se imagina imune a ela ou com ela descomprometido.

A forma aqui assumida pela propriedade da terra é o centro histórico de um sistema político persistente. Associada ao capital moderno, deu a esse sistema político uma força renovada, que bloqueia tanto a constituição da verdadeira sociedade civil, quanto da cidadania de seus membros. A sociedade civil não é senão esboço num sistema político em que, de muitos modos, a sociedade está dominada pelo Estado e foi transformada em instrumento do Estado. Como indiquei antes, essa deformação se revigorou no período recente, nas agências de direcionamento social e político instituídas durante o governo do PT, dando foros de neoclientelismo pretensamente emancipador à dominação tradicional de base patrimonial, do oligarquismo difuso que domina nosso processo político.

No Brasil, o atraso é um instrumento de poder e nada propriamente mudou no período recente, o que confirma sua força estrutural e política. As denúncias de corrupção, no período pós-ditatorial, que poderiam ter levado a uma revisão ampla do sistema político brasileiro, mais do que exclusivamente do Estado brasileiro, apenas revelaram como a sociedade inteira está profundamente envolvida naquilo que a constrange e que denuncia. As denúncias de corrupção têm servido exatamente para mostrar a natureza viciosa do sistema político, como se viu no impedimento de Collor e nos casos dos "mensalões" (em 2005/2006 e em 2009/2010), a transformação de parlamentares em assalariados de apoios de conveniência a governos e governantes.

Nesse esquema, em que a sociedade está dominada pelo Estado, e atua segundo a lógica do Estado, a força da sociedade civil se dilui e, frequentemente, se perde. Todas as grandes pressões sociais de fortes possibilidades transformadoras, a partir da Segunda Guerra Mundial, no Brasil, se diluíram facilmente em projetos e soluções exatamente opostos aos objetivos das lutas sociais. O sistema político tem demonstrado uma notável capacidade de captura dessas pressões e propósitos, assimilando e integrando o que é disruptivo e o que em outras sociedades foi fator essencial de transformações sociais e políticas até profundas. Mesmo o Partido dos Trabalhadores, que foi a poderosa síntese do nosso inconformismo e do nosso radicalismo contemporâneos, ao chegar ao poder acabou assimilado, institucionalizado, instrumento e patrono de tudo aquilo que negava. Tornou-se caudatário de uma única pessoa, sumo e sumarização do que lhe resta, tornando-se outra coisa para continuar sendo a mesma.

Os grupos sociais descontentes, muitas vezes conscientemente desejosos de grandes mudanças históricas, ao atuarem no marco dessas limitações, no marco de uma sociedade cujos movimentos sociais e cujas aspirações se esgotam primariamente na reprodução de uma máquina incivilizada de poder, são na verdade, involuntariamente, agentes da história lenta. As mesmas ações e até os mesmos protagonistas (os camponeses, os operários, as mulheres, os jovens, os negros), em outras sociedades, atuando pelos mesmos objetivos, conseguiram mudanças sociais e políticas notáveis, que redefiniram o modo de ser de sociedades inteiras. Aqui, não. Quando muito, são cotidianamente cooptados, iludidos e silenciados por doações de um neocorporativismo "de esquerda", como o Bolsa Família, o ProUni, as cotas raciais, instrumentos do conformismo que rouba militantes das lutas pela constituição histórica do homem como gênero humano, a humanização do homem, e pela libertação e emancipação de todos e não só de alguns.[18]

Quando se reconhece que a sociedade brasileira, como outras sociedades de origem colonial, com problemas similares, é uma *sociedade de história lenta* e se toma essa constatação como perspectiva de interpretação da realidade social, os resultados são diferentes dos que se consegue por outro meio. Como acontece no Brasil, são sociedades que mudam até radicalmente na superfície, mas que persistem nas estruturas sociais profundas – nas relações sociais, nas mentalidades e até nas instituições arraigadas, referidas a marcos de pensamento e conduta fundados em datações pretéritas.

A perspectiva do que posso chamar de uma *sociologia da história lenta* permite fazer uma leitura dos fatos e acontecimentos orientada pela necessidade de distinguir no contemporâneo a presença viva e ativa de estruturas fundamentais do passado. De modo que os fatos de hoje acabam se mostrando como fatos densamente constituídos pela persistência de limitações e constrangimentos históricos que definem o alcance restrito das condutas transformadoras. Mais que isso, uma *sociologia da história lenta* possibilita descobrir, e integrar na interpretação e nas referências de análise, estruturas, instituições, concepções e valores enraizados em relações sociais que tinham pleno sentido no passado e que, de certo modo, e só de certo modo, ganharam vida própria. Sua mediação freia o processo histórico e o torna lento. Não só porque reduz o âmbito da tomada de consciência das verdadeiras dificuldades à transformação social, mas também porque atenua ou reorienta o sentido das ações de propósito transformador. Temos visto isso, nas últimas décadas, todos os dias, nos movimentos populares, contraditoriamente referidos a discursos ideológicos de orientação pretensamente socialistas e a valores de fato enraizados na tradição conservadora e pré-moderna.

É um equívoco supor que essas mediações são apenas obstáculos ao progresso, ao desenvolvimento e à modernização, tecnicamente superáveis. E que o progresso domina inexoravelmente a História. A questão, aliás, nem é saber se domina ou não. A questão é saber quais são as condições históricas que estabelecem o *ritmo do progresso* em diferentes sociedades, muito além das apressadas ideologias revolucionárias e imediatistas, da militância cotidiana e do voluntarismo desenraizado porque alienado. O progresso, por muitos fatores, é inevitável, mas não é linear, o que propõe a questão sociológica de seu ritmo, regulado pelos bloqueios estruturais e resistências ideológicas que lhe dão, em cada sociedade, e até em cada classe social, um tempo peculiar e próprio.[19]

É justamente essa peculiaridade histórica da sociedade brasileira que faz com que certas ações e orientações políticas em favor de transformações sociais, e a própria consciência do que vem a ser transformação social, abram um campo de possibilidades de ação transformadora aos característicos representantes do que os clássicos definiram como pensamento conservador.[20] Nessa perspectiva, ao contrário do que vulgarmente se supõe, o pensamento conservador, já o demonstraram seus estudiosos, não é um pensamento imobilista.[21] O pensamento conservador se tornou ativo e transformador, na própria Europa, quando a sociedade tradicional foi posta em confronto com os efeitos socialmente desagregadores do progresso e da modernização.[22] Algumas conquistas sociais fundamentais das classes populares europeias foram inspiradas em constatações e descobertas somente possíveis na perspectiva do pensamento conservador. Não nos esqueçamos de que o próprio pensamento de Marx tem suas raízes na lógica da tradição conservadora e ele próprio é a mais importante indicação da vitalidade radical dessa origem.

Embora nem sempre, numa situação-limite, como a brasileira, a própria intenção conservadora pode se radicalizar e se transformar em arma de pressões por mudanças até profundas. É por essa via que se pode compreender o papel singular da Igreja Católica no país, no seu envolvimento e identificação com as potencialidades transformadoras das lutas populares no campo e na cidade. Lutas que, no fim, têm como referência antagonística, ainda que indireta, justamente este sistema político que atenua o impacto e as consequências das pressões sociais dos descontentes. O uso de esquemas pré-fabricados e chavões gestados em outros confrontos e outras sociedades não tem aqui senão o aspecto de conduta imitativa, não criativa, própria do colonizado que ainda pensa com a cabeça do colonizador. A ação política neles baseada não leva senão a uma prática política reduzida a frases vazias e palavras de ordem inconsequentes. Isso acontece até mesmo com grupos ideológicos e partidários que se definem a si mesmos como "de esquerda".

Historicamente, o país se fragmenta em dois partidos: o partido do sistema político e o partido da ruptura. E, como observou Euclides da Cunha já no século XIX, trastrocam-se no poder para serem um partido só e fazerem o mesmo, como se estivessem fazendo o diferente. As inovações, como as repetições, ficam sutilmente ocultas, dissimuladas entre o mudar para manter, mas também para criar as condições da mudança e das inovações naquilo que aparentemente é mantido e repetido. O difícil tem sido, claramente, fazer com que na práxis política dos que se motivam pelo afã de mudar e transformar se assuma que seu partido é o partido da ruptura e não o partido do poder. Equívoco, aliás, que tem feito do revolucionário um conservador. As rupturas políticas dependem de circunstâncias, condições e determinações sociais e históricas, cujas compreensão e interpretação são também momento da práxis.

No período passado entre a edição original do livro e esta nova edição ampliada e atualizada consolidou-se a nova democracia brasileira, que se depurou de algumas das incertezas que ainda prevaleciam em 1994 e decantou as variantes da tendência do nosso processo político. As tendências aqui analisadas se confirmaram ao longo desses anos. Nossos dilemas se recriam, os perfis históricos se robustecem, os limites para o que permanece e para o que muda se confirmam.

Agreguei, agora, à versão original do livro, publicado com o título de *O poder do atraso*, para dar-lhe o sentido de atualidade que esse cenário indica, dois ensaios recentes de ampliação e atualização dos temas nele tratados: "Heranças e pendências de uma sociedade em estado de anomia" e "Desafios da esquerda: reflexões e questionamentos". Acrescentei ao livro uma quarta parte, constituída de 11 pequenos ensaios publicados nos últimos anos no caderno Aliás, do jornal *O Estado de S. Paulo*. São reflexões pontuais sobre ocorrências do momento, analisadas e interpretadas na perspectiva do movimento pendular de avanços e recuos políticos de um Brasil vacilante e indeciso quanto a seus rumos históricos. Um país aprisionado na armadilha das palavras e de conceitos indevidos e desgastados, como os de "direita" e "esquerda", por isso lento no compreender-se e realizar-se no marco potencialmente criativo de seu possível. Desdobramentos do processo histórico amplo no tempo curto do momento e do evento que neles expressam a força desse *moto-contínuo* de retorno das determinações conservadoras que regulam a mudança pela permanência.

Nos ensaios acrescentados ao livro, adoto o mesmo método que adotei anteriormente, na análise sociológica do presente como história, para situar a atualidade como atenuação do historicamente possível no problemático elenco de débitos sociais que cobram hoje o que não foi pago ontem. As opções sociais e políticas dos momentos decisivos do passado erguem-se continuamente como determinações mortas que governam como um pesadelo a práxis e a vontade dos vivos.[23] A República tem sido governada pelas poderosas estruturas do passado brasileiro, que nos vêm desde os tempos da invenção do Brasil. As mudanças sociais e políticas propondo-se parcimoniosamente. São engendramentos que, entre impasses e laboriosas soluções políticas, teceram e tecem a trama de determinações sociais que nos regem e nos cerceiam. Nas ruínas da ditadura, a abertura política iniciada no governo do general Ernesto Geisel, em 1974, e concluída em 1985 com a transição para o regime civil, mostrou que nos situávamos num ruidoso e palavroso imaginário político. Um imaginário que pedia análise e interpretação à luz do que somos e temos sido, de modo a buscar uma compreensão de nossos rumos e de nosso possível como nação no marco das estruturas sociais e políticas que nos regulam. A extrema fragmentação dos partidos de esquerda, em dezenas de agrupamentos minúsculos e desenraizados pela própria repressão da ditadura militar, estimulou a radicalização do imaginário, sem contrapartida nas efetivas contradições do país. Naquele momento, tudo era possível e nada era possível também. De ambos os lados do conflito, os protagonistas ignoravam o essencial da realidade, sua complexidade, sua dinâmica, o caráter difuso de suas demandas e de seus projetos para o Brasil, sua inconsistência ideológica.

Os acréscimos e as atualizações fazem do texto, em largo sentido, um livro novo em relação à edição original de *O poder do atraso*. Por isso preferi dar-lhe um título novo, que corresponde melhor aos desdobramentos de sua problemática. O Brasil moderno que se propunha em 1994 no marco limitante do poder do atraso, na força mediadora nem sempre visível nem politicamente consciente do nosso tradicionalismo, confirmou-se nos anos recentes. Tanto a social-democracia modernizante do PSDB quanto a social-democracia populista do PT propuseram-se como demarcações de um destino, o das nossas alternativas contidas e prudentes, traço da nossa história lenta. De certo modo, a primeira nos empurra na direção de um republicanismo que se expressa mais nas formas do que no conteúdo, um republicanismo que não chega substantivamente à vida cotidiana dos brasileiros.

Foi ingênuo e desastroso para a nossa incipiente social-democracia o menosprezo do PSDB pelos movimentos sociais, em geral, e pelos movimentos populares, em particular. Foram tratados como fenômenos sociais passageiros e de circunstância que, com o tempo, restituiriam a política à sua normalidade, os partidos. Esses movimentos ganharam foro de resistência política durante o regime militar e de inovação nas demandas sociais, revelando um novo e decisivo sujeito político na história do país. Não só um modo de manifestação das demandas populares numa situação de bloqueio dos partidos políticos e de cerceamento do querer político. O PSDB deixou-os à disposição das orientações pré-políticas e antimodernas dos grupos religiosos, que se concentraram partidariamente no PT. É possível que o destino político do país, no curto prazo, tenha sido decidido por essa indiferença.

No entanto, não foi menos desastrosa a opção do PT pela tutela dos movimentos sociais. Já na fase de sua formação, o partido tinha clareza de que estava neles uma base importante de sua ascensão política. Dirigentes de suas bases católicas chegaram a criar uma central dos movimentos populares, reflexo de uma ideologia autoritária, um modo de direcionar partidariamente as demandas populares organizadas e de articulá-las a partir dos valores e orientações ideológicas de um único partido. O que contrariou uma tendência própria dos nossos movimentos populares não tutelados, especialmente os urbanos, que era a da neutralidade partidária para viabilizar, com maior probabilidade de êxito no alcance de metas e demandas, a negociação política com diferentes partidos.[24] Uma importante ponte, sem dúvida, entre o espontaneísmo popular e a dimensão propriamente política das demandas sociais. No PT, a sujeição dos movimentos populares tornou-se um modo de controle social e político sobre as manifestações de vitalidade da sociedade civil, que acabou sendo, também, um modo de castrá-la.

A frequente crítica dos partidos e da democracia representativa, por dirigentes desse grupo, em nome do privilegiamento de um poder popular e de uma democracia direta, é a significativa indicação dessa anomalia. No poder, os mesmos setores católicos do PT criaram o equivalente da central dos movimentos populares e um mecanismo oficial da tutela, o Setor de Mobilização Social da Presidência da República. Foi onde se armou a rede do Bolsa Família como instrumento de poder e, também, em boa parte o esvaziamento e o direcionamento do potencial de demanda social dos movimentos populares, uma vez o partido instalado no poder. O notório debilitamento do MST – Movimento dos Trabalhadores Rurais Sem Terra – não foi apenas expressão de sua instrumentalização eleitoral por meio da sincronização de sua agenda com a agenda do poder e das eleições. Foi também um dos efeitos do rebaixamento do perfil das demandas dos movimentos populares durante os oito anos do governo Lula.

Aliás, já na ditadura, o general Golbery do Couto e Silva, ideólogo do regime autoritário, notara, em discurso na Escola Superior de Guerra, em 1980, que o estreitamento da expressão partidária pelo regime empurrara as demandas sociais para o âmbito religioso, o que dera à Igreja dimensão e função de partido político. A abertura política, justificava ele, impunha-se para restituir a política ao seu leito natural.[25] De certo modo, a Igreja Católica, com estrutura de Estado, ganhara no Brasil uma inesperada função partidária em face do Estado, não obstante as reiteradas evidências de que os bispos a isso se opunham. Ora, o golpe militar procurara amputar a atuação política de partidos, como o Partido Comunista Brasileiro, situados nos confrontos da Guerra Fria em nome de supostos interesses de potências estrangeiras, uma deformação no processo partidário. No entanto, o abrigo da Igreja Católica às tensões sociais e às demandas populares reconstituía de inesperado modo o mesmo problema estrutural e a mesma anomalia política.

O general menciona expressamente o sindicalista Lula e sua esperança, por meio dele, de um sindicalismo livre da influência comunista e do jogo político estranho ao que é próprio das relações de interesse envolvendo patrões e operários. Embora já indique sua apreensão com o radicalismo verbal de Lula e seus alinhamentos, basicamente com a Igreja, não vê outra alternativa senão a abertura política, forma de neutralizar as "deformações de conduta" dos sujeitos adventícios no processo político brasileiro.

A concepção de social-democracia do PT nos puxa para um crônico resquício de monarquismo benevolente, o monarquismo popular dos líderes carismáticos e da nossa tradição milenarista. O que se expressa mais no conteúdo dissimulado do que na forma republicana da política; mais no dia a dia do que nos momentos demarcatórios das mudanças e das transições históricas, do que nos nossos momentos decisivos, os momentos dos grandes desafios.

Nesta nova versão, o livro constitui não só uma contribuição à compreensão da dialética peculiar do nosso processo político, mas também à compreensão de seu deságue na crise da social-democracia brasileira e na afirmação do lulismo enquanto expressão do que é, também, a crise do petismo. Um dos principais e mais problemáticos aspectos dessa crise se situa no desencontro crescente entre o episcopado católico e a militância petista católica, uma forma indireta de expressão do distanciamento da Igreja em relação ao PT, como episódio do seu distanciamento em relação aos partidos, sobretudo em relação à partidarização da Igreja.

Ao contrário do que alguns sugerem, especialmente entre católicos ligados ao PT, a Igreja não está mudando de lado. Está afirmando uma posição de neutralidade partidária que a fortalece politicamente, ainda que em aberto conflito com suas militâncias petistas. Com sua nervura materialista e laica, herdada das esquerdas marxistas, que fez da militância religiosa, sobretudo católica, mero concurso adjetivo na conquista do poder, é o que pode privar o PT do apoio e da sustentação, explícita e decisiva, da Igreja Católica. Não só de muitos bispos, mas também das Comunidades Eclesiais de Base (CEBs), que atuam sob hegemonia do ativo movimento Fé e Política e que hoje tendem ao favorecimento de partidos mais radicais, como o PSOL (Partido Socialismo e Liberdade), onde a presença católica é notória.

Com frequência, os militantes católicos do PT veem o recuo dos bispos em relação ao partido como consequência da mudança de orientação do papa e da Cúria Romana na nomeação dos bispos, a partir da eleição de João Paulo II. Uma opção por perfis mais conservadores seria a responsável pelo "esfriamento" do episcopado em relação ao que deveria ser o "politicamente correto" de uma efetiva opção preferencial pelos pobres. No entanto, o recuo dos bispos é bem mais antigo e é com certeza um recuo também dos indevidamente chamados "bispos progressistas", uma designação inventada por partidos de esquerda, sem o devido conhecimento do ideário católico e de sua doutrina social, que os fazem progressistas no marco da tradição conservadora própria da Igreja.

Desde o início do pontificado de João Paulo II, foram claras as ações e posições do pontífice contrárias à partidarização da Igreja e ao envolvimento dos religiosos na política partidária, em particular a uma suposta associação entre catolicismo e marxismo. A repreensão pública do papa a Ernesto Cardenal, no desembarque na Nicarágua, em 1980, foi um aviso claro nesse sentido. Em 1986, no Encontro Nacional das CEBs, em Trindade (GO), com a presença de cerca de quarenta bispos, de que participei, apenas dois se sentaram no plenário para as decisões finais. Os outros ficaram nas arquibancadas, como meros observadores. Sessão presidida por um militante das CEBs que era membro do PT (pelo qual se tornaria deputado estadual em Goiás), foram insistentemente convidados a descer para o plenário. De onde estavam, acenavam negativamente com a mão direita. Particularmente veemente era a manifestação de recusa de Dom José Maria Pires, arcebispo da Paraíba, o que foi muito significativo.

Já antes da ascensão do PT ao poder, a CNBB articulava uma mudança em seus estatutos que reduzia acentuadamente o papel dos assessores dos bispos, em larga maioria procedentes da base católica desse partido. Era frequente encontrar em documentos da Igreja e em documentos episcopais indisfarçáveis traços da ideologia e do discurso petista, uma certa tematização materialista, como se viu em algumas análises de conjuntura divulgadas pela conferência episcopal.[26] Dom Lucas Moreira Neves, que presidiu a CNBB de 1995 a 1998, primaz do Brasil, um dos articuladores da mudança, comentou a redução do papel dos assessores, em entrevista de 2002: "Uma reforma provoca a outra, a fim de conferir aos bispos do Brasil o papel principal na orientação da CNBB, sem intermediários. Que os bispos assumam corajosamente as estruturas e as finalidades da CNBB!".[27] Basicamente, a mudança, que teve outros desdobramentos, buscou restituir a palavra propriamente pastoral aos bispos e se situou no movimento de neutralização do uso partidário da Igreja Católica.

Essas mudanças de orientação da Igreja em relação ao PT não impediram que as bases católicas se integrassem no governo Lula, aceitando empregos, cargos e funções, e mesmo tentassem interferir nos rumos de sua política social.[28] O aparelhismo católico, porém, não teve êxito. Não só por essas objeções da hierarquia aos militantes católicos, mas também pela crescente resistência de Lula e do PT à interferência do grupo católico em decisões do governo.

Lula e o PT de formato partidário mais convencional sabiam que não chegariam ao poder sem a Igreja, particularmente sem as CEBs, mas sabiam que não ficariam no poder se seguissem as diretrizes dos grupos de base da Igreja. Particularmente, em consequência do radicalismo anticapitalista das pastorais sociais, um radicalismo ao mesmo tempo antidialético e antimoderno, que não é de fato um radicalismo socialista, não é um radicalismo de superação. A posição do grupo católico comprometia acordos e entendimentos do partido para chegar e ficar no poder. A "Carta ao Povo Brasileiro", de junho de 2002, por meio da qual Lula e o PT assumiram um claro compromisso com o grande capital, contra sua até então ideologia supostamente socialista, foi recebida, equivocadamente, pelos militantes mais radicais da base católica como um artifício de composição política para ganhar a eleição. No comentário de um desses militantes:

> O Lula está fazendo um discurso dentro dos parâmetros de uma campanha eleitoral. Evidentemente que não é um discurso de defesa de um programa de esquerda ou das necessárias mudanças radicais que nossa sociedade precisa. É um discurso de centro, no espectro ideológico. Mas, como disse antes, o mais importante não é o discurso. O mais importante são as forças sociais que se aglutinam em torno deste ou daquele candidato. E a candidatura Lula tem o símbolo da mudança.[29]

Já no governo, em diferentes ocasiões, Lula negou ser socialista e proclamou sua identidade de sindicalista.[30] Uma coerência que explica muito a concepção das relações de classes que presidiu suas políticas sociais e, sobretudo, a recusa da premissa do conflito de classes no trato das questões sociais, apesar da retórica de denúncia dos 500 anos de iniquidades das elites. Em oposição, portanto, ao preconizado justamente pelas teses do grupo católico ligado ao governo. Lula foi educado no sindicalismo de negociação, baseado no reconhecimento da legitimidade das teses dos oponentes. Em mais de uma ocasião ele proclamou sua admiração até veemente pelo agronegócio, principal inimigo do MST e das pastorais sociais.[31] Portanto, Lula sempre esteve muito longe de ser o despistado e o manipulável que seus aliados religiosos supunham.

Não é estranho, pois, que rapidamente o conflito do grupo católico com o PT tenha ganho visibilidade na mídia. Lula e o MST, originário da Pastoral da Terra, trocaram farpas já antes da posse e as críticas recíprocas e crescentes continuaram ao longo dos oito anos do governo. Só não romperam porque a estrutura ideológica do grupo católico não lhe oferece alternativa. Lula demonstrou, reiteradamente, que, se precisava da Igreja e do MST durante a campanha eleitoral, deles não precisava para governar. A eleição de Dilma Rousseff mostrou que o apoio do grupo já não era decisivo e se tornara um fator eleitoral supérfluo.

A crise de 2004/2005, nas relações entre governo e Igreja, em que militantes da cúpula do grupo católico dele se afastaram, foi cume de um processo que vinha desde os primeiros dias do governo Lula. Logo no início, veio a público, até pela voz de alguns dos próprios protagonistas, dentro do grupo católico, a disputa de poder em torno do Fome Zero, invenção da Igreja que foi decisiva na eleição de Lula e na popularidade, sobretudo internacional, de seu governo.[32] Alguns meses depois, a demissão do presidente do Incra, indicado pela Pastoral da Terra e por ela apoiado, mostrou que mais do que optar entre grupos católicos divergentes para compor seu governo, Lula estava agindo claramente no sentido de descartar a facção radical e militante ligada à luta pela terra.[33] Mais do que a CPT, o MST se valia dessa luta para definir e pautar a política agrária do governo e sua política social.

Em maio de 2004, a Quarta Semana Social Brasileira, realizada pela CNBB, mostrou o extenso âmbito do rompimento entre a Igreja e o governo. Um dos assessores, Rudá Ricci, expositor na reunião, em mensagem de comentário a matéria sobre o encontro, publicada na revista eletrônica *Carta Maior*,[34] e nela citado, esclareceu:

> Percebi que os bispos e pastorais sociais estão realmente em pé de guerra com o governo Lula. [...] Ouvi, o tempo todo, vários dirigentes e bispos falarem que esta 4ª Semana Social significará a retomada das mobilizações e articulações sociais envolvendo a Igreja Católica e que os setores mais "governistas e institucionalistas" (os termos foram estes) da Igreja sentem-se desautorizados pela realidade. [...] Houve uma declarada escolha de palestrantes críticos ao governo Lula e que procuram articular uma alternativa de projeto político a partir dos movimentos sociais e organizações populares.

Mas a coisa já era bem mais complicada, como indiquei antes, do que a polarização Igreja e governo. Ao longo dos oito anos do governo Lula, a Igreja foi se afastando do governo e o governo também se afastando da Igreja. De outro lado, a hierarquia católica reduzia o alcance da ação e neutralizava agentes de pastoral, assessores e grupos dela dependentes, ligados ao PT, ainda que, como naquela reunião de 2004, também eles em postura crítica em relação ao governo. Porém, governo que igualmente os neutralizava e até mesmo afastava. Membros desses grupos passaram a referir-se, abertamente, de maneira crítica, à hierarquia.

Desde o começo, o PT no governo tem se desencontrado com a Igreja Católica nas orientações que adota em questões que, em diferentes setores do catolicismo, se apoiam em outros valores. A invasão da campanha eleitoral de 2010 pelo tema do aborto constituiu apenas um episódio esdrúxulo de uma relação crescentemente tensa, que não chegou a ser aliviada pela assinatura de uma controvertida e antirrepublicana concordata entre o governo Lula e o Vaticano. Em parte, esses problemas foram atenuados pelo fato de ser Luiz Inácio Lula da Silva o presidente da República, um governante lentamente gestado não só sob inspiração do sindicalismo pós-peleguista, mas sob inspiração de setores da Igreja, que, em certo momento, se identificaram, a seu modo, com o pensamento socialista e de esquerda.

No caso de Dilma Rousseff, a coisa será diferente. Não tendo tido um engendramento político no catolicismo de esquerda, originária que é dos grupos materialistas que se difundiram nos meios universitários nos anos 1960, será menor a benevolência com seus erros e discordâncias, sobretudo quanto a valores referenciais das igrejas, em particular da Católica. Ela poderá ter que tomar decisões de Estado em claro confronto com a orientação da Igreja. A remoção de símbolos religiosos do gabinete presidencial, como a Bíblia e o crucifixo, logo nos primeiros dias de seu governo,[35] é uma sinalização de restabelecimento da sua verdade simbólica depois da religiosidade teatral da campanha eleitoral, implementada pelo grupo católico.[36] De qualquer modo, é uma indicação de retorno à tradição republicana do Estado laico e não confessional. Situação em que, historicamente, a Igreja Católica ficou de fato protegida contra a intromissão do Estado e, sobretudo, sua manipulação política. Não tem sido raro que bispos deem preferência a esse distanciamento protetivo em relação ao risco da promiscuidade de política e religião que marcou toda a ascensão política de Lula e perdurou durante seu governo. Porém, o fato de que tenha surgido no país um partido político proposto por evangélicos, o Partido Republicano Brasileiro, ao qual se vinculou o vice-presidente de Lula, dificulta o retorno a esse republicanismo de origem e cria um complicado desafio político para a Igreja Católica.

* * *

Conforme mencionado, incorporei a este novo livro a edição de *O poder do atraso*, devidamente revista e atualizada, pois constitui dele desdobramento.[37] A elaboração deste conjunto de estudos de sociologia política teve início quando assumi a Cátedra Simón Bolívar da Universidade de Cambridge, eleito seu titular para o ano acadêmico de 1993/1994, aproveitando as excepcionais condições de trabalho que ali encontrei. O cenário político brasileiro continha desafios interpretativos e características de um quadro metodologicamente fecundo para a compreensão de mudanças, de limites históricos à ação política e de inovações, que se propunham naquele momento de reinvenção do Brasil e que continuaram se propondo até o presente. As limitações e possibilidades desse quadro histórico se confirmaram ao longo do governo de Luiz Inácio Lula da Silva, que parecia nele representar uma inflexão, e se confirmaram, sobretudo, na sua própria metamorfose como político no nascimento do lulismo. Meus estudos mais recentes, que completam o livro, traçam o arco dessas confirmações e seus dilemas.

No renascimento político do Brasil pós-ditadura militar, desenhava-se uma situação política de claras indeterminações, de um lado, e de certezas ideológicas que não se confirmavam em face do quadro originado da morte inesperada de Tancredo Neves, antes da posse. Depois, a sucessão por José Sarney, oriundo dos quadros da ditadura para avalizar a transição política, e num outro momento a eleição de Fernando Collor de Mello fora das referências articuladas durante o regime autoritário. Um quadro de impasses e vacilações históricos e de incertezas quanto ao processo político.

A consolidação da democracia brasileira, com os governos de Fernando Henrique Cardoso e de Luiz Inácio Lula da Silva, ofereceu-me evidências de confirmação das constatações originais desses estudos, no que se refere aos rumos e dilemas da nossa política. Foi o que me estimulou a ampliá-lo substancialmente e a reescrevê-lo parcialmente. Determinações ocultas, menosprezadas e desconstrutivas da nossa política, que o elitismo de muitos indevidamente considera irrelevantes na compreensão do Brasil contemporâneo, são trazidas aqui para o centro da interpretação e para este novo e diferente retrato do Brasil político. No livro exponho o processo histórico da política brasileira, de modo a reconhecer, ressaltar e incorporar as populações retardatárias da história, que modificaram sua dinâmica e asseguraram o surgimento do lulismo. Num certo sentido retomo e revalorizo as linhas fecundas de interpretação do Brasil presente em obras clássicas de nossa literatura política: *Coronelismo, enxada e voto*, de Victor Nunes Leal (1948), *Os donos do poder*, de Raymundo Faoro (1958), *A formação do povo no complexo cafeeiro,* de Paula Beiguelman (1973), obras referenciais que identificaram a espinha dorsal da dinâmica política brasileira.

Sou imensamente agradecido à Universidade de Cambridge, em particular ao seu Center of Latin American Studies, que me recebeu pela segunda vez e que desde então me recebe nos meus retornos periódicos a Cambridge. Esses agradecimentos se estendem às pessoas que ali me asseguraram, na convivência quase cotidiana, o melhor clima de acolhimento e simpatia: Ilona e David Lehmann, Celia e David Brading, Maria Lúcia e Peter Burke, minha secretária, a sra. Ana Gray, inexcedível na disponibilidade e atenção, e a sra. Clare Hariri, secretária-executiva do Center for Latin American Studies. Nos anos recentes, Julie Coimbra tem confirmado sobejamente a tradição de Cambridge, agregando-lhe o toque de sua generosidade pessoal e sua infinita disponibilidade.

Dedico um agradecimento particularmente caloroso ao *Master* de minha época, Sir John Lyons (bem como a sua esposa, Danielle Lyons) e aos *fellows* de Trinity Hall que me elegeram *fellow* daquela veneranda comunidade. Eles me ofereceram, generosamente, a melhor acolhida que estava ao alcance de suas tradições seculares e me deram a oportunidade de conhecer e conviver diariamente com um grupo notável de pessoas não só por sua imensa cultura, mas sobretudo por sua exemplar humildade. Seus sucessores têm confirmado essas tradições no abrigo que me dispensam em meus retornos a Cambridge. Em especial, sou imensamente agradecido a Graham Howes, patrono de minha eleição pelo Corpo Governativo do College, a quem devo reiteradas manifestações de deferência e apreço, sobretudo a de beneficiar-me de sua conversação culta de erudito e atualizado sociólogo e conhecedor da história da arte.

NOTAS

[1] Cf. Giuseppe Tomasi di Lampedusa, *Il Gattopardo*, Milano, Feltrinelli, 1984, p. 21.

[2] Cf. Euclydes da Cunha, *À margem da Historia*, 6. ed., Porto, Livraria Lello & Irmão, 1946, p. 308-309.

[3] Cf. José de Souza Martins, *Fronteira: a degradação do Outro nos confins do humano*, 2. ed., São Paulo, Contexto, 2009, esp. p. 71-100.

[4] Cf. Victor Nunes Leal, *Coronelismo, enxada e voto: o município e o regime representativo no Brasil*, [1. edição: 1948], São Paulo, Alfa-Ômega, 1975, p. 20.

[5] Cf. Octavio Ianni, *Ditadura e agricultura*, Rio de Janeiro, Civilização Brasileira, 1979, p. 11.

[6] Cf. André Singer, "Raízes sociais e ideológicas do lulismo", *Novos Estudos*, Cebrap, n. 85, São Paulo, novembro 2009, p. 83-102. Minha concepção do lulismo está mais próxima da de Singer do que da de Rudá Ricci, que há tempos se preocupa com o tema. A diferença está em que a minha é cronologicamente mais restrita e está também no meu entendimento de que o lulismo nasce com a mobilização eleitoral da população de situação social lúmpen. Cf. Rudá Ricci, *Lulismo: da era dos movimentos sociais à ascensão da nova classe média brasileira*, Belo Horizonte, Instituto Cultiva, 2009. Complementarmente à análise de André Singer, cf. Peter Flynn, "Brazil and Lula, 2005 – Crisis, Corruption and Change in Political Perspective", *Third World Quarterly*, v. 26, n. 8, December 2005, p. 1221-1267; Perry Anderson, "Lula's Brazil", *London Review of Books*, v. 33, n. 7, 31 March 2011, p. 3-12.

[7] O "inesperado", assinalado por André Singer, pode ser visto na perspectiva de uma surpresa oposta: a de Ivo Poletto, ex-secretário da Comissão Pastoral da Terra, que também fez parte da cúpula do governo Lula como membro da Equipe de Educação Cidadã – Talher Nacional – do Setor de Mobilização Social da presidência da República. As memórias de seus dois anos no governo não deixam de conter uma certa sutil ironia nas perguntas que norteiam o texto, fundadas em valores da economia moral e na narrativa das realizações da equipe e do autor, supostamente para respondê-las. Na verdade, voltadas para a concretização de um projeto petista de poder e de um petismo bem diverso e até oposto ao petismo das motivações do grupo católico. Já antes do escândalo do mensalão, Poletto havia decidido deixar o governo, o que fará mais tarde, derrotado pela prevalência da política econômica continuista sobre as opções possíveis e opostas de política social. Cf. Ivo Poletto, *Brasil: oportunidades perdidas (meus dois anos no governo Lula)*, Rio de Janeiro, Garamond, 2005, esp. p. 135-140. Poletto estranha a opção do governo Lula pela manutenção da política econômica do governo anterior, mas não estranha a conversão do Bolsa Família em instrumento de clientelismo e poder, de que ele foi um dos principais articuladores, já a partir da indisfarçável denominação de seu setor no Palácio do Planalto: Setor de Mobilização Social da presidência da República. O que para ele era mobilização em torno de um projeto social, para o governo Lula era mobilização em torno de um projeto de poder. O autor, aparentemente, não compreendeu que o populismo do Bolsa Família, instrumento de esvaziamento das pressões sociais, tornou-se parte essencial e indissociável da opção pela continuidade da política econômica que ele questiona. O passo socialmente curto do Bolsa Família foi a condição social e política da opção preferencial pelo passo economicamente longo da preservação da chamada economia neoliberal.

[8] Cf. José de Souza Martins, *Diário de campo*, 1982, v. 9, fls. 154-200.

[9] Marx tinha uma concepção ampla e radical do lúmpen-proletariado, marcada, porém, pelas circunstâncias históricas muito específicas da época, sobretudo na França reacionária. Sua concepção do tema ainda reflete o radicalismo de considerar a classe operária sujeito singular e solitário do processo histórico, isto é, mais a classe operária teórica, como observou Ágnes Heller, do que a classe operária real: "Pertenciam na sua maior parte ao lúmpen-proletariado, que em todas as grandes cidades constitui massa bem diferente do proletariado industrial. Essa camada é um centro de recrutamento de gatunos e delinquentes de toda espécie, que vivem dos despojos da sociedade, pessoas sem profissão fixa, vagabundos, gente sem eira nem beira". Cf. Karl Marx, "As lutas de classes na França de 1848 a 1850", in K. Marx e F. Engels, *Obras escolhidas*, Rio de Janeiro, Vitória, v. I, 1961, p. 124-125; enfim, "esse Bonaparte que se erige em chefe do lúmpen-proletariado, que só aqui reencontra, em massa, os interesses que ele pessoalmente persegue, que reconhece nessa escória, nesse refugo, nesse rebotalho de todas as classes a única classe em que pode apoiar-se incondicionalmente". Cf. K. Marx, "O 18 Brumário de Luís Bonaparte", in K. Marx e F. Engels, op. cit., p. 244. Na obra do próprio Marx, com o tempo, essa fúria conceitual será abrandada.

[10] Cf. Tarso Genro, "Um confronto desigual e combinado", *Teoria e Debate*, n. 39, outubro-dezembro, 1998, p. 5, apud André Singer, op. cit., p. 90.

[11] Cf. Francisco de Oliveira, "Política numa era de indeterminação: opacidade e encantamento", in Francisco de Oliveira e C. Rizek, *A era da indeterminação*, São Paulo, Boitempo, 2007, p. 34, apud André Singer, op. cit., p. 98.

[12] Cf. Paulo Singer, *Dominação e desigualdade*, São Paulo, Paz e Terra, 1981, apud André Singer, op. cit.

[13] Sobre a especificidade da renda da terra em relação ao capital, cf. José de Souza Martins, *Os camponeses e a política no Brasil*, 5. ed., Petrópolis, Vozes, 1995, p. 151-176 (Cap. V: "A sujeição da renda da terra ao capital e o novo sentido da luta pela reforma agrária"). Na reunião de Caxias do Sul, a que me referi antes, um dos dilemas debatidos ainda era, justamente, o de saber se o pequeno agricultor em crise e na iminência da expulsão da terra era um trabalhador ou um comerciante, o que definiria seu lugar histórico e, até, se era merecedor do apoio moral e político das pastorais sociais ou não.

[14] Cf. o texto em que analiso dez tópicos que diferenciam situação social e consciência social de operários e camponeses: José de Souza Martins, *A sociedade vista do abismo: novos estudos sobre exclusão pobreza e classes sociais*, 3. ed., Petrópolis, Vozes, 2010, p. 49-117 ("Situações diferenciais de classe social: operários e camponeses").

[15] Cf. José de Souza Martins, *A chegada do estranho*, São Paulo, Hucitec, 1993, p. 22.

[16] Cf. André Singer, op. cit., p. 88-91.

[17] Cf. Carlo Castaldi, "A aparição do demônio no Catulé", in Maria Isaura Pereira de Queiroz et al., *Estudos de Sociologia e História*, São Paulo, Anhambi Limitada, 1957 passim.

[18] "Nenhum dos chamados direitos humanos transcende, portanto, o homem egoísta, o homem como membro da sociedade burguesa, isto é, o indivíduo voltado para si mesmo, em seu interesse privado e em sua arbitrariedade privada e dissociado da comunidade. Longe de conceber o homem como ser genérico, esses direitos fazem surgir, pelo contrário, a própria vida genérica, a sociedade, como um marco externo aos indivíduos, como uma limitação de sua independência originária. O único nexo que os mantém em coesão é a necessidade natural, a necessidade e o interesse privado, a conservação de sua propriedade e de sua pessoa egoísta." Cf. Karl Marx, "La cuestión Judía", *in* Karl Marx e Arnold Ruge, *Los Anales Franco-Alemanes*, trad. J. M. Bravo, Barcelona, Ediciones Martinez Roca, S.A., 1973, p. 244-245.

[19] Por trás dessas considerações, há também uma questão metodológica, relativa ao modo de se compreender, sociologicamente, a relação entre história e estrutura. Sobre esse tema, cf. Fernando Henrique Cardoso, "Il contributo di Marx alla teoria del mutamento sociale", *in* Mario Spinella (ed.), *Marx vivo: La presenza di Karl Marx nel pensiero contemporaneo*, volume secondo, Verona, Arnaldo Mondadori Editore, 1977, p. 124-140.

[20] Cf. Karl Mannheim, *Ensayos sobre Sociología y Psicología Social*, trad. Florentino M. Torner, Fondo de Cultura Económica, México, 1963 [esp. Cap. II: "El pensamiento conservador"], p. 84-183.

[21] Cf., especialmente, Robert Nisbet, *History of the Idea of Progress*, New York, Basic Books, 1980.

[22] Cf. T. H. Marshall, *Cidadania, classe social e status*, trad. Meton Porto Gadelha, Rio de Janeiro, Zahar, 1967, p. 57-114; Edward P. Thompson, *Tradición, revuelta y consciencia de clase*, trad. Eva Rodríguez, Barcelona, Crítica, 1979, p. 62-134.

[23] "A tradição de todas as gerações mortas oprime como um pesadelo o cérebro dos vivos." Cf. Karl Marx, "O 18 Brumário de Luís Bonaparte", cit., p. 203.

[24] Um documentário cinematográfico de 1977 sobre movimentos populares no Jardim d'Ávila, em Osasco (SP), mostra exatamente isso. Cf. Roberto Gervitz, Sérgio Segall e Sergio Magini, *A história dos ganha-pouco*.

[25] Cf. Golbery do Couto e Silva, *Planejamento estratégico*, Brasília, Ed. UnB, 1981, p. 493 e 521-522.

[26] Em 31 de maio de 2003, o "site" da CNBB divulgou nota de Dom Odilo Pedro Scherer, então secretário-geral da entidade, distribuída aos jornais, esclarecendo: "afirmo que não se trata de um 'documento' dos Bispos nem da Conferência Episcopal (CNBB). Lamento, pois, que tenham sido atribuídas à CNBB afirmações da 'Análise de Conjuntura', apresentada na citada reunião do Conselho Episcopal em Brasília. Tal atitude leva à desinformação e desorientação da opinião pública e não faz jus à verdade. A CNBB, por isso mesmo, acredita ser do seu direito exigir que não lhe sejam atribuídas afirmações que não são suas".

[27] Cf. Paulo Daniel Farah, "D. Lucas vê igreja no país mais equilibrada", *Folha de S. Paulo*, 18 de fevereiro de 2002, p. A2.

[28] Cf. Roldão Arruda, "Planalto abre vagas para radicais, da Igreja", *O Estado de S. Paulo*, 23 de fevereiro de 2003.

[29] Cf. entrevista de João Pedro Stédile a Plínio Fraga, "Discurso de Lula não é de esquerda, diz MST", *Folha de S. Paulo*, 16 de agosto de 2002.

[30] Cf. Reali Júnior, "'Conceitos de esquerda estão superados'", *O Estado de S. Paulo*, 25 de maio de 2006, p. A7; "Lula descarta mudanças e diz que não é esquerdista", *O Estado de S. Paulo*, 15 de julho de 2006.

[31] Cf. Rubens Valente, "Usineiros estão virando 'heróis mundiais', diz Lula", *Folha de S. Paulo*, caderno Dinheiro, 21 de março de 2007; Chico de Goes, "Lula diz que usineiros estão virando heróis nacionais", *O Globo*, Rio de Janeiro, 20 de março de 2007.

[32] Sobre as tensões e desacordos no interior do grupo católico, logo nos primeiros dias do primeiro mandato de Luiz Inácio Lula da Silva, cf. José Maria Mayrink, "Alimento e nutrição não são favor nem esmola", *O Estado de S. Paulo*, Sábado, 11 de janeiro de 2003; Fernanda da Escóssia, "D. Mauro vê disputa de poder no Fome Zero", *Folha de S. Paulo*, 11 de janeiro de 2003; "Graziano nega ter havido veto ao nome do bispo", *Folha de S. Paulo*, 11 de janeiro de 2003; Dom Mauro Morelli, "O caminho das pedras", *Folha de S. Paulo*, 15 de março de 2003.

[33] Cf. Marco Aurélio Weissheimer, "Miguel Rossetto anuncia demissão do presidente do Incra", *UOL*, 2 de setembro de 2003; Eduardo Scolese, "MST e CPT dizem que demissão é 'traição'", *Folha de S. Paulo*, 3 de setembro de 2003.

[34] Cf. Maurício Hashizume, "'Mutirão por um novo Brasil' reflete opção da Igreja", *Carta Maior*. Disponível em <http://www.cartamaior.com.br/templates/materiaMostrar.cfm?materia_id=2075>. Acesso em: 7 de maio de 2004.

[35] Cf. "Bíblia e crucifixo são retirados do gabinete no Palácio do Planalto", *Folha de S. Paulo*, caderno Poder, 9 de janeiro de 2011.

[36] No dia 18 de janeiro de 2011, o arcebispo de Brasília, Dom João Braz de Aviz, que acabava de ser nomeado pelo Papa prefeito da Congregação para os Institutos de Vida Consagrada e Sociedades de Vida Apostólica, declarou: "Não temos uma ideia clara de quem é Dilma do ponto de vista religioso. Ela precisa explicar melhor as suas convicções religiosas para que o diálogo possa progredir." (cf. Uirá Machado, "Dilma precisa explicar suas convicções, diz arcebispo", *Folha de S. Paulo*, 19 de janeiro de 2011). Diferente do que ocorreu com Lula, que foi subentendido como católico praticamente e, mesmo, eufemisticamente, "católico a seu modo", conforme declarou o cardeal Claudio Hummes, seu amigo, com Dilma o subentendido, aparentemente, não terá efeito. Sobretudo porque é outro o momento da relação entre o PT e a Igreja.

[37] Cf. *O poder do atraso: ensaios de Sociologia da História Lenta*, 2. ed. [1. edição: 1994], São Paulo, Hucitec, 1999.

O Brasil anômico

Heranças e pendências de uma sociedade em estado de anomia*

A anomia brasileira se caracteriza pelo desencontro de temporalidades que se cristalizaram em determinadas situações sociais e em determinados grupos sociais residuais ao longo da história. São grupos que ficaram à margem dos processos dominantes, abandonados e descartados por falta de um projeto político do Estado, abrangente, integrativo e participativo. As elites e o Estado têm atuado de maneira historicamente irresponsável em relação às populações que foram ficando abandonadas no curso do processo histórico, descartadas, sobretudo, em função de mudanças econômicas.

Foi assim com as populações indígenas e mestiças libertadas do cativeiro, formalmente, em 1755 e 1757: caipiras, sertanejos, tabaréus, caiçaras são seus descendentes. Cobram agora a fatura da história, nos movimentos sociais por meio dos quais clamam por uma integração social em termos próprios e não em termos de um pacto social de integração, aberto aos direitos universais de todos. Excluídos dos direitos em algum momento da história social, foram anomicamente socializados na cultura da exclusão e nela buscam a solução anômica de sua marginalidade social e política. Foi assim com a população

* Palestra no IV Fórum de Economia, da Escola de Economia da Fundação Getúlio Vargas, São Paulo, 17 de setembro de 2007. Versão revista do texto "Visão do sociólogo: heranças e pendências de uma sociedade em estado de anomia", in Luiz Carlos Bresser Pereira, *Doença holandesa e indústria*, Rio de Janeiro, FGV Editora, 2010, p. 99-114.

negra, libertada da escravidão em 1888, abandonada à sua própria sorte, no Sudeste cafeeiro substituída pelo colono estrangeiro (e, no Nordeste açucareiro, substituída pelos remanescentes libertos da antiga escravidão indígena, que no latifúndio canavieiro permaneceram, desde o século XVIII, como moradores de favor, mão de obra auxiliar da força de trabalho escrava e residente).

Clamam agora por políticas compensatórias que desfiguram as orientações sociais baseadas na concorrência e na competição, e no ideário liberal e republicano que ganhou, aos poucos, frágil consistência. Estamos vivendo o momento histórico do advento político dos nossos débitos históricos sob a forma de novos sujeitos de demanda social e de ação política.

As demandas sociais do Brasil moderno foram propostas, e têm sido administradas, caracteristicamente, em nome da classe operária não majoritária, e o seu modelo é o modelo sindical. Também ela se vê em desencontrada relação com essas categorias sociais historicamente retardatárias. Nessa conjunção, a forma sindical de reivindicação e pressão social não se mostrou eficaz para viabilizar uma coalizão que reunisse essas categorias motivadas por demandas da modernidade, mas que à modernidade se propõem em parte de fora de suas respectivas situações sociais, orientadas por valores e ideias que têm um tempo histórico pré-moderno. A concepção religiosa da política e das necessidades sociais dessas populações acabou, em consequência, ganhando espaço como mediação interpretativa que as traduz política e partidariamente. Um certo misticismo antipolítico marca esse advento político.

É nesse âmbito que surge o primeiro e único partido político brasileiro a se propor como expressão partidária da nossa desencontrada diversidade social, que é o Partido dos Trabalhadores. Mas o partido, ao chegar ao poder, não se revelou capaz de traduzir necessidades e reivindicações, dos diferentes grupos que o constituem, em ações de governo que fossem parte de um projeto de nação e nação da diversidade social. Sucumbiu ao hegemonismo do grupo sindical e ao homogenismo que descarta o heterogêneo e a diferença. Remendou o fracasso com a ampla extensão da política assistencialista compensatória, mas não transformadora, que é concretamente desconhecimento da legitimidade dessa diversidade e dos grupos que em nome dela falam e atuam. O PT tem uma visão pobre do que é o Brasil, sobretudo o Brasil pobre, nesse sentido muito parecida com a dos partidos que condena e aos quais se opõe.

Os outros partidos, por sua vez, não parecem compreender esse cenário nem avançam no sentido de se reverem e se reformularem para encontrar caminho e absorver essas demandas, cronicamente excluídas dos programas partidários e das ações partidárias. A crescente solidão que viveu o presidente Luiz Inácio, seu distanciamento de seu próprio partido e a intensificação do seu carisma desenham um quadro em que a crise política brasileira se resolve anômala e precariamente no plano simbólico da imagem do líder carismático e sua função de integração social. Resolve-se por meio de acomodações imaginárias e simbólicas, de fato adiando-se, como tem acontecido ao longo da história brasileira.

Nesse adiamento, as irracionalidades acumuladas nem por isso perdem sua dinâmica própria. O imaginário é forma viva de interpretação da realidade social e é, sem dúvida, modalidade de consciência social que, de algum modo, se traduz em consciência política e ação política. O milenarismo brasileiro e o messianismo a ele associado foram e têm sido formas de expressão social e política das esperanças gestadas nesses débitos e nessas incompletas e insuficientes soluções políticas das transformações sociais. O populismo da Era Vargas foi outra das expressões da esperança social traduzida em espera que não se resolve.

Com a irresistível ascensão política do Partido dos Trabalhadores e de Lula, e as sucessivas crises do governo e do Estado, vivemos um terceiro momento de acomodação proteladora das demandas sociais dos grupos historicamente marginalizados e politicamente excluídos pela manipulação ideológica e eleitoral. A diferença em relação a momentos e episódios anteriores da história brasileira é que, antes, as próprias elites políticas criaram a engenharia social que produziu o conformismo sem participação, o que lhes assegurou a gestão política da sociedade por longos anos. Agora, estamos em face de um novo conformismo social e político concebido pelos grupos de mediação ideológica e religiosa, que se entendem de esquerda, que nasceram e cresceram no meio da classe trabalhadora e falam e agem em nome dela e da diversidade dos grupos sociais "excluídos" e suas carências históricas. De certo modo, isso vem ocorrendo em outros países latino-americanos, uma espécie de nova onda histórica e política no subcontinente: na Nicarágua sandinista e, mais recentemente, na Venezuela, na Bolívia, no Equador, no Paraguai, além dos movimentos políticos inconclusos ou sem sucesso, como é o caso dos zapatistas, no México.

Estamos vivendo um momento histórico, na América Latina, que é o do advento político das populações que foram incorporadas ao processo produtivo no passado, predadas e descartadas, mas não incorporadas ao processo político: México, Venezuela, Bolívia, Brasil. E, antes, Nicarágua e outros países da América Central. Mas também o Equador e a Colômbia. Diversamente do que ocorreu em diferentes países europeus e nos Estados Unidos, no geral, a América Latina não se caracterizou pela construção de um projeto de futuro em que houvesse a possibilidade de lugar igualitário para todos. Aqui, quando se começou a falar em democracia, falava-se de uma democracia restritiva. O desenvolvimento latino-americano assegurou futuro para uma parte de sua população, mas deixou de fora parcelas imensas dela. Em vários países da

América Latina, a sociedade foi cindida em segmentos étnicos, de natureza mais estamental do que racial, cabendo aos segmentos de origem indígena e de origem negra o ônus principal da acumulação do capital sem retribuição proporcional às gigantescas riquezas que criaram e não usufruem senão em mínima e residual parcela.

Nessas diferentes sociedades, a integração e a participação social dos que trabalham se deu de diferentes modos em diferentes momentos. Durante a maior parte da nossa história latino-americana, e particularmente no caso do Brasil, a integração se deu por meio da servidão e da escravidão como meios de coação do trabalhador e de extração do excedente do seu trabalho, a historicamente diversificada fonte do lucro. Mesmo em se falando de escravidão, foi sociologicamente muito distinta a escravidão indígena da escravidão negra, cada qual com um estatuto jurídico diferente e o emprego de técnicas de dominação muito diferentes entre si.

Se o tronco e a chibata ficaram como símbolos da escravidão negra, que deixaram feridas definitivas na alma do negro e seus descendentes, já não foi assim no caso da escravidão indígena. As técnicas de desenraizamento e dominação do indígena na servidão de índio administrado fizeram dele menos a mercadoria, que veio a ser o negro, e mais o agregado. Subjugado, porém, por temores religiosos de um catolicismo missionário que colocou sobre a infraestrutura de crenças do índio a superestrutura de uma religião mestiça e indianizada. A mansidão do negro foi e é muito diferente da mansidão do caipira, o índio desindianizado, porque cada um deles foi amansado de um modo específico para de modo específico ser integrado na sociedade que se constituía nos trancos e barrancos da economia colonial e do capitalismo nascente.

É lento e insuficiente o processo de assimilação ao mundo moderno daqueles que chegaram a ele apenas residualmente, carregando na alma, na consciência, no modo de ser, na visão de mundo, os estigmas desse passado, vencido apenas parcial e superficialmente. Ainda hoje se pratica no Brasil a escravidão por dívida, a chamada peonagem. Por meio dela foram abertas e integradas no processo produtivo e no mercado as novas fazendas da frente pioneira da Amazônia, durante os anos 1970 e 1980, quando quase todos nós já éramos adultos. Uma estimativa bem fundamentada de duas pesquisadoras inglesas assinala que nos anos 1970 chegou a 400 mil o número de peões escravizados, empregados na derrubada da mata e na formação de fazendas de gado na Amazônia Legal.[1] A armadilha do recrutamento desses cativos, capturados na rede do endividamento manipulado, só funcionou e só funciona porque se trata de populações insuficientemente incluídas na rede de relações e concepções do trabalho livre e contratual, e na respectiva cultura.[2]

O atraso social constitui, assim, por sua vez, um capital social que revitaliza e refuncionaliza a chamada acumulação primitiva, recurso de que não dispõe a economia dos países capitalistas avançados. Mas esse atraso, que não é só atraso econômico, que se resolva mediante providências de política econômica, é também e, sobretudo, atraso social e retardamento da consciência social em relação aos avanços próprios da economia. Portanto, os benefícios econômicos que resultam desse atraso lucrativo, são contrabalançados por atrasos sociais e culturais que impedem o nosso desenvolvimento social, embora, aparentemente, não impeçam nosso desenvolvimento econômico. Nesse descompasso e nesse desencontro anômicos situam-se os bloqueios que impedem o Brasil de se tornar um país moderno, embora não o impeçam de se tornar um país anômala e caricaturalmente pós-moderno.

A compreensão desses desencontros depende muito de compreendermos as estratégias políticas de inclusão social que prevaleceram nos momentos de ruptura e de transformação da sociedade, momentos em que modos de inclusão e participação se tornaram pretéritos e obsoletos. Depende, também, de compreendermos a consciência social, a consciência do povo, o modo como nela a realidade social e o momento são popularmente interpretados, o modo como as demandas sociais são formuladas segundo a compreensão coletiva da circunstância histórica. Depende, ainda, de compreendermos como a sociedade interpreta as políticas de inclusão social e a elas se ajusta, segundo sua própria visão de mundo, não raro inovando e inventando. Depende do contrato social implícito e cambiante, o acordo tácito entre as classes e categorias sociais.

Em cada momento da história social brasileira, foi diferente o acordo social tácito e foram diferentes as inspirações, as causas e os fatores da forma por ele assumida. No momento da invenção do Brasil, no século XVI e ainda no século XVII, a organização social incipiente mesclava motivações desencontradas sob o nome de Conquista. De um lado, a conquista de almas entre os bárbaros e gentios para o grêmio da Igreja. De outro lado, a conquista de riquezas para a Coroa e a economia mercantil que desabrochava numa escala nova e crescente. Os dois planos desencontrados se combinavam na estranha e mística economia de trocar a salvação da alma pelos frutos da terra e pelo trabalho, cimentados com a argamassa do medo ao sobrenatural.

Os missionários foram mestres admiráveis na arte de clonar concepções culturais dos grupos indígenas para nelas inocular os pavores da perdição, propriamente cristãos, e reimplantá-las num corpo culturalmente cativo e numa mente culturalmente escravizada, em que o que parecia o mesmo era, na verdade, outra coisa e sua negação. Uma cultura que, em vez de branquear o nativo, indianizava culturalmente o branco e o mameluco, com uma indianidade branqueada por dentro e subjugada por medos brancos e católicos. Desde o começo somos uma coisa pensando que somos outra. A sociedade colonial se constituiu e se sustentou sobre essa duplicidade, sobre o duplo de uma identidade ambígua e relutante.

Dela ficaram marcas profundas, que persistem em todos nós até hoje. Limito-me a indicar a língua portuguesa que falamos, mesmo na cidade e nos tempos atuais, marcada por uma lentidão sonora que fica evidente em face do português atropelado e áspero que se fala em Portugal. Rápido e áspero lá porque dominado pelas consoantes; lento e doce aqui porque ralentado pelas vogais. Os jesuítas já diziam, no século XVI, que o indígena da costa de todo o Brasil, que no geral falava tupi, tinha dificuldade para pronunciar erres, eles, esses isoladamente. Na tentativa de falar o português que lhe era imposto, acabava acrescentando uma vogal à consoante muda para poder pronunciar a palavra, como no caso de fulô, para dizer flor. Graças aos mesmos jesuítas, especialmente ao padre José de Anchieta, a língua tupi foi dotada de uma gramática da língua portuguesa e chegou até mesmo a dicionários. Conhecida como nheengatu, foi a língua falada no Brasil até o século XVIII, quando proibida pelo rei de Portugal.[3]

A língua portuguesa era basicamente língua de repartição pública. Aqui em São Paulo houve até mesmo caso de julgamento, no período colonial, em que uma das partes teve que ser ouvida através de intérprete juramentado, que traduziu o depoimento do nheengatu para o português. Em 1769, um militar como Teotônio José Juzarte, que dirigiu a expedição de colonizadores de Porto Feliz ao Iguatemi, na fronteira com o Paraguai, esmerava-se em traduzir para o português e explicar os muitos nomes indígenas de acidentes geográficos a quem fosse ler seu relatório em Portugal.[4] Foi a época em que se começou a tomar consciência de que o Brasil do poder falava uma língua e o Brasil do povo falava outra.

Com a proibição da língua nheengatu, em 1727, três décadas antes da abolição da escravidão indígena, os nativos e mestiços foram obrigados a falar português, mas o faziam com sotaque nheengatu. Surgiu, então, o dialeto caipira, que os educadores da reforma pombalina criticavam e corrigiam como "português errado" e descabido, coisa que os professores continuaram fazendo depois da Independência e mais severamente ainda após a proclamação da República. E o fazem até hoje, sem a mínima consciência de que somos um povo bilíngue, que lê e escreve em português, mas fala em dialeto caipira ou, no mínimo, um português carregado de palavras tupi e pronúncia igualmente tupi.

Em todo o Brasil, o vocabulário usual da população está impregnado de designações toponímicas nheengatu. Em São Paulo, num mesmo dia, pode-se morar na Mooca ou no Ipiranga e estudar no Butantã, na Cidade Universitária, tendo que atravessar o córrego Pirajuçara para nela chegar. Ou, quem sai da USP para Santana terá que atravessar o Anhangabaú, o Tamanduateí, o Tietê: sem recorrer ao nheengatu nunca chegará em casa. Alguns vão para Barueri, Itapecerica, Carapicuíba, nomes de antigos aldeamentos de índios descidos do sertão nos séculos XVI e XVII e neles reduzidos à fé católica. Sem contar o português tupinizado de uso cotidiano por muitos, sobretudo na rua, como cuié, muié, zóio, orêia, tá, falá, contá, dizê, chovê, oiá, caí, descê, pará, comê, nhô, nhá, mecê. E até o "você", uma terceira pessoa que foi um dia vossa mercê, o tratamento de distância social da sociedade estamental e que aqui acabou virando equivalente do "tu" de Portugal, segunda pessoa, mais próxima. Coisa de um povo que, no cotidiano, fala a língua da distância social e estamental do "você", mas pensa os relacionamentos com a disposição da proximidade afetiva do "tu". Uma língua, aliás, com estilo, cuja estética barroca fica evidente não só na fala caipira como na fala do sertanejo maranhense, falas econômicas no essencial, mas rebuscadas e exageradas nos ornamentos sonoros e linguísticos. Temos aí não só um modo de falar, mas um modo de pensar. Quando pensamos em identidade social, temos que pensar nesses andaimes do nosso modo de ser.

O fim da língua brasileira coincidiu praticamente com o fim formal da escravidão indígena. Esse foi um novo momento de rearranjo e reordenação das relações sociais e de imposição, também, de uma nova mentalidade que correspondesse às Luzes, ao século XVIII, ou ao que das Luzes pudesse chegar a uma colônia remota no filtro do poder de uma monarquia absoluta. Uma sociedade a que podiam chegar, e chegavam, as ideias, mas não chegavam nem podiam chegar os direitos nelas anunciados. Abolida inicialmente no estado do Maranhão e Grão-Pará – a Amazônia de hoje – em 1755, para se estender ao Brasil dois anos depois, a escravidão indígena cedia legalmente lugar a um índio com direitos de senhor e de branco: cessavam as interdições estamentais ao reconhecimento dos casamentos mistos, caso em que o branco, pelo matrimônio com a indígena, não perderia "qualidade"; aldeias eram reconhecidas como equivalentes de vilas; e tuxauas passavam a ser tratados como capitães-mores (de que ficou em algumas tribos o tratamento de capitão ao cacique e ficou, também, o equívoco de que o cacique se considere chefe e "dono", quando historicamente sua função é a de provedor e gestor, é a de ser o último e não o primeiro, autoridade e não poder). Dessa mudança forçada, de cima para baixo, ficou a organização espacial de alguns municípios do vale do Amazonas, em que a sede do município é a cidade e o bairro ao lado, originalmente aldeamento, é a aldeia. Ou seja, ficou implantada no espaço a estrutura da desigualdade profunda que separava brancos e índios, adornada, porém, pela ficção de uma igualdade de decreto e de papel.

O empenho de motivação ideológica em europeizar os brasileiros se constituirá, no fim das contas, numa espécie de obsessão nacional que nos perseguirá por longo tempo, até a mudança do eixo de referência que nos reorientará para valores e padrões de orientação da sociedade americana. Forma postiça de mudar, deixou resíduos de assimilações malfeitas e transformações pela metade, que nos fazem pessoas híbridas, mesclas de cidadão e servo. A escravidão indígena formalmente acabou numa sociedade que continuava sendo fundamentalmente escravista e ainda o seria por mais de cem anos. Acabava para viabilizar a escravidão muito mais radical que era a escravidão do negro africano. A liberdade se tornava, portanto, o fundamento de uma relação anômala e anômica, que responde em boa parte por nossa dificuldade até hoje para sermos livres e cidadãos. Nossa dificuldade para lidar em termos próprios com os ritos de sociabilidade próprios de pessoas livres e o modo servil como nos dirigimos a quem tem poder ou presumimos que o tem são desconfortáveis indicações de sobrevivências e insuficiências que presidem nosso modo de viver.

De certo modo, a mesma coisa aconteceu quando houve a abolição da escravatura negra, em 1888. A abolição não foi decisão repentina, embora para alguns estivesse pressuposta na própria Independência. Se tivesse ocorrido nessa época, o Brasil seria hoje um país completamente diferente do que é porque nossa inserção no dinâmico capitalismo do século XIX teria ocorrido em desvantagem, já que desprovidos de recursos humanos e de mecanismos sociais de acumulação compatíveis com as necessidades do desenvolvimento econômico naquelas circunstâncias. A questão do cativeiro arrastou-se durante décadas, desde que a possibilidade e mesmo a necessidade de sua abolição chegaram à consciência dos que melhor viam o que era e o que podia ser o Brasil.

Em princípio, a abolição foi colocada na agenda do destino político do país quando um tratado com a Inglaterra deu à Marinha inglesa o direito de abordagem dos navios negreiros, de confisco dos escravos e de sua libertação nas colônias inglesas da América. O que não só desestimulava o tráfico como intencionalmente encarecia o escravo e inviabilizava a persistência do regime escravista. Quando o tráfico foi, finalmente, proibido, em 1850, foi-o com a diferença de apenas alguns dias em relação à aprovação da Lei de Terras. A cessação do comércio internacional de escravos em direção a portos brasileiros teve um complemento na lei fundiária por meio da qual foi extinto o regime de sesmarias e modificado o direito de propriedade.

Num regime de desigualdade racial e jurídica, como na escravidão, a terra estava disponível para os livres, como estabelecia desde antes da descoberta do

Brasil a Lei de Sesmarias, do rei Dom Fernando. Mas antevista a igualdade como princípio geral, era preciso instituir filtros que preservassem a grande lavoura contra a possibilidade da dispersão e da evasão da mão de obra livre para a pequena agricultura. De modo que a radical mudança no regime de propriedade, se não introduzia a renda da terra nos custos da economia, ao menos ampliava a possibilidade de sua inclusão como premissa do funcionamento do sistema econômico.

Desse modo, a imigração estrangeira já prevista na Lei de Terras, para criar o regime substitutivo de trabalho livre, previa implicitamente que se tornasse compulsório o trabalho do imigrante em terra alheia. Na prática, o fazendeiro ficava exonerado da imobilização de capital na compra de escravos. Além disso, no caso do café, a combinação da produção direta dos meios de vida, seja entre as leiras do cafezal, seja em terras anexas, com a proporcionalmente diminuta despesa com salários anuais, meramente complementares, para pagamento da colheita, tornava o regime de trabalho livre mais barato e mais seguro do que o do trabalho escravo. Embora fosse um regime imperfeito porque em boa parte se baseava não inteiramente no pagamento de salários do patrão ao empregado, mas também no pagamento de renda territorial em trabalho pelo colono ao dono da terra. Um capitalismo pobre e só parcialmente realizado para viabilizar a acumulação propriamente capitalista na periferia do mundo do capital.

Entretanto, essa mudança não se resolvia em termos simplesmente demográficos e econômicos. A organização do trabalho, na escravidão, dependia dos meios de coerção física do trabalhador cativo. Já no trabalho livre esse recurso não estava disponível. O grau de competência dos fazendeiros de café e dos seus representantes políticos na formulação de uma verdadeira política de lenta transição para uma ordem capitalista plena se revelou na invenção do colonato como regime de trabalho substitutivo em relação ao trabalho livre. Portanto, para impedir que o trabalho livre se inaugurasse como anomalia e gerasse uma situação social anômica, era necessário criar o sistema de valores e de referências que engendrasse um imaginário laboral capaz de dar sentido a relações de trabalho bem diferentes das que estavam à disposição dos mesmos imigrantes nos Estados Unidos ou na Argentina. Países em que era possível ganhar dinheiro com muito mais facilidade do que no Brasil. Os dados do Banco di Napoli, que tinha o monopólio da remessa de dinheiro dos italianos que emigravam, dados reunidos e divulgados pelo historiador Luigi De Rosa, mostram que o Brasil, para o imigrante, era comparativamente um país de retornos financeiros modestíssimos.[5]

Antônio da Silva Prado, fazendeiro e empresário paulista, que foi o ministro da abolição e da imigração, expôs de maneira sintética, em discurso no

Senado, a fórmula da ideologia que sustentaria por mais de setenta anos a concordata tácita que responderia pela integração social do novo trabalhador rural e lhe daria motivos para postergar aspirações sociais ao longo do que veio a ser, historicamente, três a quatro gerações de trabalhadores. Se fosse "morigerado, sóbrio e laborioso", disse ele, o trabalhador poderia formar pecúlio e, pela compra, poderia tornar-se proprietário de terra.[6] De certo modo, o governo não descartava a reforma agrária contida na criação de núcleos coloniais, como ocorreu no Sul e, modestamente, também em outros estados, a única opção que podia atrair imigrantes, principalmente da Europa. Optava, no entanto, pela imigração subvencionada de trabalhadores para as fazendas como forma de ampliar rapidamente a mão de obra disponível para a grande lavoura.

A fórmula de Prado não inviabilizava a motivação para o camponês europeu imigrar para o Brasil, em face das vantagens enormes de países como os Estados Unidos e a Argentina. Apenas introduzia um ritmo lento e um tempo largo na realização das aspirações do trabalhador, que seria o tempo, justamente, de que se tornasse um trabalhador para o capital antes de ser um trabalhador autônomo ou um patrão. Tornando falsamente escassa a terra para o trabalho do imigrante, o país conseguiu combinar formas de acumulação primitiva de capital com a acumulação propriamente capitalista, base da diversificação da economia e da emergência de um empresariado dinâmico e, de modo geral, competente. Sem essa engenharia de transformação social, o país não teria se industrializado na extensão e no volume em que o fez. Foi o que criou, também, um proletariado preso à trama da ordem e só secundariamente disposto e disponível para as rupturas radicais do ordenamento social.

Nos anos 1930 e na decorrência das grandes transformações econômicas, sociais e políticas viabilizadas pela Revolução de Outubro, com Vargas no poder, a transição foi novamente suavizada pelas migrações internas para as áreas de economia industrial mais dinâmica, como São Paulo, ampliando o pequeno proletariado com os trabalhadores de origem agrícola que chegaram à indústria como resíduos da crise agrícola, especialmente a crise do café, de 1929. O mecanismo de compra e queima dos estoques de café, no entanto comprados e pagos pelo governo, mediante emissão de papel-moeda, manteve o fluxo de renda e de emprego, como mostrou o autor da ideia da compra, o ministro da Fazenda, José Maria Whitaker, em seu relatório ministerial.[7] Muito antes que Celso Furtado descobrisse, e a mencionasse em seu livro *Formação econômica do Brasil*, que fora essa uma inconsciente solução econômica keynesiana do Governo Provisório, antes de Keynes.[8]

Solução que permitiu não só o fluxo de renda, mas, também, a manutenção do nível de emprego ainda que com a parcial transferência da mão de obra da agricultura para a indústria. De modo que a ideologia da ascensão social pelo trabalho, a fórmula do imaginário popular substitutivo da combinação de chibata e paternalismo que assegurara a escravidão, fluiu também para o proletariado e a indústria, transformando-se num cânone da paz social e da ordem social e política até que entrasse em crise com o fim da era Vargas. Esse imaginário funcional, tanto para a grande lavoura de exportação, parcialmente organizada em bases laborais não capitalistas, quanto para a indústria moderna, é um bom indicativo da ideologia empresarial e capitalista que presidiu o modo como se deu entre nós o fim da escravidão negra e a disseminação do trabalho livre e multirracial.

O fato de que a sociedade em seu conjunto pudesse se mover entre tempos históricos e sociais alternativos diminuiu acentuadamente os efeitos anômicos das transições. A opção histórica, em boa parte consciente, pela construção de uma sociedade constituída na agregação de segmentos sociais de aspirações e condutas referidas a situações sociais específicas, discrepantes entre si e em relação à ordem dominante, mas não bloqueadas em relação a ela, gerou esse padrão pós-moderno antes da modernidade, que combina mentalidades desencontradas e ajustamentos convergentes na diversidade. Essa é a razão pela qual a modernidade é aqui expressão da conjugação de formas, modos de ser e mentalidades dessa pós-modernidade precoce e acidental.

A inventividade social e política, decorrente dessa situação social e histórica peculiar, tem agregado inovações à organização da sociedade, atenuando os efeitos anômicos do desaparecimento das condições sociais que sustentaram a mentalidade fundante de arranjos prévios. Por isso, nessa perspectiva, é possível encontrar superposições de relações sociais e de imaginários, datados de eras e momentos distintos da história social, não raro trazendo até nossos dias concepções e condutas que parecem arcaicas. A própria dinâmica da Revolução de Outubro de 1930 difundiu o populismo trabalhista, em consequência da revisão do ponto de vista norteador das ações do Estado na questão social, substituindo a ideia da "questão social como questão de polícia" pela ideia da questão social como questão de política. O populismo decorrente do maior acolhimento político dos trabalhadores como sujeitos sociais e também políticos reforçou a ideologia da ascensão social pelo trabalho ao agregar-lhe a ideologia do povo como protagonista passivo do poder.

Essas combinações estenderam sua eficácia até depois da morte de Vargas, abrangendo o período JK e entrando em decadência no populismo sem imaginação social e política de Jânio Quadros. Os sinais de anomia social se manifestaram na crise política, na ruptura entre a política e a economia expressa no ideologismo sem base de sustentação econômica do período Goulart e na sustentação econômica sem base ideológica de boa parte da ditadura militar. O golpe de 1964 rompeu com a política de conciliação que nos vinha desde o Império. E que ganhou substância ao longo do período republicano em seus dois momentos, o da participação social sem participação política da República Velha (ainda que tivesse havido a naturalização automática dos estrangeiros com a inauguração do regime republicano) e o do populismo possibilitado pela Revolução de 1930.

A euforia de uma política econômica drástica e modernizadora, que apertou os constrangimentos econômicos com o chamado "arrocho salarial", daria visibilidade política ao proletariado de classe média. Aquele que conseguira ascensão econômica na própria condição operária e que, liberto das alianças da política de conciliação, liberto do chamado peleguismo, "mostraria a cara" nas greves operárias dos anos 1970. De modo que a ascensão política autônoma do operariado, que se dá a partir dessa época e que culminará na formação do Partido dos Trabalhadores, será em grande parte expressão dessa ruptura e muito menos expressão da competência de um proletariado politicamente maduro. Será muito mais expressão da voluntária retirada do Estado da anômala condição de protagonista das demandas operárias e do Ministério do Trabalho como anômala central sindical do operariado.

Nesse cenário, uma inovação interessante, mas problemática, veio do próprio proletariado, graças à anormal intervenção da Igreja Católica, que substituiu o Estado como instituição de poder patrona das lutas sociais. Inovação interessante, porém, porque promoveu uma coalizão dos débitos residuais das transições sociais e políticas incompletas desde o período colonial. Mestiços libertos da escravidão indígena no século XVIII, mantidos como agregados e dependentes dos grandes proprietários, aquém da contratualidade própria do trabalho livre; negros e mulatos libertos na abolição da escravatura de 1888, jogados na rua do abandono ou mantidos como agregados das fazendas, em muitos casos ainda sob proteção de seus antigos donos, sem realizar na plenitude a liberdade concedida para libertar os grandes proprietários de terra do ônus econômico e das irracionalidades da escravidão.

O índio liberto fora mantido como agregado da parentela do fazendeiro e nesse sentido preservado contra a anomia potencial de sua nova condição. Não foi o que aconteceu com o negro, como mostrou Florestan Fernandes em *A integração do negro na sociedade de classes*.[9] O negro, sobretudo no Sudeste, foi nulificado pela abolição, substituído nas fazendas pelo imigrante e condenado a começar do nada e sem nada sua nova vida de homem livre, cuja liberdade apenas libertara o seu senhor. Descendentes de índios e negros libertos chegaram às décadas finais do século XX em lutas e movimentos sociais demonstrativos de quanto do débito histórico da sociedade brasileira traziam para o Brasil contemporâneo. São as muitas vítimas da reforma agrária não realizada com a abolição, na opção preferencial pela grande lavoura com trabalho livre, como forma de preservação dos mecanismos pré-modernos de acumulação não capitalista do capital. Na cidade e no campo, na roça e na fábrica, são essas as muitas vítimas das adversidades sociais que vão constituir os fundamentos e o ideário do Partido dos Trabalhadores, sob hegemonia dos setores qualificados e afluentes do operariado. A falta de imaginação política e o anticomunismo de importação da ditadura militar alienaram-na não só da democracia, como é óbvio, como a deixaram distante da realidade brasileira na tentativa de transformar a economia num objetivo em si, em vez de propô-la como meio para concretizar a modernização não só da economia, mas também da sociedade e da política.

Em consequência das rupturas praticadas pelo regime militar em nome do inevitável primado da economia, as diferentes esferas da sociedade se desagregaram, na falta de um imaginário conciliador, que distribuísse às distintas categorias sociais a sua respectiva cota de esperança. A política se move separada da economia e da sociedade, a sociedade é um corpo estranho em face da política e da economia, e a economia triunfa solitariamente à beira do abismo do seu próprio descontrolado progresso. Se nos diferentes momentos do passado, destacados antes, houve resíduos sociais da insuficiência dos mecanismos de integração social, com a ditadura se inaugura uma época de incompetência política em que tudo se torna residual e desagregado.

O surgimento do PT parecia indicar que os próprios trabalhadores se encarregariam de produzir uma nova mística de aglutinação social e política, que desse ao capitalismo local a paz e a funcionalidade até então tida por meio de tutela. Pouco antes do suicídio, em dois discursos de 1954, o próprio Getúlio Vargas manifestara essa esperança ao mencionar a proximidade do dia em que os próprios trabalhadores governariam o país. E na ditadura, em discurso na Escola Superior de Guerra, o próprio general Golbery do Couto e Silva, na época da primeira visita do Papa João Paulo II, referiu-se à esperança do regime militar na autonomia de Lula em relação às polarizações da Guerra Fria.[10] Portanto, na possibilidade de que o próprio operariado se tornasse gestor político da sociedade, não em nome da luta de classes, mas em nome de uma nova política de conciliação. O longo governo Lula confirmaria esse desígnio, menos por opção partidária, que também houve, e muito mais pela anulação internacional do socialismo de Estado, com a queda do muro de Berlim e o colapso da União Soviética. Ficaram as esquerdas, mesmo as emergentes, sem outra alternativa senão a da conciliação e, no caso do PT, sem outra alternativa senão a de pôr-se a serviço do grande capital e, na política, a de pôr-se a serviço da dominação patrimonialista e oligárquica, acomodando-a nos nichos do poder. Desse enredamento não escapou o governo do presidente Fernando Henrique Cardoso, do PSDB, que parcialmente o neutralizou com uma política econômica voltada para afirmação e consolidação dos interesses nacionais como parceiros do capital globalizado, e não como reféns. No plano político, fez acordo com o mais moderno dos partidos tradicionalistas, o PFL, hoje DEM, antes da eleição presidencial, usando a favor de seu projeto de emancipação política e econômica do Brasil as incertezas próprias do momento anterior às eleições.

As demandas sociais da verdadeira coalizão de base popular, representada pelo PT, são justas cobranças de um passado de abandono e de inconclusas transformações sociais. A cara retrógrada que essas demandas parecem ter, em face da orientação oposta do governo de Fernando Henrique Cardoso e do PSDB, e o milenarismo que as articula remetem nosso futuro para o espelho do passado, de um passado idílico que nunca se concretizou nos termos em que é suposto, que foi apenas resíduo do escravismo, indígena ou negro. Aquilo que muitos, hoje, gostariam que o Brasil tivesse sido e nunca foi e nem será. A criação e a difusão de uma mitologia heroica dos vencidos é tão anômica quanto a ilusão de uma modernidade de superfície que sustenta a euforia do mercado e das empresas. Estamos hoje anomicamente polarizados entre a busca do futuro no passado e a busca do futuro na mera taxa de lucro de um presente sem futuro.

Notas

1 Cf. Sue Branford e Oriel Glock, *The Last Frontier*, London, Zed Books, 1985, p. 55.

2 Cf. José de Souza Martins, *Fronteira*, cit., p. 71-99.

3 Cf. Paulo Duarte, "Dialeto caipira e língua brasileira", in Amadeu Amaral, *O dialeto caipira*, São Paulo, Anhembi, 1955.

4 Cf. Teotônio José Juzarte, in Jonas Soares de Souza e Muyoko Makino (orgs.), *Diário da navegação*, São Paulo, Edusp/Imprensa Oficial (Uspiana – Brasil 500 anos), 2000.

5 Cf. Luigi De Rosa, *Emigranti, Capitali e Banche (1896-1906)*, Napoli, Edizione del Banco di Napoli, 1980, esp. p. 490.

6 Cf. Nazareth Prado, *Antonio Prado no Império e na República*, Rio de Janeiro, F. Briguiet & Cia., 1929, p. 277-278.

7 Cf. José Maria Whitaker, *A administração financeira do Governo Provisório de 4 de novembro de 1930 a 16 de novembro de 1931*, Revista dos Tribunaes, São Paulo, 1933, p. 14-18. A queima dos estoques de café começou ainda com Whitaker no Ministério da Fazenda. A tese da manutenção do fluxo de renda e emprego está expressamente exposta nas páginas indicadas.

8 Cf. Celso Furtado, *Formação econômica do Brasil*, Rio de Janeiro, Fundo de Cultura S.A., 1959, p. 224.

9 Cf. Florestan Fernandes, *A integração do negro à sociedade de classes*, São Paulo, Secção Gráfica da Faculdade de Filosofia, Ciências e Letras da Universidade de São Paulo, 1964, esp. p. 81-220.

10 Cf. Golbery do Couto e Silva, *Planejamento estratégico*, cit.

Desafios da esquerda: reflexões e questionamentos*

Não é muito comum no Brasil que um acadêmico tenha a oportunidade de falar, enquanto tal, a uma assembleia de representativos militantes de um partido político e de sua história. Quero dizer também que me honra falar numa conferência que celebra o centenário de Caio Prado Júnior. Lembro-me da última vez que o vi. Eu descia pela avenida Corifeu de Azevedo Marques, nos fundos da Cidade Universitária, ao lado da favela de São Remo, em São Paulo, e o vislumbrei no pátio do quartel da Polícia Militar. Fazia exercícios, vigiado por um policial armado. Fora preso pela ditadura por conta de uma entrevista que dera à revista do grêmio estudantil de minha faculdade, a Faculdade de Filosofia, Ciências e Letras da Universidade de São Paulo. Lembro-me bem da sua cabecinha branca, ele andando pra lá e pra cá. Diziam que fora removido do Presídio Tiradentes para o quartel, a seu pedido, porque não aguentava mais os estudantes com ele presos, que, todo o tempo, queriam questionar suas ideias e ensinar-lhe marxismo.

O esclarecimento inicial que tenho a fazer, para situar minha compreensão sociológica do que são os desafios da esquerda, é o de que não venho da mili-

* Esta é uma versão revista da palestra de abertura da Conferência Caio Prado Júnior, promovida pelo PPS (Partido Popular Socialista) e pelo Instituto Astrojildo Pereira no Auditório Nereu Ramos, do Senado Federal, Brasília, no dia 17 de agosto de 2007, em sessão presidida pelo deputado Roberto Freire.

tância política ou partidária. Além do meu trabalho estritamente profissional, como sociólogo, venho da militância político-social, durante a ditadura, especialmente no acompanhamento dos trabalhos da Comissão Pastoral da Terra, por muitos anos, como assessor ocasional e como professor de cursos populares para agentes de pastoral e trabalhadores rurais. Há pouco, em conversa com várias pessoas, eu dizia ter visto o MST nascer debaixo de uma mangueira, numa chácara da Arquidiocese de Goiânia, num fim de tarde, por proposta de um padre, já idoso, que foi, em seguida, marginalizado pelo grupo do qual era criador e animador. É um padre francês, educado na tradição dos padres operários, ainda hoje vigário numa paróquia interiorana do Nordeste, o padre José Servat.

Essa foi minha experiência, tanto com grupos populares quanto na universidade. Nela aprendi muito a respeito das incertezas do magistério, principalmente a de que uma palestra como esta vale, sobretudo, pelas dúvidas e pelos desafios que propõe. É com esse espírito que nesta exposição procuro situar-me para situar os dilemas que ressalto e os desafios para a esquerda, que identifico nas situações que narro. Isso porque temos uma história de desafios históricos, das dificuldades políticas para lidar com eles e também das dificuldades teóricas para enfrentá-los. Minha experiência na docência reflete essas dificuldades. É a experiência dos dilemas entre o encontro com a dialética na cultura acadêmica, de um lado, e a crise social e política, da primeira metade dos anos 1960, de outro. Crise que deixou aquele encontro suspenso sobre o abismo de incertezas advindas com o Estado autoritário em que a crise desembocou.

Quando comecei a dar aulas na Universidade, em 1965, estávamos no início da ditadura militar. Portanto, num momento de desafios teóricos e políticos, de vencimento e anulação de certezas interpretativas, de abertura de um campo de indagações que obrigavam a rever nossa interpretação do Brasil. Terminava um momento histórico, em que a esperança era nacionalista e de esquerda e se fundava num conceito de nação. Diferente da situação de agora, em que a esperança é de direita, limitada pelo protagonismo corporativo de facções sociais e políticas, destituídas tanto de uma concepção de universalidade na superação das contradições sociais, quanto destituídas de uma concepção de nação, e até a ela opostas.

Para um sociólogo, o tema dos desafios da esquerda passa pelo modo como lidamos com o pensamento de Marx. O principal desafio é, justamente, o do diálogo com sua obra e nele o rigor teórico na atitude cientificamente crítica na compreensão do que ele possa ter a nos dizer ainda hoje. Estamos mais de cem anos distantes da morte de Marx e dele distantes um século de transformações sociais e políticas no mundo, que se tornou um mundo substancialmente diferente do mundo de referência de seus estudos e descobertas.

Minha geração, por circunstâncias históricas, viveu o desafio fundamental dessa compreensão. Iniciei-me como auxiliar de pesquisa na Cadeira de Sociologia da Faculdade de Filosofia da USP, tendo sido antes aluno do seleto e competente grupo de assistentes do professor Florestan Fernandes e da geração de professores que, naquela faculdade, personificava lúcida inteligência do momento histórico. Era o momento difícil da repressão, dentro e fora da universidade. Aprendíamos Sociologia na pauta dos cânones clássicos do pensamento sociológico, como propostos por Florestan e seu grupo. O que envolvia o reconhecimento de Marx como sociólogo. Envolvia, também, um diálogo com a Antropologia e a História. Requisitos para compreender a realidade brasileira como realidade diversa das sociedades de referência das teorias sociológicas, pois marcada por características sociais e políticas próprias de sociedades nascidas na periferia do mundo capitalista em gestação, construídas, como no nosso caso, em cima da escravidão.

Fora dos marcos propriamente acadêmicos e científicos, havia na época certo questionamento de grupos, partidários e de esquerda, defendendo a tese de que a única e verdadeira Sociologia era a de Marx, porque "mais completa". "Mais completa" que não era explicitada nem debatida, mas que queria dizer que só o marxismo estava comprometido com transformações sociais e poderia desvendar na realidade social as brechas e as forças da mudança. Embora não se dissesse nem se discutisse que, de fato, o marxismo ideológico e partidário se tornara instrumento de poder, cujos parâmetros eram regulados pela verdade oficial do Estado soviético. E nesse sentido, a transformação social suposta estava contida nos limites do alinhamento político e partidário, negadas todas as virtualidades de sociedades como a nossa. Negava, portanto, a historicidade que pedia, justamente, a compreensão sociológica e propriamente científica da realidade social, a pesquisa e a inovação teórica, a negação dos dogmatismos, fossem políticos ou fossem religiosos.

Como todos sabem, Sociologia é designação de um campo de conhecimento bem definido e, nesse sentido, nem tudo que Marx escreveu e disse cabe na Sociologia. Esse enquadramento restringe muito o pensamento dele, o que incomoda os que no meio acadêmico são militantes partidários e os que, mesmo não o sendo, acham que são. A obra de Marx, sabemos, divide-se entre os textos propriamente científicos, para explicar a sociedade, sem excluir suas determinações políticas, e os textos da militância política, do engajamento, para mudar a sociedade. Estes, marcados pela urgência das situações de sua época e pelas dificuldades para vislumbrar no imediato a durabilidade propriamente histórica dos processos sociais. Essa separação é puramente analítica, não obstante Marx fosse um pesquisador cuidadoso, que definia de maneira precisa os momentos de sua obra. Cientista social mais antigo que os considerados clássicos fundadores da Sociologia, intuiu, antes da demarcação positivista do território dessa ciência, que a realidade social pedia pesquisa e interpretação abrangentes, que compreendessem numa única ciência temas que estão hoje distribuídos por territórios do conhecimento bem segmentados e demarcados: a Sociologia, a Antropologia, a História, a Ciência Política, a Geografia Humana e até mesmo a Psicologia.

Além disso, propôs ele a distinção entre o momento da investigação e o momento da explicação e, nessa distinção, expôs sua versão do método dialético. Criou, portanto, as bases de uma Sociologia marxiana, como a define Henri Lefebvre, que, sem abandonar o que lhe é próprio, dialoga criticamente com as outras sociologias e as outras ciências sociais, incorporando-as criticamente, em vez de recusá-las.

Convém lembrar que os três densos e inacabados volumes de *O capital* foram precedidos pelos três não menos densos volumes do *Grundrisse*, o esboço, literalmente a verificação das suposições teóricas do autor no plano histórico. E, mais significativamente ainda, foram esses seis volumes precedidos pelos três maçudos volumes das *Teorias da mais-valia*, a narrativa do diálogo cientificamente crítico com interlocutores teóricos e fundantes, cujo pensamento estava referido a outras vertentes teóricas e outras concepções do conhecimento. Marx não parte nunca de uma recusa do pensamento diverso, mas do labor da crítica do conhecimento, da investigação do que fica e do que não fica no conhecimento de referência de sua própria obra.

Depois de passados os anos da repressão e de termos visto a falência das concepções vulgarizadas da Sociologia de Marx, estamos vivendo um momento num certo sentido fecundo, que é o do retorno à dialética e, portanto, aos desafios de desenvolvimento de uma Sociologia marxiana mais indagativa a respeito da sociedade em que vivemos, cujas iniquidades repudiamos e que, de diversos modos, queremos superar.

Naqueles momentos difíceis da ditadura, na universidade, havia não só a repressão cotidiana, como sabemos. Havia, também, o assédio cotidiano dos jovens alunos que se inquietavam com o fato de que todas as certezas de um diagnóstico social e político de esquerda tinham sido levadas pela torrente do golpe de 1964. Não só as concepções mais difundidas de um socialismo inevitável foram destroçadas pelo golpe e pela repressão. Também nossas concepções a respeito do capitalismo e do "nosso capitalismo" foram questionadas pelo golpe. Já para não falar na crise da esquerda que, no Brasil, teve desdobramentos reflexos como os episódios da invasão da Hungria e da repressão na Tchecoslováquia e, sobretudo, na esquerda de classe média, a explosão juvenil na França, em 1968. Foi um tempo de fim de certezas históricas e de desafio à busca interpretativa para decifrar o que estava acontecendo.

Nesse cenário tinha relevo e enorme importância pedagógica, na Faculdade de Filosofia, Ciências e Letras da USP, já antes do golpe, um grupo intelectualmente muito ativo de jovens pesquisadores de esquerda, de várias áreas do conhecimento, como a Filosofia, a Sociologia, a História, a Literatura, a Economia, formado por assistentes de Florestan Fernandes, João Cruz Costa e Antonio Candido. Não por coincidência, vários deles publicavam seus trabalhos na *Revista Brasiliense*, de Caio Prado Júnior e Elias Chaves Neto, uma democrática revista nacionalista e de esquerda. Esse grupo organizara, no fim dos anos 1950 e início dos anos 1960, um seminário sobre *O capital*, de Marx, cuja meta era estudar o método científico desse autor. No fundo, ir à questão científica fundamental, que é a questão metodológica. Se de algum modo, os diferentes agrupamentos de esquerda questionavam a legitimidade da Sociologia acadêmica, mesmo desenvolvida e aplicada por pessoas de esquerda, o grupo d'*O capital*, como ficou conhecido, firmava a legitimidade do estudo acadêmico da ciência de Marx, sem necessidade de associar conhecimento a partido político.

Embora o grupo, de certo modo, questionasse a leitura sociológica que Florestan Fernandes fazia das obras de Marx (cuja *Contribuição à crítica da economia política* ele traduzira para o português), ele fora dos primeiros sociólogos, senão o primeiro, a reconhecer e propor Karl Marx como um dos três autores fundamentais e originais da Sociologia, junto com Émile Durkheim e Max Weber. E o fizera num denso livro não marxista, *Fundamentos empíricos da explicação sociológica*. Só muito mais tarde, em outros países, sociólogos de renome criaram coragem suficiente para reconhecer a obra de Marx como um patrimônio do pensamento sociológico e não necessariamente, nem exclusivamente, patrimônio da tradição partidária marxista e comunista. A rigor, em face da vulgarização de Marx, hoje estamos precisando de sociólogos que façam o caminho contrário, que revigorem a importância da obra de Durkheim e de Weber na Sociologia e dos autores que nessas linhas teóricas ampliaram o conhecimento sociológico da sociedade contemporânea.

Mas o grupo dos jovens professores recusava a ideia de uma sociologia marxista acoplada à pequena diversidade das orientações matrizes da Sociologia. Sua preocupação com o método científico levava ao caminho oposto, o de efetivamente descobrir e resgatar a Sociologia de Marx, que se perdera, em todas as partes, em nome da necessidade política de fazer do marxismo uma modalidade de conhecimento de propósito estritamente político e partidário. O conhecimento marxista, no confinamento partidário, propunha-se e se propõe como conhecimento instrumental de mudança radical da sociedade capitalista, antes de se propor como meio de compreendê-la nas contradições que conduzem ao seu perecimento, mas que conduzem, também, à sua contínua revitalização. É nessa tensão que a história e a mudança se propõem.

Daquela leitura da obra de Marx, nasceram interpretações do Brasil, das contradições e dos dilemas brasileiros em linha sociologicamente muito mais consistente do que a das interpretações partidárias sobre o país, não raro, mecanicistas e esquemáticas, nas quais as esquerdas fundavam a sua práxis. Toda a discussão sobre feudalismo no Brasil é boa indicação da falta de uma densa sociologia por trás de descrições impressionistas, ajustadas conceitualmente ao marxismo de divulgação e de propaganda.[1]

Essencialmente, os trabalhos originados dessa verdadeira aventura intelectual propunham, finalmente, uma interpretação científica sobre a escravidão e sua crise no surgimento do trabalho livre, no desenvolvimento do capitalismo e na formação das classes sociais e sua consciência nas peculiares e singulares condições históricas do Brasil. Uma compreensão, enfim, da gestação do Brasil moderno. O grande desafio era o de não considerar a sociedade brasileira mera variante tropical de uma interpretação da história que estava referida a uns poucos países metropolitanos e europeus. Longe de aplicar grades conceituais para enquadrar o Brasil desconhecido na ideologia conhecida e desconhecedora, propuseram-se a fazer ciência, a conhecer a realidade brasileira como herança e como esperança, como possível e como limite do ideologicamente pretendido. De certo modo, fazer o que o próprio Marx fizera como cientista e pesquisador.

Capitalismo e escravidão no Brasil meridional, de Fernando Henrique Cardoso, *Metamorfoses do escravo*, de Octavio Ianni, *Da senzala à colônia*, de Emilia Viotti da Costa, *O estudante e a transformação da sociedade brasileira*, de Marialice Mencarini Foracchi, *Dialética do trabalho*, de José Arthur Gianotti, *O homem livre na sociedade escravocrata*, de Maria Sylvia de Carvalho Franco, são alguns dos trabalhos decisivos na radical reformulação da interpretação do Brasil decorrente desse peculiar encontro com a obra fundamental de Marx.

De certa maneira, esses autores, diferentemente dos partidos e militantes partidários, não só faziam indagações científicas sobre os fatores de mudança, mas também sobre os fatores de não mudança, de permanência e reiteração de formas sociais e políticas primevas e de certo modo arcaicas do capitalismo, dos bloqueios às transformações sociais na sociedade brasileira. Desde os anos 1950, a Sociedade Brasileira de Sociologia colocara na pauta de seus primeiros congressos o tema da "resistência à mudança", expressão de um afã desenvolvimentista e, num certo sentido, da herança positivista na Sociologia brasileira.

Em diferentes universidades, pesquisadores tentavam desvendar causas e fatores dos bloqueios que tolhiam o progresso e o desenvolvimento. Na perspectiva dialética, as possibilidades de transformação estão numa relação tensa e de contradição criativa com aquilo que as nega, com a força histórica e política do que persiste. É nesse embate que as classes e categorias sociais atuam, com clareza ou sem ela. No mais das vezes, sem ela.

Num esclarecedor artigo sobre esse seminário, publicado na *Revista Brasiliense*, José Arthur Gianotti, seu idealizador e um dos participantes, difundiu a orientação teórica que ganhou corpo naquelas reuniões semanais de estudo, de retorno à dialética, de indagações e de descobertas teóricas, de inspirações temáticas. Era bem uma marca do acolhimento democrático que a importante publicação fazia, por intermédio de Caio Prado Júnior e de Elias Chaves Neto, seu diretor, procurando difundir a diversidade do pensamento social e sociológico.

Mas Fernando Henrique Cardoso, Octavio Ianni, José Arthur Gianotti, Bento Prado Júnior e Emilia Viotti da Costa foram aposentados compulsoriamente na Universidade de São Paulo, no início de 1969, com base no Ato Institucional nº 5, juntamente com um significativo número de professores. Florestan Fernandes também foi afastado da USP. O próprio Caio Prado Júnior foi alcançado pela medida repressiva porque era livre-docente da Faculdade de Direito, embora não fosse professor da universidade.

Com as cassações, ficamos de certo modo órfãos. A medida repressiva quase extinguiu os Departamentos de Ciências Sociais e de Filosofia da USP, o que poderia ter sido mortal para a continuidade da tradição crítica de pensamento social, já firmada e que ganhara substância adicional nas interpretações criativas do grupo d'*O capital*. Aqueles que, como eu, pertenciam à geração de alunos desse grupo, que frequentara suas aulas e de algum modo incorporara a nova perspectiva sociológica, passaram adiante o conhecimento herdado. Trataram de ampliá-lo, assimilando, ao mesmo tempo, a experiência dessa geração no retorno a Marx. Na primeira metade dos anos 1970, muitos, nas esquerdas, assumiram que, com o regime ditatorial, tudo que sobrevivera, ainda que alheio a ele e a ele em oposição, desde 1964, era irrelevante e não correspondia às exigências de um conhecimento sociológico que fosse também ideológico, e até radicalmente ideológico. A Sociologia acadêmica era mais duramente questionada. Especialmente quando tratasse de temas relativos aos aspectos mais graves dos conflitos sociais, que recrudesceram no meio operário. Mas que refloresceram no campo e literalmente levantaram numerosos grupos indígenas, em todo o país, como foi o caso da revolta dos índios Kaingang, do Rio Grande do Sul, de Santa Catarina e do Paraná, a partir de maio de 1978.[2] Os colonos brancos que exploravam os índios e suas terras, expulsos nessa ocasião, vão constituir o primeiro grande elenco de formadores do Movimento dos Trabalhadores Rurais Sem Terra.

A perspectiva de classe, para compreender as lutas sociais, revelava-se insuficiente, pobre e reducionista em face dos novos sujeitos da conflitividade e em face do envolvimento decisivo das igrejas na mobilização política de populações à margem das tendências históricas dominantes. De certo modo, o questionamento ideológico da Sociologia acadêmica, sobretudo a de inspiração marxiana, sucumbia diante do fato básico de que o marxismo de militância não fazia pesquisa nem sabia fazê-la. Recusava os instrumentos de investigação sociológica, todos marcados pela necessidade teórica da interconexão crítica com as sociologias não marxistas, algumas das quais haviam desenvolvido métodos técnicos de pesquisa até sofisticados, de que a sociologia marxista não dispunha e continua não dispondo.

O marxismo que questionava a Sociologia acadêmica era melancolicamente impressionista e esbarrava cada vez mais na inconsistência de suas hipóteses ideológicas. É muito significativo que desse marxismo, mesmo produzido por acadêmicos ortodoxamente marxistas, literalmente nada sobrou. Nenhum dos trabalhos publicados nessa linha de recuo, autodefensivo e autoindulgente, sobreviveu como algo que representasse insuperável explicação e insubstituível análise dos fatos. No entanto, os estudos originários da tradição metodológica criada e difundida pelo grupo d'*O capital* foram aqueles cuja consistência científica persistiu e frutificou ao longo dos anos e que na nossa Sociologia trouxe o pensamento marxiano até nós.

Peço a benevolência dos ouvintes e dos leitores por esse longo retrospecto, pois é nele que se pode encontrar um dos caminhos consistentes para identificar e compreender o que são hoje os desafios da esquerda. É que um dos fundamentais desafios da esquerda no Brasil é o desafio do conhecimento do que somos, do fardo pesado do que fomos e do que não fomos, determinações fundamentais da realidade brasileira de hoje e também do nosso possível, contido no fazer história, dos desafios que se abrem à práxis política.

As cassações não só criaram uma situação de orfandade intelectual na minha universidade, e em outras, como nos colocaram diante do desafio de compreender o Brasil da ditadura como uma sociedade cuja dinâmica era oposta ao que, em nome do marxismo, se dizia. A ditadura conseguira gerir com êxito os mecanismos de reprodução ampliada do capital, modernizar radicalmente a economia, num certo sentido disseminar direitos e remover empecilhos à modernização, como o reconhecimento da legalidade, da legitimidade e da necessidade da reforma agrária. Ainda que uma reforma agrária instrumentalizada pelo primado da repressão política e meio de controle das tensões sociais. Ou mesmo, contra um dos grandes poderes de contenção das mudanças sociais, que é o religioso, criou o direito ao divórcio. Conseguiu fazer tudo isso adotando uma política salarial repressiva, base de uma nova pobreza que barateou a força de trabalho e assegurou uma elevação de escala na acumulação do capital. A combinação de desenraizamento de populações rurais e de povos tribais com miséria e mudanças econômicas aceleradas, sem dúvida, aprofundou e agravou contradições, mas aprofundou também a força dos mecanismos de conciliação social e política e de sujeição política das social e politicamente fragilizadas vítimas do novo modelo de crescimento econômico.

Nesse cenário, o marxismo de manual e de militância, extra-acadêmico, tornou-se sociológica e politicamente pobre, até mesmo para os militantes. Marxismo de uso *ad hoc*, mais apropriado às racionalizações dedutivas e justificadoras, em que tudo está previamente "explicado", não atende às necessidades do conhecimento propriamente científico, investigativo, que primeiro indaga para depois responder. A realidade brasileira estava sendo profundamente alcançada por um modelo de desenvolvimento capitalista, desenraizador, cujos efeitos ficavam bem longe do que preconizavam as explicações de um marxismo esquemático, aprisionado por formalismos interpretativos, desprovido de recursos teóricos e de procedimentos eficazes para investigar e explicar as singularidades sociológicas e antropológicas que marcam a complexa unidade de determinações do processo histórico. Além do mais, sem quadros profissionais e sem instituições e meios para realizar pesquisas que desvendassem e explicassem as mudanças que estavam ocorrendo.

Foi o que me levou a criar, na USP, em 1975, o seminário sobre o método dialético na obra de Marx. Esse seminário, de pós-graduação, realizado nas manhãs de sextas-feiras, durou 12 anos. Após o que, decidimos prolongá-lo na leitura da obra de um marxista contemporâneo de envergadura clássica, durante mais 6 anos. Escolhemos Henri Lefebvre, que além de filósofo era sociólogo e professor universitário. Lefebvre era fundamental para conhecer o que havia de novo um século depois de Marx, uma de suas metas. É ele quem propõe o retorno à dialética na perspectiva marxiana e na crítica ao marxismo antissociológico.

Num certo sentido, esse é o principal desafio da esquerda hoje, em todas as partes: "livrar" o marxismo acumulado desde Marx de um conjunto imenso de interpretações e derivações decorrentes de circunstâncias históricas, internacionais e locais, que se perderam no tempo, de embates ideológicos ultrapassados e universalizações indevidas e de momento. Ou seja, filtrar criticamente o conhecimento que, inspirado em Marx, é uma junção de conhecimento fundamentado e testado com conhecimento fragmentário e de ocasião. Certa perspectiva evolutiva na leitura da complicada diversidade do marxismo empobrece-o, porque anula a importância do retorno a Marx e anula, também, a relevância de recolher, reconhecer e repensar componentes de seu pensamento, sobretudo de sua Sociologia, que teriam afetado de modo mais criativo, se levados em conta, nossa compreensão do capitalismo e da sociedade contemporânea. É evidente que não se trata de desconhecer a história da esquerda depois de Marx, mas se trata, sim, de confrontar a história de seus dilemas e conflitos com a realidade social e política que ganhou consistência e curso ao longo da história. As certezas corporativas, lineares e evolutivas, literalmente impostas no âmbito da esquerda, foram sendo demolidas ou desafiadas por acontecimentos históricos que apontavam para uma diversidade de alternativas sociais e políticas que não foram consideradas partidariamente. As conveniências da lógica partidária nem sempre coincidem com as possibilidades da história. Esse é um dos fatores da crise da esquerda. Esse é, sem dúvida, um dos fatores da crise do PT e seus desdobramentos no poder.

Nesse cenário, a América Latina não avançou na direção do socialismo, mas, em nome dele, avançou em direção ao corporativismo dos confrontos étnicos, pendências históricas que a esquerda nunca levou a sério. Impasse, sem dúvida, em face de considerações teóricas como as de Marx em *A questão judaica* quanto a demandas sociais não universalistas, feitas em nome de particularismos que negam os direitos de todos e a emancipação de todos. A diversidade de alternativas, em jogo na cena histórica, levou à situação política atual e dominante, aqui no Brasil, em que o partido reinante, originário de situações e categorias sociais que as esquerdas definiam como de direita, governa em nome da esquerda. Mas o faz com programas de afirmação da mesma economia iníqua e desenraizadora do que foi chamado de neoliberalismo econômico, com ataduras e remendos sociais de natureza assistencialista. Maquiagem de uma pobreza que se tornou cruelmente funcional para a expansão e afirmação de um capitalismo globalizado que recoloniza os países que tentaram um dia a saída do desenvolvimento para dentro, como foi o caso do Brasil.

Enfim, uma contraditória esquerda neoliberal, com um exitoso programa de *crescimento* econômico, substitutivo do que seria propriamente o *desenvolvimento* econômico, do que seria crescimento com transformação econômica e social. No entanto, crescimento sem nenhum programa de desenvolvimento social, o desenvolvimento que supera a pobreza, mas também emancipa o homem de todas as suas carências, não só a carência material, mas também a carência de liberdade, de direitos, de consciência crítica. O neoliberalismo populista proposto em nome da esquerda não é de esquerda justamente porque não liberta a sociedade da trama que lhe tolhe os passos da emancipação social e política.

Foi motivado por essas dúvidas, e pela demora da própria ditadura, que convidei meus alunos da pós-graduação para fazermos juntos o mencionado seminário não só sobre *O capital*, mas sobre o fundamental da obra de Marx, o método. Todas as sextas-feiras, de um semestre em cada ano, regularmente, nós nos reuníamos, durante a manhã inteira, para discutir em sequência obras de Marx. Terminada a leitura do essencial de Marx, decidimos aprofundar a leitura de textos sobre a questão do método e optamos pela obra de Henri Lefebvre.[3] É ele um filósofo e sociólogo, que foi membro e militante não conformista do Partido Comunista Francês. Teve um papel importante na pedagogia partidária e, durante muito tempo, como fizeram tantos outros militantes, deu cursos de formação para operários. A imersão na realidade (fez observação participante, como motorista de táxi em Paris, para compreender sociologicamente a relação entre o usuário e seu espaço, inovando na Sociologia urbana), o que é raro entre intelectuais, mesmo pesquisadores, colocou-o diante dos desafios de compreensão de uma situação social que não se desenvolvia segundo o preconizado pelos chavões partidários e pelas fórmulas esquemáticas e pouco sociológicas como as do *Manifesto comunista*, de 1848.

Lefebvre participou da Resistência Francesa. Como camuflagem, foi designado pelo partido para fazer uma pesquisa na aldeia de onde era originário, nos Pirineus. A previsão de que a guerra poderia demorar levou-o ao estudo de mil anos da história de uma aldeia, e nela identificar constâncias em face das descontinuidades decorrentes das grandes rupturas históricas. Examinou toda a documentação paroquial, forma de definir um volume tal de trabalho que não houvesse dúvida quanto ao seu mister intelectual. Era a cobertura de que precisava para desenvolver suas atividades políticas contra o nazismo e a sua tropa de ocupação, especialmente no transpasse clandestino de militantes e refugiados entre a Espanha e a França. Mais tarde, participaria da reação da intelectualidade francesa contra a ocupação da Hungria, em 1956, e a favor da Primavera de Praga, de 1968.

O ápice de sua revolta contra o stalinismo, em nome do marxismo, foi a briga pública que teve, na rua, com o seu melhor amigo, Georges Politzer, com quem rompeu. Lefebvre o considerava uma das mais promissoras vocações da Psicologia, um intelectual que abdicou de sua missão para se tornar um vulgarizador da versão stalinista do pensamento de Marx num famoso manual que foi traduzido e difundido também no Brasil. Lefebvre acabou sendo expulso do Partido Comunista.

Além de filósofo, fez, com base no material histórico coletado nos Pirineus, um doutorado em Sociologia rural, quebrando todas as inclinações de uma esquerda que sempre teve horror ao campesinato em nome do primado histórico e político do operariado, mesmo em sociedades em que o operariado é pouco mais do que ficção. A própria Revolução Russa, feita ideologicamente em nome do operariado, teve como protagonista político essencial um campesinato libertado da servidão pouco mais de uma geração antes, cujos filhos combatiam naquele momento, como soldados, numa guerra que não tinha para eles o menor sentido. Os estudos do historiador italiano Franco Venturi, o primeiro a ter acesso aos documentos da Biblioteca Lênin, mostram o quanto perderam os bolchevistas ao desprezarem a criativa efervescência política e interpretativa de outros grupos políticos, como os chamados "populistas russos".[4] Lefebvre, aliás, encontrou nos estudos e análises iniciais de Lênin, de tipo propriamente sociológico, referências fundamentais para trazer de volta à dialética a questão do tempo social, a da historicidade do tempo político no confronto com a linearidade aparente da interpretação contida em *O capital* (mas "desconstruída" pelos ricos e densos volumes precursores, os do *Grundrisse*).[5] Também aqui na América Latina nos vimos e continuamos nos vendo diante do esdrúxulo de militâncias e revoltas camponesas e indígenas inspiradas em doutrinas operárias, que eram expressões da realidade social do operariado europeu do século XIX. E deu no que deu: extensas mobilizações sociais da diversidade social e étnica sem doutrina nem teoria, sem explicitação de um projeto de universalidade superadora das diferentes situações sociais iníquas.

A modalidade de conhecimento social que se difundiu sob o nome de marxismo não supria as carências teóricas e interpretativas da Sociologia em crise. No entanto, a experiência da pesquisa e da militância de campo, no campo e na cidade, deu a Lefebvre a rica sensibilidade sociológica que já se manifestara em seus estudos sobre a consciência mistificada e nos estudos propriamente sociológicos e críticos sobre a Sociologia rural e, principalmente, em sua *Crítica da vida cotidiana*.

Discriminada pelo Partido Comunista, em nome da estreiteza teórica do marxismo oficial, a obra de Lefebvre teve e continua tendo pouca difusão no Brasil. Florestan Fernandes, nos anos 1950, já havia citado um de seus trabalhos metodológicos,[6] justamente em relação à questão central da proposta do retorno à dialética.[7] Nos anos 1960, Luiz Pereira, discípulo e assistente de Florestan, passou a incluir algumas obras desse autor em suas referências bibliográficas e em seus cursos na Universidade de São Paulo. No meu modo de ver, foi influenciado por uma conferência de Sartre em Araraquara, a que esteve presente, pois Sartre tinha Lefebvre como uma de suas referências, no que se refere à questão do método.[8] Essas eram boas recomendações para ler Lefebvre na sequência de Marx, examinado, como examináramos, na questão essencial do método dialético.

Na USP, a sociologia de Antonio Candido sobre o mundo caipira enriqueceu as ciências sociais com um diálogo com Marx, sobretudo no que diz respeito à questão da relação homem-natureza e, portanto, também sobre a questão da práxis e da historicidade das ações e das relações sociais. De certo modo liminar como Lefebvre, pois sociólogo e professor de sociologia e também professor de Teoria Literária, reconhece a importância da busca interpretativa e do diálogo com a diversidade das ciências sociais. O que em relação a vários autores foi impropriamente definido como ecletismo. Em seu livro referencial sobre *Os parceiros do Rio Bonito*, o nosso mais emblemático estudo sociológico sobre as populações rurais, Antonio Candido promove um encontro teórico entre a antropologia de Robert Redfield e a sociologia de Marx e Engels, de *A ideologia alemã*.[9] É no trato da constituição da humanidade do homem na relação entre homem e natureza, a humanização do homem como construção, como produto da práxis. Justamente essa abertura teórica, que pressupunha "uma continuidade possível e não ruptura" entre a sociologia, a antropologia e a ciência social de Marx, não fez escola, pois "a ruptura era já completa", conforme observou Fernando Henrique Cardoso.[10]

Lefebvre nasceu no começo do século XX e morreu no fim do século, tendo vivido quase 100 anos. Mantive uma pequena troca de correspondência com ele, alguns anos antes de sua morte. Curiosamente, ele foi morrer na aldeia em que nascera, o que é quase um manifesto político numa intelectualidade francesa que, quando não é parisiense, finge ser parisiense para negar a província e a aldeia. O que, aliás, explica muito, sobretudo na intelectualidade de esquerda, da recusa interpretativa das realidades sociais não cosmopolitas nem hegemônicas. Um viés que nos chega pelos sofisticados canais de alienação dos intelectuais latino-americanos. No fim da vida, solicitou ele ao Partido Comunista Francês que o recebesse de volta, pois queria morrer comunista.

Não só os episódios edificantes da vida de Lefebvre já o recomendavam como um intelectual e sociólogo de referência para um reencontro com Marx no deserto de horizontes aberto pelo autoritarismo. Também o reencontro proposto pela correspondente necessidade de repensar a Sociologia e suas indagações, seu lugar na renovação do pensamento social e político e na interpretação do Brasil. Caio Prado Júnior fora, sem dúvida, um precursor já antigo dessa inquietação em sua obra interpretativa da realidade do país. Caio Prado Júnior, do mesmo modo que Antonio Candido e Florestan Fernandes, e a nova geração de intelectuais por estes formados, ou neles inspirada, na pesquisa e na interpretação insubmissas, proclamavam o que, coincidentemente, acabou sendo, também, uma das grandes linhas do trabalho de Lefebvre, a da insurgência contra os poderes. Sem o que o trabalho intelectual fica bloqueado e a interpretação fica vesga. Não só contra o poder do Estado, mas também a insurgência contra os pequenos e destrutivos poderes que atravessam a vida cotidiana, na universidade, no partido, na igreja, nas instituições, nos mandonismos bloqueadores da consciência e da inteligência.

No Brasil, a importância da obra de Lefebvre na elaboração interpretativa dos desafios da esquerda está justamente no fato de que ela expressa uma visão sociológica da sociedade, que permite alargar sem medo os horizontes da interpretação, tanto nos temas quanto nas problematizações. Essencialmente, Lefebvre, como já ocorria com a Sociologia brasileira, abre-se para a compreensão sociológica da diversidade social, sem minimizar seus aspectos aparentemente esdrúxulos em face de doutrinas interpretativas que valorizam mais esta categoria social do que aquela, mais o operariado do que o campesinato (e o índio!), mais a classe social do que a etnia ou a raça, mais o dominante do que a mediação, mais a história do que a vida cotidiana, mais o transformador do que o repetitivo.

Foi justamente em seus estudos de Sociologia rural, na França cosmopolita, que Lefebvre teve condições de resgatar um aspecto essencial do método dialético que é o caráter substantivo do tempo histórico, como tempo real e vivo, personificado, na sua diversidade, por diferentes categoriais sociais. Algo bem diverso da concepção abstrata e evolucionista do tempo da história que dominava e domina o marxismo extra-acadêmico. Embora essa questão esteja esparsamente presente nos livros, artigos e cartas de Marx, nunca foi sistematizada. A sistematização da obra de Marx foi a das supostas certezas políticas, ficando de lado as incertezas, dúvidas e meras hipóteses. A famosa carta a Vera Zasulich, militante *narodnik* russa, sobre a possibilidade da revolução socialista na Rússia camponesa e escassamente industrial, que Marx admite, nela limitando o alcance de sua interpretação à Europa Ocidental, é bem indicativa de uma alma de cientista correto e cuidadoso.[11] Não é estranho, portanto, que no fim da vida tenha ele dito que se alguns escritos de gente como seu genro Lafargue eram marxistas, ele, Marx, não era marxista, pois neles não se reconhecia.

Jean-Paul Sartre, em seu livro *Questão de método*, reconheceu que um artigo publicado por Lefebvre, em 1953, na revista *Cahiers Internationaux de Sociologie*, era a melhor formulação do método dialético de Marx.[12] A totalidade pressuposta nesse método, longe de ser mera abstração e de se constituir em totalidade fechada, é uma totalidade aberta e viva, real e personificada nos opostos que a constituem e nela se combatem. Longe de ser meramente dedutiva, é também indutiva porque sua compreensão depende de pesquisa, inserção, participação. Além do que, é transdutiva, no sentido de que, na pluralidade dos seus tempos, não só o passado sobrevive (e "oprime como um pesadelo a consciência dos vivos", disse Marx no *Dezoito Brumário de Luís Bonaparte*), mas o possível se propõe e anuncia como real e não como utopia ou quimera, como contradição a se resolver na dimensão revolucionária e transformadora da práxis.[13]

Pensar os desafios da esquerda no Brasil, portanto, passa pela afinação dos instrumentos da pesquisa social, pelo alargamento de horizontes temáticos e interpretativos, pela indagação a respeito de nossas pendências históricas, pela investigação sociológica e política, prospectiva, de nossa história possível. Não passa por um *mea culpa*, que seria muito pouco sociológico e político, nem passa pela agregação de interpretações a um conhecimento não submetido, ainda, às exigências do pensamento crítico. É nesse sentido que o retorno marxianamente crítico a Marx e, por esse caminho, o retorno à dialética, que propõe Lefebvre, constitui um requisito para pensar e aceitar desafios políticos. Sobretudo numa sociedade constituída por extensa diversidade social (classes sociais e raças se interpolam e se combatem, disputam entre si primazia histórica, perdem-se na confusa interpolação de hierarquias sociais), não menos extensa diversidade histórica (ainda temos graves remanescentes de escravidão, já não limitada ao negro[14]). E também incongruências políticas (filhos da opulenta nobreza agrária, como Caio Prado Júnior e Elias Chaves Neto, da *Revista Brasiliense*, no passado recente, construindo o pensamento de esquerda); e o proletariado de Lula e do PT construindo a prática populista, fundada na tradição religiosa e conservadora, em nome da esquerda, no presente sem futuro). Juntar interpretativamente as contradições dessa diversidade anômala constitui, sem dúvida, um dos nossos primeiros desafios. As ferramentas de Lefebvre são fundamentais para essa compreensão. Nesse retorno à dialética é que se pode pensar a sociedade com base na ciência e evitar o fundamentalismo próprio deste tempo, que assim como marca o pensar religioso, marca também o pensar político. Na era dos fundamentalismos, a crítica social e política não pode vir do próprio fundamentalismo, porque sua crítica é mera recusa, pura contrariedade sem compromisso com o histórica e politicamente possível. Revigorar a importância da dialética no pensamento social é justamente o desafio fundamental da esquerda e deste tempo.

Com essa longa explanação sobre o retorno à dialética, quero sublinhar um aspecto fundamental do pensamento sociológico que é o de pensar o pensamento para situar sociologicamente o modo de pensar e a relação entre a sociologia e a sociedade. Isso vale, também, para a relação entre a sociologia e as ideologias enquanto conhecimento mediador da ação política.

As ideologias são meios de autoengano partidário, modalidades da alienação constitutiva do social. Partidos (e religiões) não estão imunes a esse autoengano. Com a agravante de que acabam sendo vítimas, também, de suas técnicas de racionalização autoindulgentes, por meio das quais criam justificativas para o que é sociologicamente erro de análise do desencontro entre realidade e ação política. Uma expressão desse desencontro é a obsessão da esquerda no Brasil em justificar a sua legitimidade histórica e política pelo simples fato de considerar-se a si mesma esquerda.

Obsessão que resulta do fato de que há um outro desencontro, que é entre as demandas populares na cidade e no campo, na indústria e na agricultura, de um lado, e a intelectualidade de classe média que em nome delas fala, informada por ideologias desenraizadas, que não refletem os limites e a prática das vítimas da exploração e da desigualdade. Além disso, mal nos damos conta de que, na prática, o Brasil é um país bilíngue, em que a classe média culta e pensante fala uma língua, o português culto, e a massa do povo fala outra. O povo fala uma língua portuguesa acentuadamente influenciada por palavras e sotaques do dialeto caipira e sertanejo, remanescente da língua nheengatu, que foi a língua brasileira até o século XVIII, então proibida pelo rei de Portugal e que ainda se fala em algumas regiões do país. É língua oficial no município de São Gabriel da Cachoeira, no Alto Rio Negro. Essas línguas, não raro opostas, são a mediação da consciência social, não sendo, pois, de estranhar que intelectuais e militantes políticos digam uma coisa que o povo entende de outro modo. A própria palavra "esquerda", entre nós, é cada vez mais imprecisa para designar o que historicamente o é na grande tradição da esquerda, o que é agravado por esse bilinguismo de que não temos consciência.

Volta e meia ouvimos afirmações, explicações e reflexões a respeito, por exemplo, de que o Partido dos Trabalhadores, para chegar ao poder e, sobretudo, já no poder, teria se afastado de suas origens, o que é verdade. Mas cabe perguntar se alguma vez, cultural e ideologicamente, esteve de algum modo ligado a suas origens, aos seus constituintes. O Partido dos Trabalhadores tem uma duplicidade de origem que percorre até hoje todas as suas tensões internas e está na raiz de suas várias crises no poder.

Os grupos fundamentais que a ele se agregaram, fizeram-no com identidades grupais e corporativas que refletiam circunstâncias práticas de cada um, que não eram circunstâncias de classe social. As bases rurais do PT vieram da Pastoral da Terra, constituídas na perspectiva de uma mística edênica e alimentadas pelo complemento de uma ideologia milenarista da luta de classes, que libertaria "o povo" para o retorno ao paraíso, agora um paraíso político. Uma luta, portanto, entre o bem e o mal e não uma luta, senão residualmente, contra o capital e a renda da terra e injustiças historicamente determinadas e superáveis na transformação radical das relações de trabalho e das relações sociais. O discurso místico sobre "libertação" substituiu as concepções socialistas de superação das contradições, na práxis, e emancipação do homem das determinações sociais da exploração e da injustiça que o subjugam. Portanto, na construção social de uma realidade ao mesmo tempo nova e outra.

Por outro lado, no período áureo da luta operária no ABC, nos anos 1970, o Partido Comunista, que ali tivera uma de suas principais bases de atuação, estava fragilizado pela repressão política e pelo envelhecimento de seus quadros no meio operário. Mas também pela expansão da militância católica a partir de meados dos anos 1950, quando foi criada a Diocese de Santo André, assumida por um bispo originário da Ação Católica, um progressista, Dom Jorge Marcos de Oliveira. Era um homem aberto ao diálogo com a esquerda, à qual vinha contrapor uma opção social católica inspirada nas ideias do personalismo de Emmanuel Mounier, o fundador e dirigente da importante revista francesa *Esprit*. Ideias que inspiraram toda a geração dos chamados bispos progressistas dos anos 1950 aos anos 1980.

Ao nascer, fortemente apoiado pela Igreja Católica e por algumas igrejas protestantes, o PT agregou um outro componente místico, um verdadeiro DNA político, à sua gênese e à história possível do partido. Além do que, a causa do proletariado regional confundiu-se com a causa da nação, que era a de opor-se à ditadura militar e construir um país democrático e um poder democrático. A fração sindical e burocrática do que viria a ser o PT, sobretudo na figura de seu líder, Lula, acabou tendo nas mãos a luta pela democracia e sua simbolização. Confundiu-a com as lutas salariais de um subgrupo da classe operária que, diferente do restante do operariado, vivia um momento de afluência, manifesta nas diferençadas condições de vida dos operários qualificados do ABC. Literalmente, os operários de classe média em ascensão social.

As enormes diferenças sociais e de condições de vida no interior do operariado refletiram-se no próprio cenário urbano da região metropolitana de São Paulo: o operariado afluente, de que Lula faz parte, morando bem, nos bairros da próspera classe média do ABC, e o entorno de casas simples, em favelas e bairros surgidos em invasões, casas de construção crua, como dizem os moradores, sem revestimento nem acabamento, construídas em mutirão e pela própria família. É significativo que a esquerda nunca tenha notado que no cenário das lutas sociais que deram origem ao PT, a ideologia de esquerda acobertava e acoberta o abismo que separa o operário do próprio operário. De certo modo, as lutas do ABC não só acobertaram essa desigualdade como a alimentaram. A circunstância política excepcional da ditadura polarizou as lutas políticas da época e deu origem ao que na prática se constituiu num novo peleguismo, amenizado com a designação que os cientistas políticos lhe deram, a de "novo sindicalismo".

Nesse processo, o aparato conceitual marxista, de referência da esquerda propriamente dita, foi completamente substituído por um aparato conceitual messiânico que não só rotula a realidade e seus problemas, como anuncia um fim milenarístico como desfecho da história social. "Libertação" é a palavra-chave, que não é só palavra numa sociedade em que os pobres são ainda depositários de uma memória de sociedade escravista, mas também uma esperança, ainda que difusa. "Trabalhadores" foi outro conceito para escamotear as diferenças sociais até profundas entre os que trabalham e instituir a base conceitual de uma unidade política de superfície. A versão petista do conceito de trabalhador deriva tanto da concepção e da valorização do trabalho como trabalho concreto, mesmo que não salarial (como no caso dos trabalhadores da agricultura familiar), quanto da concepção de salário, ainda que não relativo ao trabalho produtivo (como no caso do serviço público). Não deriva da concepção de trabalho concreto e abstrato, de que as outras formas de trabalho são variantes e até antagonismos. Junta, portanto, para voltar a uma velha e fundamental noção de Marx, quem vive da privação da mais-valia (tanto os que não podem ter consciência dela, porque produtores diretos dos meios de vida, quanto os que podem tê-la e não a tem, porque alienados) com quem vive da distribuição da mais-valia. Sobretudo a imensa massa de funcionários públicos, cuja lógica de ação e de defesa de seus interesses é oposta à lógica da ação operária. Parece pouco, mas para o desenrolar da práxis política de esquerda não o é, pois a priva de vitalidade e, sobretudo, a priva de conteúdo emancipador.[15]

Algo parecido com a "nação", dos discursos de Vargas. Com a diferença de que Vargas, nos dois conceitos-chave de seu discurso, "nação" e "trabalhadores do Brasil", propunha uma unidade nacional, acima das diferenças, em nome de metas nacionais e nacionalistas. Lula e o PT, ao contrário, seccionaram o país ideologicamente e criaram uma particularidade fictícia, uma nação política à parte, que é a "nação" dos "excluídos", outro conceito do sistema conceitual religioso e petista.[16] A falta de uma sociologia crítica na esquerda impediu-a, em primeiro lugar, de dar-se conta de que os conceitos da mobilização popular petista não eram conceitos "de esquerda". A esquerda não se mostrou preparada para fazer a crítica científica do aparato ideológico em que se apoiava o novo sujeito partidário que nascia em nome de concepções corporativas, fechadas e antidialéticas.

A grande massa fundante do PT, das bases populares, veio da Igreja Católica, num momento em que o Partido Comunista não só estava imobilizado pelo regime militar, mas também porque estava imobilizado por seus compromissos na polarização da Guerra Fria. Imobilizado, também, por seu anticlericalismo e consequente veto à religião, sobretudo no equívoco de supor que o materialismo da dialética tinha que ser, também, uma antirreligiosidade militante. Quando é apenas uma questão de método. Num país religioso, como o Brasil, esse preconceito de classe média ilhou a esquerda tradicional. O contrário da experiência dos comunistas italianos, que conseguiram abrigar em seu partido os católicos de esquerda e desenvolver um mecanismo inteiramente democrático para acolhê-los. Aqui, o que se configurou no PT foi, significativamente, o processo contrário: a Igreja acolheu o partido, ainda que não formalmente; a religião acolheu a esquerda, desfigurando-a no sistema conceitual de referência política que resultou de sua mediação ideológica.

O conceitualmente difuso trabalhador de referência do PT responde em boa parte pelos bloqueios do partido, os bloqueios que o impedem de ser partido de esquerda e como tal agir. O que aí aconteceu tem a ver com o fato de que a classe operária de referência, na obra de Marx, é uma classe operária cuja feição típica e cuja competência histórica são expressões do historicamente possível, de que é ela a única portadora na sociedade capitalista. Por isso mesmo, Agnes Heller, que foi assistente de Georg Lukács e que foi expulsa do Partido Comunista húngaro, numa conferência em São Paulo, em 1992, demonstrou que a classe operária de Marx é uma classe social teórica. Há, portanto, um desencontro entre essa classe operária de referência e a classe operária cotidiana, desencontro preenchido pela alienação e a cultura que dela decorre.

É enorme o desafio sociológico e antropológico na compreensão e interpretação do abismo entre essa classe social de referência e a classe social real, nos cenários históricos e diferençados em que a classe operária atua. Em Marx, há duas obras complementares sobre o capital e o capitalismo, reciprocamente necessárias e, na sua dialética, fundamentais para compreender a articulação desses dois momentos da práxis: *O capital*, obra inacabada e de acabamento da reflexão marxiana sobre o tema, e o *Esboço* (*Grundrisse*). Nesta última, Marx expõe sobretudo o que Lefebvre chamou de *desenvolvimento desigual do capital*, seus meandros históricos, sua diversidade social interna, sua historicidade concreta, sua dimensão propriamente sociológica e antropológica. Em *O capital*, Marx trata do *desenvolvimento igual do capital*, seu processo formal e típico, sua destinação ao perecimento inevitável. A análise marxiana, portanto, oscila, sem vacilar, entre a reprodução da sociedade, de um lado, e a produção de sua crise histórica e os mecanismos de gestação de uma nova sociedade.

Pensando na sociedade brasileira, nessa perspectiva, pode-se dizer que a categoria "trabalhadores" do Partido dos Trabalhadores é uma categoria híbrida que se perde na referência de um trabalhador de carne e osso que produz a possibilidade social, política e histórica do novo, mas que não sabe que é o produtor do novo nem qual é o novo que está produzindo. A mediação partidária, teórica e conceitualmente pobre, não tem condições políticas de construir concretamente a sociedade nova. E se perde porque esse trabalhador está política e conceitualmente subjugado por um trabalhador, sobretudo da área de serviços, e do serviço público, cuja inserção histórica e social necessariamente o cega para mudanças que não sejam as mudanças sociais e políticas do ajustamento à ordem e à reprodução social. Um trabalhador que, quando perfilha mudanças, o faz nos limites de suas aspirações estamentais e tradicionalistas, nunca para efetivar mudanças que eventualmente implantem no serviço público um modelo contratual de relações de trabalho. Quer mudar, desde que as mudanças não sejam no essencial, o que é bem um perfil de governo, o perfil do Estado.

Essa contradição de origem traduz-se nas adversidades cotidianas e também históricas do governo e do PT, um partido sem condições sociais e políticas de produzir conhecimento que indique as raízes sociais de seus dilemas e bloqueios. O partido apropriou-se de uma retórica de esquerda sem condições históricas de levar adiante uma práxis transformadora, pois a substância ideológica que demarca seu horizonte vem do agrarismo social nutrido pelos valores mais significativos da tradição conservadora. O vocabulário político adaptado apenas confirma esse bloqueio e essa dificuldade.

A esquerda não é imune a esses dilemas que resultam da contradição de uma sociedade marcada por poderosos mecanismos de reprodução das relações sociais e de institucionalização do que concorre para o repetitivo e cotidiano. Marcada também por forças sociais e carências de inovação social e política, que pedem mudanças e até mudanças urgentes para trazer amplos setores da população para os embates do mundo moderno e as possibilidades de inovação social que nesses embates se anunciam.

Nesse sentido, um dos desafios fundamentais da esquerda é o de compreender e superar os dilemas e bloqueios advindos deste cotidiano movimento pendular em que a repetição anula, aparentemente, os impulsos de inovação. Isso quer dizer que uma das prioridades é a de decifrar o que são hoje os mecanismos sociais da alienação do homem comum, alienação que já não se limita ao autoengano na relação capital e trabalho. Mas que se estende da exploração na produção à distribuição no desfrute da mais-valia por setores que, vivendo de salário, são nutridos pela exploração do operariado. E que se estende, ainda, ao aparecimento de poderosas técnicas sociais de exacerbação e institucionalização do aparente. O sistema conceitual que nasce e se difunde com o PT, mencionado anteriormente, que drena a substância criativa dos conflitos sociais, é poderoso momento dessas técnicas sociais.

O velho dilema "reforma ou revolução", que ainda divide grupos de esquerda e divide o próprio PT, é um dilema superado em face das grandes transformações ocorridas nas sociedades capitalistas e também em sociedades socialistas, como a China ou Cuba. Bloqueada para o capitalismo, Cuba é uma sociedade de socialismo também bloqueado. Com êxitos comparativos, em relação ao passado, na área da educação, da saúde e da alimentação, o país ficou preso, entretanto, no baixo perfil de um socialismo que não se completa com a criação de um poder efetivamente democrático e democrático acesso à cultura. Na direção contrária, a China criou uma economia de produção socialista da riqueza e sua distribuição capitalista, apoiada no poder centralizado e autoritário de um mandarinato que assegura a ordem política, impede a desordem social e patrocina uma acumulação capitalista de fazer inveja a países como os Estados Unidos.

Resta-nos, ao que parece, o caminho da revolução na vida cotidiana,[17] a sociedade profeticamente contraposta ao Estado, para dele fazer agente da vontade popular expressa não na opinião eleitoral, pura e simplesmente. Mas na resolução e superação das carências históricas anunciadas no que é vivido, mas não necessariamente percebido, pelas vítimas das adversidades históricas e sociais, para voltarmos a um enunciado de Lefebvre.[18]

Em suma, os desafios estão em dois planos articulados entre si. No plano do conhecimento científico, que é indissociável de uma prática de esquerda, num retorno à dialética, sem dúvida, mas também num diálogo criativo e sem medo com as inovações logradas pelas ciências sociais. E, no plano da aplicação desse conhecimento, para pesquisar e conhecer a realidade social e, portanto, agir em nome do historicamente possível, que é tarefa de um verdadeiro partido de esquerda. E não do politicamente permitido, como age o partido no governo e sua aliança complicada.

Notas

1 Para uma reflexão alternativa sobre o tema, cf. José de Souza Martins, *O cativeiro da terra*, 9. ed. ver. e ampl., São Paulo, Contexto, 2009.

2 Cf. *O Estado de S. Paulo*, 30 de agosto de 1981, p. 24.

3 O encerramento do ciclo de 18 anos deste seminário se deu com o colóquio sobre "A aventura intelectual de Henri Lefebvre", no Departamento de Sociologia da Faculdade de Filosofia, Letras e Ciências Humanas da Universidade de São Paulo, em 14 de maio de 1993. Os trabalhos apresentados na ocasião foram reunidos em livro, cf. José de Souza Martins (org.), *Henri Lefebvre e o retorno à dialética*, São Paulo, Hucitec, 1996.

4 Cf. Franco Venturi, *Il Populismo Russo*, 2. ed., Torino, Giulio Einaudi Editore, 1977, 3v.

5 Cf. Henri Lefebvre, *La Pensée de Lenine*, Paris, Bordas, 1957.

6 Cf. Florestan Fernandes, *Fundamentos empíricos da explicação sociológica*, São Paulo, Companhia Editora Nacional, 1959, p. 174-175.

[7] Ainda que Marx compareça de modos significativamente diversos na obra de Florestan Fernandes e na de Henri Lefebvre, em ambas há preocupações subjacentes e convergentes com a questão da práxis. Cf. José de Souza Martins, *Florestan: sociologia e consciência social no Brasil*, São Paulo, Edusp/Fapesp, 1998, p. 97-105.

[8] Cf. José de Souza Martins, "Luiz Pereira e sua circunstância", entrevista a Conrado Pires de Castro, in *Tempo Social – Revista de Sociologia da USP*, v. 22, n. 1, Faculdade de Filosofia, Letras e Ciências Humanas da USP, São Paulo, junho de 2010, p. 221-222.

[9] Cf. Antonio Candido, *Os parceiros do Rio Bonito*, 11. ed., Rio de Janeiro, Ouro Sobre Azul, 2010.

[10] Cf. Fernando Henrique Cardoso, "A fome e a crença – sobre 'Os Parceiros do Rio Bonito'", in Celso Lafer (org.), *Esboço de figura: homenagem a Antonio Candido*, São Paulo, Duas Cidades, 1979, p. 99.

[11] Cf. Karl Marx e Frederick Engels, *Selected Correspondence*, Moscow, Progress Publishers, 1965, p. 339-340.

[12] Cf. Jean-Paul Sartre, *Questão de método*, trad. de Bento Prado Júnior, São Paulo, Difusão Europeia do Livro, 1966, p. 46-47 (nota). O artigo citado por Sartre tem tradução brasileira: Cf. Henri Lefebvre, "Perspectivas de sociologia rural", in José de Souza Martins (org.), *Introdução crítica à Sociologia rural*, São Paulo, Hucitec, 1986, p. 163-177 (trad. Cynthia A. Sarti e Solange Padilha).

[13] Cf. Henri Lefebvre, *La revolución urbana*, trad. Mario Nolla, Madrid, Alianza, 1972, p. 9-13.

[14] Cf. José de Souza Martins, *Fronteira*, cit., p. 71-99.

[15] Trato, comparativamente, das diferenças sociológicas e singularidades de operários e camponeses em *A sociedade vista do abismo: novos estudos sobre exclusão, pobreza e classes sociais*, 2. ed., Petrópolis, Vozes, 2003.

[16] Para um questionamento crítico da concepção de "exclusão social", cf. José de Souza Martins, *Exclusão social e a nova desigualdade*, 3. ed., São Paulo, Paulus, 2007.

[17] Cf. Agnes Heller, *La revolución de la vida cotidiana*, trad. Gustau Muñoz et al., Barcelona, Ediciones Peninsula, 1982, p. 7-27.

[18] Para uma compreensão da tríade dialética do concebido, do vivido e do percebido, cf. Henri Lefebvre, *La Production de l'Espace*, Paris, Anthropos, 1974, esp. p. 50 e 267-284.

O Estado e a mediação moderna do conservadorismo político

Clientelismo e corrupção no Brasil contemporâneo*

O aspecto, provavelmente, mais significativo dos episódios de denúncia e punição de casos de corrupção no Brasil, iniciados com o impedimento e a cassação dos direitos políticos do presidente da República, Collor de Mello, em 1992, e continuados com a denúncia e cassação de parlamentares, logo depois, não está na constatação da corrupção em si. No meu modo de ver, o aspecto mais importante está no fato de que os acontecimentos que culminaram com o afastamento do presidente *tenham sido definidos como corrupção* e assim aceitos pela opinião pública. A questão conceitual se repetiu, em 2005 e 2006, no chamado "escândalo do mensalão", envolvendo o Partido dos Trabalhadores e o governo do presidente Luiz Inácio Lula da Silva, tanto mais significativo quanto todo o movimento de formação e ascensão política desse partido ter se pautado por um discurso sobre ética. Esse é, no meu modo de ver, o fato histórico que sugere, nesses episódios, a ocorrência de mudanças políticas na sociedade brasileira, tendo como referência o conceito de maior repercussão na relação entre o poder e o povo.

---

* Trabalho apresentado no simpósio sobre "Political Corruption: Latin America and Europe in Comparative Perspective", Institute of Latin American Studies, University of London, em colaboração com o Institute of Latin American Studies, University of Liverpool, Londres, 4-5 de maio de 1994. Edição inglesa: "Clientelism and Corruption in Contemporary Brazil", in W. Little e E. Posada-Carbó (ed.), *Political Corruption in Europe and Latin America*, Houndmills, Macmillan, 1996, p. 195-218.

De fato, o trânsito de dinheiro particular para os bolsos dos políticos por meio das funções públicas que ocupam combina-se, na tradição brasileira, com o movimento inverso do dinheiro particular dos políticos em favor dos interesses particulares dos eleitores, justamente como compensação pela lealdade política destes últimos. É evidente que, nesse trânsito de riqueza por canais que passam pelo exercício de funções públicas, fica difícil distinguir o que é dinheiro público e o que é dinheiro particular. No comportamento político do povo, mesmo dos eleitores, ao longo da história política brasileira, essa distinção parece ter sido irrelevante. A política do favor, base e fundamento do Estado brasileiro, não permite nem comporta a distinção entre o público e o privado, que é própria da concepção moderna do poder e da política e que a distingue do que é correspondente à dominação patrimonialista da sociedade tradicional.

Por outro lado, qualquer tentativa de interpretar a dinâmica do processo político brasileiro, e seus episódios singulares, passa pelo reconhecimento de que as mudanças só ganham sentido nas crises e descontinuidades do clientelismo político de fundo oligárquico que domina o país ainda hoje. Passa também pelo reconhecimento de que a tradição do mando pessoal e da política do favor desde há muito depende do seu acobertamento pelas exterioridades e aparências do moderno e do contratual. A dominação política patrimonial, no Brasil, desde a proclamação da República, pelo menos, depende de um revestimento moderno que lhe dê uma fachada burocrático-racional-legal. Isto é, a dominação patrimonial não se constitui, na tradição brasileira, em forma antagônica de poder político em relação à dominação racional-legal, de que nos fala Max Weber. Ao contrário, nutre-se dela e a contamina.

As oligarquias políticas no Brasil colocaram a seu serviço as instituições da moderna dominação política, submetendo a seu controle todo o aparelho de Estado. Em consequência, nenhum grupo ou partido político, programática e ideologicamente orientado pelo primado do moderno, tem hoje condições de governar o Brasil senão através de alianças com esses grupos tradicionais. E, portanto, sem amplas concessões às necessidades do clientelismo político. Nem mesmo os militares, secularmente envolvidos num antagonismo histórico com as tradições oligárquicas, conseguiram nos vinte anos de sua recente ditadura destruir as bases do poder local das oligarquias. Tiveram que governar com elas, até mesmo ampliando-lhes o poder. No fim, o poder pessoal e oligárquico e a prática do clientelismo são ainda fortes suportes da legitimidade política no Brasil.

Fernando Henrique Cardoso, conhecedor do tema, limitou o alcance dessa dependência ao definir os termos de um acordo de governabilidade com o partido dessa extração que fosse o menos distante de uma orientação política moderna, o Partido da Frente Liberal, hoje DEM. Já Luiz Inácio Lula da Silva e o PT, presumindo que teriam maioria no Congresso, maioria que não tiveram, foram forçados a fazer acordos partidários depois das eleições, em situação, portanto, de desvantagem e fragilidade. O amplo fisiologismo do governo Lula atenuou e até bloqueou a realização de metas e programas dos grupos de seu partido que estavam bem à esquerda do que veio a ser o seu próprio governo. Ganhou nas urnas e perdeu nas alianças. Com isso retornamos a algo muito parecido com o que do Império disse Euclides da Cunha: um governo que se crê de esquerda fazendo uma política que diz que é de direita quando feita pelo antecessor e pelos outros.

Porém, eu não chegaria a supor que não há contradições profundas por trás dessa legitimidade de tipo tradicional. Tanto há que Collor e vários parlamentares foram expelidos do poder e que Lula chegou muito perto da situação de impedimento na crise do mensalão. Entretanto, não foi estranho que, ao fim do período de suspensão de seus direitos políticos, Collor e outros cassados, incluídos os do PT, tenham se candidatado e tenham sido eleitos, retornando ao poder, como, aliás, já ocorrera em casos anteriores. Ou que parlamentares envolvidos em corrupção tenham candidamente participado da cassação de Collor, como se a dele fosse corrupção e a deles não.

A questão, portanto, não está na *corrupção em si*. Mas na própria *definição de corrupção* nos vários episódios ocorridos neste período pós-ditatorial, na mobilização popular que ela desencadeou e na crise institucional que produziu, no caso Collor e quase produziu no caso do mensalão. No fim, ela é reveladora da força, mas, também, das fragilidades atuais de um Estado cuja constituição resulta da contraditória combinação de interesses e concepções tradicionais e modernas. Um Estado, enfim, relativamente impermeável às pressões dos movimentos sociais, das manifestações modernas da opinião pública, mas não impermeável às fragilidades da tradição quando subsumida na lógica do moderno. Não é, predominantemente ou exclusivamente, na força dos movimentos sociais que está o centro dinâmico das mudanças políticas no Brasil (afinal, as massas, nas ruas, em 1984, não conseguiram eleições diretas para a presidência da República), mas nas contradições e debilidades que a modernização introduziu na dominação oligárquica. Aí, sim, na ação sobre essas fragilidades é que os movimentos sociais têm conseguido propor e, até, introduzir suas demandas na agenda política do Estado brasileiro.

O público e o privado na tradição oligárquica

É certamente difícil explicar os acontecimentos desencadeados no período pós-ditatorial sem o recurso à história da relação entre o público e o privado na formação do Estado brasileiro. Basicamente, porque no Brasil a distinção entre o público e o privado nunca chegou a se constituir, na consciência popular, como distinção de direitos relativos à pessoa, ao cidadão. Ao contrário, foi distinção que permaneceu circunscrita ao patrimônio público e ao patrimônio privado. Portanto, *uma distinção relativa ao direito de propriedade e não relativa aos direitos da pessoa*. Mesmo aí, distinção que nunca ganhou clareza e contornos nítidos. Durante todo o período colonial, os direitos se superpuseram, o público e o privado. A grande distinção era de outra natureza e se sobrepunha a todas as outras: o que era patrimônio do rei e da Coroa e o que era patrimônio dos municípios, isto é, do povo. E aí a própria concepção de pessoa, como sabemos, estava limitada aos brancos e católicos, puros de sangue e puros de fé. Os impuros, isto é, os mestiços, os escravos indígenas, os escravos negros, mas também os mouros e judeus, estavam sujeitos a uma gradação de exclusão que ia da condição de *senhor de patrimônio* à condição de *patrimônio de um senhor*.

O rei, constantemente, se valia do patrimônio dos súditos para lograr os fins da Coroa, isto é, do Estado. Eram os particulares que faziam as expedições de guerra ao índio, que construíam as pontes e caminhos, que organizavam e administravam as vilas, que faziam a guerra ao invasor. Sempre à custa de seu patrimônio, como tributo político, mais do que econômico, devido à Coroa. Não havia uma distinção entre o que hoje poderíamos chamar de bens do Estado e bens do cidadão, de modo que entre eles se estabelecesse uma clara relação contratual. Não havia, por isso, medida para que o rei reclamasse dos súditos serviços custosos, inteiramente cobertos pelos recursos pessoais de quem era convocado para fazê-los. Não havia outra regra que não fosse a vontade do rei. Se em um ano se apresentassem as necessidades econômicas de muitas guerras, o rei simplesmente requeria os serviços dos súditos. Não havia nada que pudesse ser incluído na ideia do cálculo racional e predeterminado.

Os súditos, isto é, o povo, por seu lado, em nome do mesmo princípio, também usufruíam do patrimônio do rei, assim consideradas as terras devolutas, as árvores, os frutos e os animais que, por sua qualidade, haviam sido previamente classificados como reais: as terras *realengas*, a pimenta-do-*reino*, as madeiras *de lei*, o papagaio-*real* como os nomes já indicam. Tudo disponível para uso mediante pagamento de tributo. Em relação às terras, em particular, centro e base do poder até os dias de hoje, e muito mais ainda no período colonial, o rei mantinha sempre a propriedade eminente dos terrenos concedidos em sesmaria. O que significava a preservação do seu direito de recuperar a posse das terras que fossem abandonadas ou não usadas de maneira a produzir os tributos a que tinha direito. No fim das contas, uma relação de arrendamento. Ao mesmo tempo, já nessa época, os representantes do rei concediam as terras em nome dos interesses do rei e não em nome das necessidades do povo. Não há pedido de sesmaria do período colonial em que o requerente não o justifique com serviços já prestados à Coroa, na guerra ao índio, na conquista do território. No século XVII, os pedidos acrescentam até mesmo uma história familiar de lealdades, em que são invocados os nomes de antepassados que também serviram ao rei. A concessão territorial era o benefício da vassalagem, do ato de servir. Não era um direito, mas uma retribuição. Portanto, *as relações entre o vassalo e o rei ocorriam como troca de favor*. A *lealdade política recebia como compensação retribuições materiais*, mas também honrarias, como títulos e privilégios, que, no fim, resultavam em poder político e, consequentemente, em poder econômico.

Nesse esquema de trocas, os súditos não estavam excluídos da gestão da coisa pública. Desde os primeiros tempos da história do Brasil, há um claro confronto de interesses e de poder entre a Coroa e o município. Na constituição das vilas, o rei reconhecia o poder das câmaras municipais sobre o respectivo território, especialmente em relação às questões propriamente urbanas. Se, por um lado, as câmaras agiam como delegadas da Coroa, havia prerrogativas municipais nas quais o rei não se envolvia, a não ser para reconhecê-las e legitimá-las.

Especificamente preocupado com a questão do que leva a definir como corrupção os acontecimentos do período que menciono, penso que é necessário recorrer à *história daquilo que permanece*. Isto é, a história da constituição de mecanismos de poder e da constituição de instituições em que o público e o privado se confundem. Surpreendentemente, porém, se confundem na separação que dá a cada um sua especificidade. Justamente por isso, trata-se de entender público e privado não como práticas definidoras de condutas subjetivas, mas como concepções submetidas ao arbítrio de quem personifica o público e de quem personifica o privado.

No Brasil dos séculos XVI e XVII, o público era quase que inteiramente personificado pelo privado. As repúblicas, isto é, as vilas, os municípios, eram constituídas pela casta dos homens bons, ou seja, os homens sem mácula de sangue e, também, sem mácula de ofício mecânico – homens que não trabalhavam com as próprias mãos. A elas delegava o rei parte de sua autoridade e nelas os homens bons administravam essa concessão no benefício da república. República era, pois, sinônimo de coisa pública administrada pela assembleia dos particulares, isto é, dos súditos. Contraditoriamente, no fundo, era público o que não era do rei, isto é, do Estado. E que estava, portanto, sob administração dos agentes do privado.

Quando se cobrava o tributo chamado de *donativo real* nos séculos XVI e XVII, no modo como era feito o arrolamento do contribuinte, já estavam indicados a natureza e o formato da estrutura de poder do Brasil colônia, mas também do que viria a ser o Brasil independente: o responsável pela tributação estabelecia como unidade fiscal o fogo, isto é, a casa e a família extensa – o chefe de família, a mulher, os filhos, as noras e genros, se fosse o caso, os agregados e os escravos. Como eram listados todos nominalmente, inclusive os escravos, homens e mulheres, adultos e crianças, é provável que o fisco nessa classificação já indicasse uma concepção patrimonial do súdito. Ao mesmo tempo, como revelariam os recenseamentos do século XVIII, o arrolamento nominal tinha por objetivo controlar a constituição de novas famílias. Portanto, novas unidades patrimoniais e fiscais, sujeitas a tributo, em consequência do casamento de filhos e filhas. Essas mesmas unidades fiscais, através do cabeça da família eram convocadas pelas câmaras e, assim, pelos próprios chefes de família, para realização dos chamados serviços do bem comum, como abrir e conservar caminhos, construir e manter pontes. Indicação de que a unidade familiar, além de ser uma *unidade fiscal*, era também uma *unidade política* de primeira instância. A unidade política da colônia já era, desde o princípio, uma unidade patrimonial.

A nomeação de "cabos dos moradores dos bairros", isto é, comandantes, para realização dos serviços públicos, os de mão comum, sobrepunha à autoridade do chefe da família a autoridade do capitão de ordenanças do bairro, sempre bairro rural, todos empenhando nessas obras o seu próprio patrimônio. O tributo não assumia forma monetária direta e, portanto, não carregava consigo implicações de natureza contratual. É significativo que os mais conspícuos desses cabos de moradores apareçam relembrados nas genealogias do século XVIII com a denominação de *pais da pátria*.[1] Significativo porque indica uma concepção campanilista e paroquial de pátria, circunscrita ao território do poder local. Mas significativo, também, porque sugere que o patrimonialismo político da época colonial não se expressava no poder derivado de relações contratuais e de qualquer concepção de representação política. Derivava, antes, de uma concepção patriarcal de autoridade e de certa sacralidade no exercício da função pública. O que faz sentido no caráter estamental da sociedade da época e nas concepções de exclusão social baseadas em pressupostos de fidalguia, isto é, de nobreza.

Essa estrutura evoluiu no século XVIII para a formalização e organização política das chamadas companhias de ordenanças, entidades corporativas que militarizavam a população civil masculina, cujos capitães agiam, como os antigos cabos de bairros, por delegação das câmaras. Agora, porém, também por delegação do rei. Na segunda metade do século XVIII, os capitães-generais das capitanias, isto é, os governadores, dirigiam-se diretamente aos capitães de ordenanças, sujeitos também às ordens das câmaras municipais, dando-lhes ordens e instruções e fazendo solicitações, passando por cima das câmaras e, portanto, do povo. Não é difícil encontrar indicações de funções policiais atribuídas a esses comandos civis. É comum encontrar na documentação da época indícios extremamente claros da verticalização do poder absoluto à custa da diminuição das atribuições das câmaras municipais. Com frequência, numa carta do rei ou do ministro de ultramar, há ordens, determinações e solicitações enviadas aos capitães-generais, imediatamente retransmitidas por estes aos capitães de ordenanças de remotos e obscuros bairros rurais.[2]

Com a Independência, e após a abdicação de Dom Pedro I, a Regência de Feijó criou a Guarda Nacional. Não é preciso buscar na experiência e na história de outros países, como se faz, o modelo inspirador dessa inovação política. Pois o que a Regência fez foi simplesmente ampliar a estrutura das companhias de ordenanças, que eram corporações civis, dando-lhes uma hierarquia militar completa e submetendo-as ao controle do Ministério da Justiça, que atuava como uma espécie de ministério de negócios internos. Com a criação da Guarda Nacional, o que de fato aconteceu foi a captura do poder central pelos municípios e sua tradição oligárquica e patrimonial. Porque o território de ação e mobilização dos membros da Guarda era o território municipal. De modo que os potentados locais ganharam visibilidade e forma política como coronéis da Guarda. O que fora originalmente instrumento político do município e, portanto, dos senhores de escravos e de terras, sobretudo nos séculos XVI e XVII, tornara-se instrumento direto de expressão do poder absoluto da Coroa a partir do século XVIII. Com a Independência, esse poder acrescido e organizado politicamente pelo absolutismo no período colonial, retornou ao controle dos potentados rurais e locais. Eles se tornaram os guardiães do Estado nacional nascente e, portanto, a fonte de legitimidade política do novo país.

Fundamentalmente, pois, na base, um Estado não igualitário e patrimonial, mutilado por uma categoria de povo bem distinta da do Estado moderno, porque povo estamentalmente dividido em grupos sociais com direitos desiguais, além daqueles que não tinham nenhum direito, que eram os escravos, de modo algum incluídos na categoria povo. E, no próprio Império, parte do povo estava privada do direito de voto e de expressão política: obviamente, não só não votavam os escravos, como não votavam os mendigos e as mulheres (que permaneceram excluídas do direito de voto ainda nas primeiras décadas da República). Além disso, nem todos votavam em todas as eleições: a amplitude do voto era regulada pelo patrimônio de cada um, pois só os mais ricos votavam em todas as eleições (municipais, provinciais e nacionais). Os não tão ricos votavam nas eleições municipais e provinciais, mas não nas nacionais. E os senhores de posses modestas votavam apenas nas eleições municipais. Essa escala fazia do município, na verdade, o lugar de mais completa participação política da minoria a quem se reconheciam direitos políticos, pois era onde estava o mais completo colégio eleitoral, dos eleitores mais ricos aos eleitores com reduzido patrimônio. De certo modo, era uma escala de delegação de direitos políticos e ação política indireta: os excluídos do direito de voto estavam incluídos na tutela dos potentados rurais, como clientes e protegidos, inclusive no que se refere às questões propriamente políticas. Com os que só votavam nas eleições locais constituía-se, portanto, a unidade política de referência, o município, em que votava a totalidade dos eleitores. O município legitimava a ação política dos que tinham acesso às demais instâncias do poder, embora delas não participasse diretamente a maioria dos eleitores. *Todo o sistema estava, por isso, baseado em mecanismos de intermediação política de fundamento patrimonial.*

A concessão gradativa do direito de voto ao povo, até muito recentemente, quando se reconheceu o direito de voto aos analfabetos, obedeceu, na verdade, a critérios de ampliação do poder dessas oligarquias mediadoras entre os excluídos e o Estado. Não é estranho que os militares, herdeiros do absolutismo monárquico, e historicamente adversos às oligarquias, tenham se composto com elas na ditadura encerrada em 1985. Pois o que de fato aconteceu, com a Independência e também com a República, foi a preservação de certo absolutismo, que o Exército representa; certa verticalização do poder, com base, porém, no poder paralelo e local das oligarquias, dos potentados. As oligarquias asseguram a estabilidade do poder. São, na verdade, os magistrados do processo político, como se viu na eleição de Tancredo Neves como primeiro presidente após a extinção do regime militar, e se viu, com clareza, nos acordos políticos que definiram os rumos da eleição presidencial de 1994, aquela em que primeiro e mais abertamente o dilema se propôs. E se viu novamente na eleição de 2002, com mais clareza ainda, quando Lula, em nome dos movimentos sociais antioligárquicos, chegou ao poder através de amplo e lesivo acordo com as oligarquias. E se volta a ver, nos já esboçados arranjos eleitorais de 2010, os dois principais partidos da disputa escorados em partidos que não têm condições de eleger diretamente o presidente, mas têm condições de dirigir parte decisiva do eleitorado e, de certo modo, presidir o presidente.

Os destinatários do clientelismo político

O clientelismo político tem sido interpretado, no Brasil, como uma forma branda de corrupção meramente política, mediante a qual os políticos ricos compram os votos dos eleitores pobres. Além disso, uma forma obsoleta de aliciamento eleitoral já que, supostamente, o sistema político teria se modernizado, inviabilizando a sobrevivência desses mecanismos antiquados de relacionamento entre o poder e o povo.

Essa interpretação parece-me equivocada. De um lado, porque o clientelismo político não desapareceu. Ao contrário, em muitas regiões do país ele se revigorou, embora mudando de forma, praticado por uma nova geração de políticos de fachada moderna.[3] De outro lado porque, na verdade, ele não se reduzia nem se reduz a uma modalidade de relacionamento entre políticos ricos e eleitores pobres. Minha concepção é a de que o oligarquismo brasileiro se apoia em algo mais amplo do que esse relacionamento – ele se apoia na instituição da representação política como uma espécie de gargalo na relação entre a sociedade e o Estado. Não só os pobres, mas todos os que, de algum modo, dependem do Estado, são induzidos a uma relação de troca de favores com os políticos.

De fato, as indicações sugerem que o *clientelismo político* sempre foi e é, antes de tudo, preferencialmente *uma relação de troca de* ***favores políticos*** *por* ***benefícios econômicos***, não importa em que escala. Portanto, é essencialmente ***uma relação entre os poderosos e os ricos*** *e não principalmente uma relação entre os ricos e os pobres*. Muito antes que os pobres pudessem votar e, portanto, negociar o preço do voto, já o Estado tinha com os ricos, isto é, os senhores de terras e escravos, uma relação de troca de favores, como espero ter demonstrado anteriormente: a Coroa portuguesa, por pobreza ou avareza, recorria ao patrimônio dos particulares para a realização dos serviços públicos, pagando, em troca, com o poder local e honrarias, isto é, com nada. Esse nada, porém, tinha a virtude real ou potencial de poder ser convertido em riqueza, terras ou dinheiro. No fim das contas, *esses mecanismos não eram apenas os complicados mecanismos do poder numa sociedade sem representação política. Eram também os complicados e tortuosos mecanismos da acumulação da riqueza*. Quando a riqueza se modernizou ao longo do século XIX e, sobretudo, nas décadas finais daquele século, não se modernizou por ações e medidas que revolucionassem o relacionamento entre a riqueza e o poder, como acontecera na história da burguesia dos países mais representativos do desenvolvimento capitalista. Ao contrário, na sociedade brasileira, a modernização se dá no marco da tradição, o progresso ocorre no marco da ordem. Portanto, as transformações sociais e políticas são lentas, não se baseiam em acentuadas e súbitas rupturas sociais, culturais, econômicas e institucionais. O novo surge sempre como um desdobramento do velho: foi o próprio rei de Portugal, em nome da nobreza, que suspendeu o medieval regime de sesmarias na distribuição de terras; foi o príncipe herdeiro da Coroa portuguesa que proclamou a Independência do Brasil; foram os senhores de escravos que aboliram a escravidão; foram os fazendeiros que em grande parte se tornaram comerciantes e industriais ou forneceram os capitais para esse desdobramento histórico da riqueza do país. Nessa dinâmica é que pode ser encontrada a explicação para o fato de que são os setores modernos e de ponta, na economia e na sociedade, que recriam ou, mesmo, criam relações sociais arcaicas ou atrasadas, como a peonagem, a escravidão por dívida, nos anos recentes. Trata-se, portanto, de uma sociedade estruturalmente peculiar, cuja dinâmica não se explica por processos políticos e históricos dos modelos clássicos.

As novas classes prontamente se ajustaram aos mecanismos do clientelismo, tanto a burguesia quanto a classe operária. A história da moderna burguesia brasileira é, desde o começo, uma história de transações com o Estado, de troca de favores. O que talvez explique sua apatia, como classe que nunca se pôs claramente o problema de sua responsabilidade política como classe dominante, a não ser no Império, tanto na questão agrária quanto na questão da escravidão, as questões decisivas na formação do capitalismo brasileiro. Ela atua por delegação, por interpostas pessoas, através dos mecanismos do clientelismo político (foi, no fim das contas, o que apareceu como corrupção no caso Collor e também o que ocorreu no caso do mensalão). O mesmo se dá com a classe operária. Os esforços dos historiadores do trabalho, para explicar a existência de uma classe operária no Brasil, orientada, desde o começo, por posições de esquerda, em particular anarquistas ou socialistas, são esforços vãos. É claro, houve minorias esclarecidas, sobretudo imigrantes estrangeiros, que agiram no sentido da defesa dos interesses da classe trabalhadora, inspiradas pelas concepções do anarquismo, do socialismo ou do comunismo. Mas a verdade nua e crua é que a única grande expressão política e ideológica da classe operária brasileira foi o populismo, que teve seu melhor momento na era Vargas. Só aí o operariado foi sujeito do poder, ainda que adjetivo e indireto, mediado, representado.

A suposição de que as oligarquias e os militares estão historicamente numa relação de antagonismo e de recíproca exclusão é algo que merece uma revisão crítica. Victor Nunes Leal sugeriu que o sistema coronelístico perde vitalidade com a ditadura, porque esta prescinde do voto, desvalorizando, portanto, a mercadoria que alimenta a reprodução do sistema oligárquico.[4] Porém, a

Revolução de 1930, nos seus primeiros meses, apenas iniciou uma guerra contra os potentados locais, especialmente no Nordeste, abandonando-a em seguida.[5] Colocou militares no lugar dos velhos chefes políticos regionais, alguns deles investidos de grande poder pessoal, miniditadores, como o general Juarez Távora, que chegou a ser conhecido como o "vice-rei do Nordeste". Por esse meio, as oligarquias mantinham suas relações de clientelismo e, sobretudo, sua dominação tradicional em relação à clientela, isto é, o povo. Mas passaram a prestar obediência aos novos donos do poder, os militares e burocratas do Estado centralizado. No fim, mesmo onde a Revolução renovou as lideranças políticas, recorreu ao mesmo sistema de compromissos com facções locais em que o coronelismo sempre se baseou.

Talvez haja alguma dificuldade para dar o devido peso a esses compromissos porque a tendência generalizada dos historiadores e cientistas políticos seja a de, equivocadamente, imaginar o governo Vargas, de 1930-1945, como sendo qualitativamente o mesmo do começo ao fim. A importância de suas oscilações não ganha destaque nas análises. Ao contrário, esses 15 anos de getulismo, vistos na sua variável estabilidade cotidiana, não se desenrolaram na certeza de um regime e de um período de governo definidos. Longe disso. O governo Vargas parece ter sido, do começo ao fim, um suceder de jogos políticos executados com maestria e competência. Porém, marcado por inúmeras incertezas. Isso talvez explique por que Vargas estabeleceu com os "coronéis" sertanejos uma espécie de pacto político tácito. Em decorrência, o governo não interferiu diretamente nem decisivamente nas relações de trabalho rural, não as regulamentou, indiferente ao seu atraso histórico, embora, ao mesmo tempo, regulamentasse e melhorasse substancialmente as condições de vida dos trabalhadores urbanos. Com isso, manteve nas zonas rurais e nas cidades interioranas do país uma enorme força eleitoral conservadora, que se tornou o fiel da balança da política brasileira. Força eleitoral, porém, que se realimenta continuamente do clientelismo político e, portanto, de relações institucionais corruptoras.

A ditadura militar recente (1964-1985) reconfirmou a impossibilidade de governar sem um entendimento com essas bases municipais organizadas e controladas pelas oligarquias. No fim, a demorada estabilidade que o regime militar conseguiu durante seus vinte anos se baseou num servilismo parlamentar notório, que assegurou alguma legitimidade política ao regime. Não deixa de ser notável que a palavra de ordem que justificou o golpe militar de 1964 tenha sido, justamente, o combate à corrupção e à subversão, dois desvios que a ditadura considerava associados: supostamente, os corruptos eram os primeiros interessados na subversão para acobertarem-se e, ao mesmo tempo, no caos político, aumentarem seus ganhos ilícitos. Era uma concepção ingênua de corrupção.

Basicamente, a suposição era a de que a força conservadora do clientelismo político se debilitava em face justamente da sua utilização por um governo que preconizava reformas sociais profundas, que, por sua vez, debilitariam esse mesmo conservadorismo, abrindo caminho para a ruptura do pacto de poder da época de Vargas, com as oligarquias, e, portanto, abrindo caminho para a subversão da ordem. E aí o que dava sentido final a essas considerações era obviamente o cenário da Guerra Fria.

Em decorrência, o governo militar cassou os mandatos e direitos políticos de muitos dos mais progressistas parlamentares. Mas manteve o mandato de um grande número de parlamentares que representavam o que havia de mais típico das tradições oligárquicas e clientelistas. Foi dessa base tradicionalista que os militares tiraram seu esquema de sustentação política,[6] assegurando a legitimidade que seu regime podia obter a partir da cooperação servil que era e é típica da representação partidária despolitizada e desideologizada da tradição oligárquica e clientelista: o mandato é sempre um mandato em favor de quem está no poder, pois é daí que vêm as retribuições materiais e políticas que sustentam o clientelismo, não importa a orientação ideológica de quem o ocupa. Tratava-se, portanto, de reorientar a força do oligarquismo em favor de um Estado conservador.

Não foi, pois, mero acidente ou engano que fez com que mantivessem funcionando, ainda que mutilados pelas cassações, o Congresso Nacional, as assembleias legislativas dos estados e as câmaras municipais. Aparentemente, a opção militar e dos setores civis envolvidos no golpe era-o pelo desenvolvimento econômico e pela modernização com apoio na ordem e na estabilidade política. O revigoramento e a incorporação das oligarquias à ditadura criaram uma espécie de guarda pretoriana do regime político no interior do país, onde se desenrolavam e se desenrolariam as tensões sociais mais importantes do período, sobretudo em decorrência da importância que nele teve a questão agrária. Ao mesmo tempo, a sobrerrepresentação política das oligarquias no Congresso criou uma poderosa barreira na defesa das instituições autoritárias contra o radicalismo urbano e operário, este último decorrente sobretudo da política de arrocho salarial e de confinamento forçado das lutas operárias fora do terreno propriamente partidário.

No meu modo de ver, não foi por acaso, quando esses mecanismos deixaram de operar com a mesma eficácia da época do bipartidarismo forçado, dos anos 1970, que os próprios militares abrissem o leque das opções partidárias. De um lado, para colocar nas mãos dos partidos políticos e, portanto, colocar ao alcance da negociação política, as metas dos movimentos sociais, enquadrando-os. Mas, de outro, para dividir e enfraquecer o partido que concentrava a oposição, o MDB (Movimento Democrático Brasileiro), permitindo, assim, que as tendências minoritariamente oligárquicas e populistas, que nele também havia, pudessem ganhar força e expressão, secundando e reforçando as mesmas tendências no partido governista, a Arena (Aliança Renovadora Nacional). Partido que, em parte o mais conservador, acabou se transformando no PP (Partido Progressista), em 2003. Uma dissidência, a mais liberal, se tornou o PFL (Partido da Frente Liberal), em 1985, e é, desde 2007, o DEM (Democratas).

Com isso a hegemonia de esquerda no partido de oposição se diluiria num pequeno conjunto de partidos cujas opções ideológicas vão da social-democracia ao socialismo. Desse modo, mais tarde, esse recurso colocou nas mãos de uma maioria de representantes da própria tradição oligárquica a tarefa de redemocratizar o país em 1985, tirando-a das mãos de uma coalizão tácita de centro-esquerda, que, em outras condições, teria possibilidade de influir na definição e institucionalização de um novo regime político, civil e democrático. Foi, também, o que demarcou os limites da inovação na Constituinte de 1988. Pela primeira vez, os constituintes foram representativos da nova diversidade de sujeitos sociais que emergiram durante a ditadura e que, ao ingressar na política, reivindicavam também a condição de novos sujeitos políticos. As inovações no reconhecimento de direitos, na nova Constituição, ficaram incompletas e mutiladas, expressões da insuficiente realização política dos sujeitos sociais envolvidos numa práxis que indicava necessidades radicais que, ao fim e ao cabo, foram contidas nas restrições das mediações pelas quais se expressavam e continuam se expressando, as vozes e instituições da tradição conservadora. Na verdade, a nova cara da tutela que tem suas raízes mais profundas nas servidões que ao longo de mais de 500 anos de história contiveram o progresso nos limites da ordem.

A cultura do favor e do débito político

Condutas e práticas que, nos episódios recentes, foram incluídos no conceito de corrupção têm ocorrido, na sociedade brasileira, ao longo de sua história, sem causar estranheza, indignação ou repulsa política. A questão, portanto, que, particularmente, tanto o caso Collor quanto o caso do mensalão do PT e o do mensalão do DEM, no Distrito Federal, oferecem à reflexão sociológica é a de buscar explicação para a mudança de concepção havida. O que mudou no Brasil que levou a sociedade a classificar negativamente o que há poucas décadas era interpretado pelo senso comum na perspectiva de valores positivos?

Os mecanismos tradicionais do favor político sempre foram considerados legítimos na sociedade brasileira. Não só o favor dos ricos aos pobres, o que em princípio já era compreendido pela ética católica.[7] Mas o favor como obrigação moral entre pessoas que não mantêm entre si vínculos formais e contratuais ou, se os mantêm, são eles subsumidos pelos deveres envolvidos em relacionamentos que se baseiam antes de tudo na reciprocidade desigual. Imensas contabilidades de obrigações morais decorrentes de favores recebidos sempre pesaram muito na história das famílias brasileiras, ricas ou pobres. Débitos que se transferiam para gerações sucessivas e produziam, ao mesmo tempo, verdadeiras teias de débitos e créditos morais. Em muitas regiões do Brasil essa contabilidade de débitos e créditos de honra ainda tem um peso muito maior do que se pensa. Tais débitos e créditos envolvem não só o favor recebido ou o favor concedido, mas também a ofensa recebida ou cometida. Trágicas histórias de vingança atravessam gerações no âmbito de famílias extensas. Mesmo entre os pobres do sertão, ainda hoje o assassinato de um pai de família atira sobre os ombros do filho mais velho o débito da vingança[8] e, por sua vez, engendra verdadeiros encadeamentos de assassinatos sucessivos de crianças e jovens para atalhar a vingança decorrente.[9]

Até praticamente a Revolução de 1930, não era raro que conflitos mortais, entre facções das oligarquias, culminassem em verdadeiras ações de cerco e aniquilamento de povoados e pequenas cidades que constituíam redutos de uma das facções envolvidas.[10] A sebaça, isto é, o saque consentido pelos chefes políticos, era efetuada como prática legítima por meio da qual a facção vencedora remunerava e premiava seus sequazes e pistoleiros.[11] Ainda está presente na memória de muitos a história do homem que, em 1988, mandou matar o líder sindical Chico Mendes, em ação concebida inteiramente dentro da lógica da tradição oligárquica, com envolvimento de representantes da oligarquia regional do Acre. Na história desse homem há ao menos um episódio em que mandou matar um desafeto e em seguida tomou para si a posse da mulher e do filho de sua vítima, fazendo deste último uma espécie de filho adotivo que estava sendo preparado para tornar-se seu pistoleiro.[12] Além do que, em episódios desse tipo, não foi raro que o vencedor assumisse como coisa sua o que era propriedade de seu inimigo.

Esses fatos envolviam e envolvem não só os ricos e poderosos, mas também a população pobre que gravita em torno deles, dependentes do favor político e das práticas clientelistas da dominação patrimonial. Mesmo onde o patrimônio já não tem presença visível na política, como ocorre nas grandes cidades, a população, sobretudo migrante de áreas tradicionais e rurais, continua, de algum modo, se relacionando com a política e com os políticos em termos das concepções tradicionais que não separavam o político do protetor e provedor, apesar da legislação repressiva que tenta, nos dias de hoje, coibir o clientelismo de retribuição material. Na escala ampliada do eleitorado urbano, fica economicamente impossível ou, ao menos, difícil manter a relação patrão/cliente como relação de base patrimonial. A força, porém, dessa ideia pode ser exemplificada facilmente, o que indica a dificuldade de ressocialização do eleitorado para padrões modernos de conduta política. Na época da eleição de Collor, esteve a ponto de ser candidato à presidência e, se candidato, com grande probabilidade de ser eleito, um conhecido animador e proprietário de canal de televisão, em São Paulo. Seu programa dominical, de grande audiência, além de programas diários de rádio, aparentemente indicam como essa demanda da baixa classe média e das populações pobres das cidades encontrou um poderoso mecanismo de revitalização nos meios de comunicação de massa e de manipulação da opinião pública, sem abandonar a mediação patrimonial da política brasileira. Nesse programa são distribuídos prêmios, muitas vezes valiosos, como casas e carros, como se fossem doações derivadas da generosidade do animador, que os entrega pessoalmente. Ao certo, um reforço para essa imagem do pai doador e protetor está no fato de que ele, em diferentes momentos do programa, distribua dinheiro para os presentes, às vezes atirando notas em direção ao público.

Certamente, é essa disseminada prática, que associa patrimônio e poder, a principal responsável pela difusão e contínua renovação do que pode ser chamado de *cultura da apropriação do público pelo privado*. Muito do que aparece aos olhos da classe média letrada como arbítrio e roubo, não aparece com a mesma conotação aos olhos da grande massa pobre, rural e urbana. Até porque essa massa, de um modo ou de outro, está inteiramente integrada na política do favor: praticamente tudo passa pela proteção e pelo favorecimento dos desvalidos.

Mesmo nos setores do serviço público em que se situam os focos mais consistentes de crítica à corrupção, e de elaboração do discurso abstrato sobre a cidadania, como é o caso da universidade, e mesmo na imprensa, os mesmos críticos estão muitas vezes envolvidos em práticas cotidianas de troca de favores com superiores, colegas e funcionários administrativos. Logo após o golpe de Estado de 1964, quando muitos intelectuais de esquerda estavam sendo presos, cassados ou perseguidos, viu-se um súbito revelar de relacionamentos pessoais entre muitos deles e membros do grupo vencedor, de direita. Aos quais recorriam para escapar da prisão, para libertar um filho, tentar destruir uma ficha policial ou obter informações sobre alguns deles já encarcerados.[13] Tudo perfeitamente integrado na lógica das concepções oligárquicas relativas à troca de favores. Só que isso estava acontecendo nas grandes e modernas cidades do país, como São Paulo. E nas pequenas localidades do interior ou em amplas regiões tradicionalistas, como o sertão do Nordeste, subversivos eram, aos olhos dos potentados locais, os que lutavam contra seus interesses políticos e econômicos e, portanto, quem não se colocava sob o abrigo patriarcal dos chefes políticos. Não era necessário ter ligação com o Partido Comunista ou com as Ligas Camponesas para ser considerado subversivo e sofrer perseguição.

O débito político pode ser débito por um simples conselho paternal. Uma revista brasileira publicou, há alguns anos, extensa matéria sobre a vida política de quem era, então, presidente do Senado Federal. Em fins de semana, como sempre fizeram os velhos "coronéis" sertanejos, ele ia para sua fazenda no interior do Nordeste, sentava-se na varanda de sua casa-grande e ali recebia as pessoas que vinham pedir favores, conselhos, bênçãos, providências em caso de ofensas e agressões etc.[14] Tudo, no fim, se traduzia em voto. Um eminente prelado católico do Nordeste do Brasil explicava o voto conservador após anos de seca e miséria e após movimentos sociais que convulsionaram a sociedade brasileira, justamente em decorrência das denúncias de corrupção, com a afirmação de que essa contradição de comportamento resultava do fato de que o eleitor nordestino é honesto e leal. Os pobres da região, majoritariamente, não votam por convicção política, mas por lealdade, para pagar favores, não importa se o beneficiário do voto cometeu ilícitos que, do ponto de vista formal, passam a ser definidos como corrupção. Para eles, corrupção seria a deslealdade de não cumprir o trato implícito na retribuição do favor. Isso é muito mais do que uma relação presidida por trocas materiais; é antes de tudo uma relação moral regida por valores sociais arcaicos.

Não é necessário realizar uma pesquisa sistemática de dados para se ter uma ideia, ainda que fragmentária, a respeito do que se poderia chamar de "história da corrupção no Brasil". A tradição de um sistema político baseado na confusa relação do patrimônio público e do patrimônio privado tem sido a base a partir da qual essa relação foi dando lugar a procedimentos que começaram a ser classificados como atos de corrupção. Poucas vezes, o que hoje chamamos de corrupção chegou a causar indignação política, com efeitos políticos. Um desses raros casos foi a denúncia que o tenente Gwyer de Azevedo fez contra o general Setembrino de Carvalho, comandante em chefe das tropas do Exército na Guerra do Contestado.[15] Enfrentando-o face a face numa sessão do Clube Militar, Azevedo acusou Carvalho de conivência na aquisição de munição, pelo Exército, para uso naquela guerra, em que a munição havia sido fabricada com materiais falsificados, não detonando. Vidas de militares teriam sido perdidas em consequência desse suposto ato do general, que por isso teria recebido propina do fabricante.[16] O nervoso bate-boca que ali se deu, entre oficiais militares que apoiavam o acusador e oficiais que apoiavam o acusado, é menos importante pela denúncia em si do que pelo fato de se tratar de um episódio da fase de gestação da Revolução de Outubro de 1930. Episódio que, juntamente com os atos de insubordinação representados pelas revoltas ocorridas a partir de 1922, questionou além dos limites de um reparo possível os valores essenciais da hierarquia e da disciplina. Para o que aqui nos interessa, sua importância está no fato de que o eventual envolvimento do general num ato que hoje, sem dúvida, seria classificado como de corrupção, levava a um gesto de grave insubordinação militar porque o ato vitimara membros da corporação envolvidos no dever da guerra. Portanto, uma deslealdade em relação à corporação.

Já não aparecia como corrupção o procedimento do industrial e engenheiro Roberto Cochrane Simonsen para ter em sua empresa técnicos que de fato estavam sendo subsidiados pelo Estado. Incumbido da construção de quartéis para o Exército em São Paulo e no Mato Grosso, quando o engenheiro Pandiá Calógeras ocupou o Ministério da Guerra, de quem era amigo, Simonsen passou a adotar o esquema de convidar oficiais engenheiros militares a que pedissem a reforma no Exército, isto é, a aposentadoria, e fossem trabalhar com ele em suas empresas. Com isso, e essa era claramente a proposta, Simonsen podia pagar a esses engenheiros menos do que teria que pagar a outros sem esse vínculo, porque o soldo da aposentadoria complementava o salário, produzindo um ganho conjunto superior ao que poderiam ganhar no Exército ou ao que poderiam ganhar trabalhando como engenheiros na vida civil.[17] Desse modo, reduzia dispêndios com profissionais caros e aumentava, assim, a taxa de lucro de sua empresa. Não era corrupção, na acepção própria da palavra, mas não era procedimento que pudesse ser definido apropriadamente como correto.[18]

Ou, então, algo que se tornou comum na e com a ditadura militar: a contratação de oficiais das forças armadas, inclusive oficiais generais, como diretores de indústria. E claramente não só como reconhecimento do eventual talento profissional desses oficiais, mas também em consequência da rede de relações desses oficiais no interior do governo. Uma informação sobre programas rodoviários, projetos de desenvolvimento industrial, tendências nos investimentos governamentais, vale uma verdadeira fortuna. Outras vezes, essas relações podem ser fundamentais para, simplesmente, assegurar o recebimento de créditos atrasados. A criação do Grupo Permanente de Mobilização Industrial, imediatamente após o golpe de Estado de 1964, assegurou a eventual súbita conversão das plantas industriais em bases de produção de material bélico em caso de guerra. Assegurou, também, em muitas indústrias, o emprego de oficiais das forças armadas para atuarem como oficiais de ligação entre elas e as empresas. Casos de altos oficiais militares serem contratados por empresas civis, após a respectiva aposentadoria e reforma, foram noticiados com frequência nos anos seguintes ao advento do regime autoritário. Evidentemente, isso ocorria, e provavelmente ainda ocorre, não só porque esses oficiais possam ser profissionalmente qualificados para ocupar funções civis, mas claramente porque eles tinham relações privilegiadas e fáceis com amplos setores do governo.

Estamos, portanto, em face de uma insidiosa disseminação das práticas clientelistas e patrimoniais da política brasileira para amplos e até inesperados setores dessa sociedade. Se a sociedade se democratiza, o populismo urbano se dissemina nutrindo-se de simulacros de patrimonialismo para o estabelecimento de um vínculo de natureza clientelista com os eleitores. Como o patrimônio pessoal já não pode fazer face ao tamanho da clientela política (não é raro que se precise de mais votos para eleger um simples vereador na cidade de São Paulo do que para eleger um deputado federal na maioria dos estados) e o uso direto e descarado do patrimônio público seria considerado corrupção, em face da lei, há artifícios para uso de bens públicos como se fossem bens privados.

No regime que teve vigência de 1946 a 1964, desde os vereadores até os deputados federais podiam consignar no orçamento da respectiva unidade política, seja o município, seja o Estado, seja a União, amplas verbas para serem distribuídas às chamadas entidades assistenciais. Isso envolvia desde a doação de bolsas de estudos para estudantes que presumivelmente não podiam pagar a escola privada (num país em que nada absolutamente se paga pela escola pública), até a doação de cadeiras de rodas, óculos e dentaduras a quem deles precisasse. Essa distribuição era feita diretamente pelo político. Evidentemente, sob condição de que ele receberia o voto do beneficiário na próxima eleição. Sem contar a manipulação e alocação de verbas dos orçamentos locais, estaduais ou federais. Nos governos posteriores à queda da ditadura militar, tem sido comum o Executivo negociar com cada parlamentar verbas e obras para as regiões em que se situam suas bases políticas, em troca de apoio no Congresso Nacional, nas votações de interesse do governo. Em vez de recursos e obras obedecerem a planos de interesse nacional, em benefício de todos, a destinação das verbas atende, quase sempre, às conveniências do próprio político, de sua família ou de membros de seu clã político. Num cenário desses, de modalidade específica de corrupção, as oposições ficam prejudicadas em face do eleitorado local, beneficiados os situacionistas que lhes acrescentam méritos políticos que não têm. No fim, uma democracia formal, mas viciosa, baseada na premissa de que em política todos têm um preço.

A crise da corrupção institucional

A insidiosa presença desses componentes patrimonialistas na vida política brasileira confunde-se com os vários âmbitos de atividade do homem comum, como já indiquei. A política do "presentinho" vai desde a universidade, que, em nome de valores propriamente políticos, se rebela contra a corrupção, até o paroquialismo das pequenas localidades e os mais inesperados recantos da vida social. Aparentemente, é insuportável para amplas parcelas da população brasileira estabelecer relações sociais de qualquer natureza, políticas ou não, com base unicamente nos pressupostos racionais do contrato social e dos direitos do cidadão e com base no pressuposto da igualdade e da reciprocidade de direitos como princípios que regulam e sustentam as relações sociais. Sem a mediação do "presentinho", de alguma forma de retribuição extraeconômica, a relação fica ininteligível e cria um sentimento de ingratidão e culpa que torna a vida insuportável.[19] Os que nada têm para doar têm, ainda, o comportamento subserviente como último recurso dos desprovidos para demonstrar acatamento e apreço e recompensar, com o meramente ritual, favores e deferências. De qualquer modo, têm o débito moral que pode ser pago politicamente. É comum os chamados "cabos eleitorais" se dirigirem a amigos em nome de políticos para cobrar-lhes o débito do favor feito algum dia mediante o pagamento em voto.

Mesmo quando se analisa o crescimento das esquerdas, uma parte desse crescimento deve ser creditada a mecanismos morais desse tipo, como manifestação de lealdade, muito mais do que de política e de ideologia, a um grupo local, uma comunidade de base, um sindicato, um parente, um amigo.[20] Com o surgimento e a ascensão do PT aos vários níveis do Poder Executivo, especialmente à presidência da República, a incorporação desse mecanismo de dominação e de controle eleitoral por um partido de esquerda tornou-se muito evidente. Sobretudo na transformação do programa assistencialista Bolsa Família num sucedâneo "de esquerda" dessa técnica política que o próprio PT sempre definiu como "de direita" e atrasada e que é, de fato, social e ideologicamente componente ativo da tradição conservadora.

Mesmo com o desgaste que o poder trouxe à fidelidade de seus membros, especialmente o amplo recuo do partido em relação às metas socialistas de seu ideário, se houve descontentamentos profundos e desilusões amargas, nem por isso seus constituintes o repudiaram em nome de uma revisão crítica, propriamente de esquerda, das profundas mudanças e dos imensos recuos que o partido sofreu. A perda de identificação com o pensamento crítico, que é próprio da tradição da esquerda, para não perder a identificação corporativa e de direita com o partido é uma reação em tudo semelhante à lealdade eleitoral dos que, nas regiões politicamente atrasadas do país, votam por obediência e não por decisão racional e propriamente política. Mesmo em face do esvaziamento do partido em favor do fenômeno político que vem sendo definido como lulismo, política vista e tratada como uma trama de oportunidades em conflito com o que é próprio das origens do partido.

Não é acidental que a montagem dessa máquina de permanência no poder tenha sido feita e disseminada por agentes de pastoral da Igreja Católica que deixaram de ser funcionários da Igreja para se tornarem funcionários públicos.[21] Essa é, provavelmente, a mais importante intervenção do governo petista no curso do processo político brasileiro, feita sob os olhos do PSDB e dos partidos de oposição, sem que tivessem se dado conta das extensas implicações desse remodelamento político do Estado. Ao ter que se associar às oligarquias conservadoras para manter-se no poder, o governo Lula, com apoio de setores da Igreja e da chamada esquerda católica, deu um golpe de mão usurpando das oligarquias e do poder local de que se nutrem o seu principal instrumento de dominação e sobrevivência. A ligação financeira direta do governo federal com as populações pobres, por esse meio, no mínimo fortalece significativamente os nem sempre muito sutis mecanismos do continuísmo enquanto fragiliza o princípio democrático da alternância do poder. A grande inovação do PT no poder foi a estatização do clientelismo, inovação que não é pouco significativa. Por meio dela, ganha consistência o processo de esvaziamento político das oligarquias, iniciado, com estratégia própria, no governo de Fernando Henrique Cardoso. Mas uma inovação que, se suprime do oligarquismo o propriamente privado, fortalece-o como prática institucional, o que seria o mesmo que transformar os antigos coronéis do sertão em funcionários públicos da dominação patrimonial.

Ao mesmo tempo, o envolvimento de experimentados quadros da Igreja nessa reordenação política deixa claro o extenso e significativo rompimento não oficial de seu poderoso e tradicional vínculo com as oligarquias regionais e locais. O que no governo de Fernando Henrique Cardoso foi uma firme secundarização da função política das oligarquias, com base na valorização da representação política democrática (é importante lembrar que o governo do PSDB não se propôs a converter o Bolsa Família em instrumento eleitoral), no governo de Luiz Inácio tornou-se um ataque direto ao coração das práticas clientelistas e a consequente tomada de posse dessa fortaleza da dominação política (as eleições de 2006 e de 2010 deixaram claro o efeito eleitoral do Bolsa Família). Não para destruí-la e incrementar o processo democrático, mas para possuí-la em proveito próprio.

Nos dois casos, o Bolsa Família pode ser interpretado como consequência de uma combinação de carências sociais de urgência com impossibilidade de políticas sociais verdadeiramente transformadoras. O Bolsa Família é o indício de que o historicamente possível, no quadro atual, é modesto. No primeiro caso, proposto além da racionalidade econômica do Estado modernizador, para suprir necessidades temporárias e de emergência. No segundo caso, proposto aquém das metas do radicalismo ideológico decorrente de uma concepção de justiça social de reparação no lugar de uma justiça social de superação. Na perspectiva do primeiro caso, não havia como dar-lhe uso eleitoral. Na do segundo caso, não havia como não lhe dar esse uso.

No meu modo de ver, essa é uma das principais e significativas diferenças entre os dois governos, um que governou no sentido da modernização política e do avanço democrático, e outro que se empenhou no retrocesso das práticas políticas para assegurar sua própria durabilidade no poder. Esse é, no fundo, o embate político do que vem se propondo como o largo período de uma relutante afirmação da democracia entre nós. Relutante porque oscila entre a democracia formal, que querem o PSDB e os partidos que com ele se alinham, e a democracia populista alimentada pelo autoritarismo popular, como querem o PT e os partidos fisiológicos que com ele se alinham. As bases dessa relutância e dos retrocessos que ela encerra se evidenciam e se manifestam a cada momento.

É necessário, pois, lembrar que a população brasileira relutou significativamente em se manifestar a favor da cassação do mandato e dos direitos políticos do então presidente da República, Collor de Mello, mesmo quando as investigações já estavam adiantadas e eram do conhecimento público. E lembrar, também, que Lula foi amplamente poupado pelas oposições no episódio do mensalão, o que se compreende à luz do reconhecimento de que, em face da verdadeira polarização política do país, ele é personagem do partido oculto e sem nome que une PSDB e PT acima dos opostos como partidos da atualização e da modernização políticas do Brasil. No caso de Collor, a população só tardiamente foi às ruas e, mesmo assim, quem o foi era notoriamente uma bem definida categoria de jovens estudantes, os chamados "caras pintadas".[22] Relutância provavelmente decorrente de que o conceito de corrupção foi difundido e interpretado como sinônimo de roubo, de apropriação indébita de coisa pública. E o que os fatos revelados indicavam, num caso, era o recebimento de doações materiais vinculadas a prováveis retribuições e favorecimento políticos aos doadores. E noutro a consolidação material e financeira da lealdade política ao governo. Portanto, nos dois casos, o tradicional mecanismo da troca de favor. A relutância da população em ir às ruas para apoiar as investigações parlamentares contra o presidente da República, Collor de Mello, explica-se, no meu modo de ver, porque ela não podia ver ilegalidade no que lhe era, aparentemente, legítimo. Legitimado, além do mais, pela tradição da política de troca de favores.

Não teria sido surpresa se uma pesquisa de opinião tivesse revelado, na época, que muitos eleitores não estavam entendendo o que acontecia, temendo até mesmo verem-se envolvidos num ato de deslealdade para com alguém que parecia estar apenas pagando, com favores e favorecimento político, seus débitos morais. Mesmo o favorecimento da própria família do presidente aparecia aos olhos de muitas pessoas como sagrado cumprimento do dever do parente poderoso em relação ao parente sem poder. Certamente foi decisivo para o desencadeamento do processo o fato de que a denúncia tenha sido formulada pelo próprio irmão do presidente. Foi muito mais decisivo para a aceitação do impedimento e para o não atendimento do apelo presidencial para um maciço apoio popular o fato de que um irmão tenha denunciado outro irmão. Portanto, a credibilidade da denúncia, para uma parte da população, não decorria simplesmente de uma avaliação racional da conduta precisa e cuidadosa da comissão de inquérito. Mas se apoiava na crença de que o vínculo de sangue entre acusador e acusado revestia a denúncia de uma gravidade certamente superior ao que os fatos indicavam, pois decorria da ruptura de uma relação sagrada, o que lhe aumentava a credibilidade.

Rigorosamente, pois, por um conjunto enorme de práticas, condutas e concepções relativas à ideia do favor e da retribuição, pode-se dizer que o conceito de corrupção como se difunde na sociedade brasileira hoje atinge não só alguns políticos: atinge todo o sistema clientelista baseado ainda em fortes componentes da dominação patrimonial. Nesse sentido, *quase toda a população*, sem disso ter consciência, está de algum modo real ou potencialmente envolvida em corrupção. Daí, provavelmente, a lentidão da resposta popular ao apelo dos políticos, a certa altura inquietos com a possibilidade, no caso Collor, de um fracasso nas investigações e a possibilidade de seu próprio isolamento. O fato de que o presidente impedido não tenha tido seus bens confiscados nem tenha ido para a cadeia, "por roubo", pode ter confirmado na mente popular a ambiguidade do conceito de corrupção e, sobretudo, a ambiguidade da política brasileira. O que se reforçou em seguida, quando parlamentares do mesmo Congresso que cassara o mandato presidencial, alguns deles destacados líderes do processo de cassação, foram eles próprios acusados de corrupção e submetidos a processo para perda de mandato. E que o mesmo Congresso tenha agido de modo ambíguo, admitindo o processo e depois absolvendo alguns acusados, certamente confirma que, na verdade, as pessoas com rosto e nome são apenas protagonistas circunstanciais do drama e das fragilidades políticas do clientelismo no mundo moderno.

Não foi diferente o que aconteceu no caso do mensalão, em 2005-2006. A rapidez com que Lula se viu blindado tem muito a ver com a aura mística que envolveu a sua ascensão política e seu modo de exercer o poder. O fato de que o governo tenha oferecido o seu principal ministro, José Dirceu, como o principal bode expiatório da ocorrência, claramente aumentou a blindagem do presidente. Que o PT tenha saído desgastado do caso, ao mesmo tempo em que Lula, a partir de então, tenha crescido na aceitação popular, é indicativo de que a crise do petismo teve como contrapartida a ascensão do lulismo, o que em si mesmo demonstra que o PT não saiu sem fraturas dessa história. Mesmo que consideremos que alguns dos envolvidos, apesar de terem renunciado ao mandato, tenham sido reeleitos na eleição seguinte, a fratura entre Lula e seu partido fragilizou o Partido dos Trabalhadores e retirou-lhe a mística de sua ascensão política triunfal e de seu potencial de inovação no exercício do poder.

Há certamente alguns aspectos interessantes nesse quadro e nos episódios a ele relativos, em particular a emergência do PT no cenário como partido que agrega aspirações e descontentamentos residuais, não partidários, da política brasileira. Mais do que um indiscutível e irreversível desenvolvimento político desta sociedade, isso parece indicar a importância das condutas críticas e divergentes gestadas no âmbito mesmo das concepções conservadoras e tradicionais e do autoritarismo popular.

Os altos índices de aceitação política de Lula, nos últimos anos de seu governo, refletem muito menos uma opção por ele e pelo PT, contra seus adversários e outros partidos, do que uma opção por Lula contra os políticos em geral. Sobretudo contra deputados e senadores, incluídos os do próprio PT, desgastados por sucessivos episódios de corrupção e de corporativismo em benefício próprio, de parentes e de protegidos. A ambiguidade do conceito de corrupção, que ganhou força nas ideias dominantes das fases de cassação dos envolvidos no caso do presidente Collor de Mello (1992), dos "anões do orçamento" (1993-1994), no do "mensalão", do governo Lula, em 2005-2006, e no do "mensalão" do governo Arruda, no Distrito Federal (2010), expressa, no meu modo de ver, justamente as contradições que apontam na direção de certa tendência e de certa ansiedade política por um Estado moderno. Um Estado baseado na dominação racional-legal, como a concebia Max Weber, tendência ao mesmo tempo solidamente baseada em concepções morais de tipo tradicional.

Os episódios relativos à cassação do presidente Collor, sobretudo as manifestações de rua, que foram fundamentais para assegurar que as investigações chegariam ao fim e produziriam os efeitos legais nelas pressupostos, indicam uma nova realidade política baseada numa espécie de dupla e contraditória legitimidade: a legitimidade do voto e a legitimidade da rua. Legitimidades significativamente contrapostas por um abismo entre gerações, as mais antigas e as atuais. A mesma população que, de um modo ou de outro, apoiou a cassação nas ruas de São Paulo, ou ao menos não foi às ruas para evitar a cassação do presidente, em seguida, nas eleições municipais, votou e elegeu um político submetido a reiteradas acusações de corrupção. É possível que a manifestação política através do voto dê força e peso a uma maioria eleitoral que tem ainda uma relação tradicional com o voto e seus efeitos políticos: uma maioria alienada, que não vê nas consequências do voto a definição dos destinos do país e, portanto, também de quem vota. Uma maioria que ainda pensa o comportamento eleitoral em termos das obrigações morais da sociedade tradicional. Porém, ao mesmo tempo, os que vão à rua, mesmo englobando, certamente, numerosos membros do primeiro grupo, constituem-se numa espécie de multidão iluminista, que vislumbra o conflito entre a impessoalidade do poder e o uso pessoal do poder, condenando este último.

Aparentemente, o primeiro grupo não é a favor da corrupção, embora esteja nela profundamente mergulhado: é a favor do clientelismo, da proteção e segurança precárias que ele pode assegurar. Já o segundo grupo não é contra o clientelismo e os mecanismos de cooptação que levam alguém ao poder: é contra o exercício imoral do poder, o uso do poder como um bem pessoal (e não como um generoso serviço ao país). Há uma dimensão sacrificial, de tipo religioso, nas ideias desse grupo, mas também do outro. A história trágica da política brasileira contemporânea parece dar sentido a essa dimensão tão presente na vida das atuais gerações: o suicídio de Getúlio Vargas, a cassação e a morte de Juscelino Kubitschek em acidente automobilístico, a cassação e a morte de João Goulart no exílio, a morte, antes da posse, de Tancredo Neves. A morte por causa da política e da suposta vontade de servir, sobretudo aos pobres, reveste do carisma da generosidade a biografia dos que assim se consumiram nesse ato de doação.[23]

Essa duplicidade encerra um conflito de legitimidade que nasce das ambiguidades políticas do povo brasileiro, que foram se tornando claras e significativas a partir das manifestações de rua, em 1984, pelas eleições diretas do presidente da República, que culminaram com o fim da ditadura militar implantada pelo golpe de Estado de 1964. Essas ambiguidades trazem a debate a atualidade do dualismo do tradicional e do moderno na sociedade brasileira, dualismo que os sociólogos subestimaram e condenaram, nos anos 1960, de um modo notoriamente apressado. Na verdade, a conduta ambígua dos brasileiros sugere que são estes os dois principais partidos políticos do país: o do tradicional e o do moderno, mesclados entre si, um como mediação do outro. Os políticos tradicionais e oligárquicos fazem política e se revigoram politicamente tornando-se indispensáveis através de instituições modernas. É impossível implementar qualquer programa de modernização do país sem pagar-lhes tributos políticos e econômicos, como é evidente desde o primeiro governo de Getúlio Vargas. Os políticos modernos e modernizadores, que melhor expressam a mentalidade urbana e a ideia do vínculo político racional entre o governante e os governados, não têm acesso ao poder se não fazem amplas concessões à mentalidade clientelista do eleitorado, e ao controle que têm dos votos os que tratam o eleitorado como se fosse um rebanho político.

Desde o fim da ditadura de Vargas, em 1945, o país é governado por um terceiro partido, que não está necessariamente no poder, isto é, por um partido que se interpõe entre os dois principais partidos que polarizam o processo político. O antigo PSD (Partido Social Democrático), claramente representante dos interesses oligárquicos do interior e das regiões mais atrasadas do país, decidiu os rumos do poder durante todo o período democrático, de 1946 a 1964, em que a polarização política contrapunha o populista Partido Trabalhista Brasileiro e a elitista União Democrática Nacional. A ditadura militar só acabou em 1985, porque uma facção oligárquica se retirou do partido governista e se aliou à oposição, assegurando, assim, a eleição de um civil da oposição, Tancredo Neves, para a presidência da República (um civil que, de qualquer modo, vinha do antigo PSD oligárquico). Quem se opôs a esse grupo partidário ou não teve seu apoio, não governou: Jânio Quadros, João Goulart. E, num certo sentido, também Collor de Mello. É significativo que este último tenha se candidatado e tenha sido eleito por um partido fictício, criado artificialmente para isso, o PRN (Partido de Reconstrução Nacional), de qualquer modo um quase inexpressivo partido oligárquico, com 30 cadeiras num colegiado de 503, que é a Câmara dos Deputados. Embora originário de um dos mais oligárquicos estados do Nordeste, Alagoas, de que fora governador, Collor não foi candidato do partido que melhor expressava as tradições oligárquicas, o PFL (Partido da Frente Liberal), depois DEM (a mencionada dissidência de ocasião no partido da ditadura, que possibilitara a eleição de Tancredo Neves para a presidência, em 1985). Na verdade, seu grupo quis governar acima da teia de alianças e interesses clientelísticos desse grupo politicamente poderoso e, portanto, acima dos partidos. Ora, nem Getúlio nem os militares governaram sem ele ou sem fazer-lhe concessões expressivas. Em três momentos decisivos de sucessão presidencial, das últimas décadas (1994, 2002, 2010), tem havido o peso enorme dos acordos políticos que decidiram a eleição presidencial em 1994 e a reeleição em 1998; a eleição em 2002 e a reeleição em 2006; e os acordos, dos dois lados em face das eleições de 2010. Nesses tratos, mais do que a troca de favores políticos, a troca de favorecimentos de certo modo anula ou relativiza a importância do partido governante e, sobretudo, de seu ideário propriamente social e político. A aliança do PSDB com o PFL, depois DEM, atenuou seu perfil e seus propósitos social-democratas. As alianças do PT com o grande capital e com o PMDB corroeu a substância de seu socialismo pré-político, em que estavam as energias de suas possibilidades de inovação.

O aspecto certamente mais positivo desse conflito de legitimidade está no uso que dele fez, nessa sucessão de casos de corrupção, esta relativamente nova categoria de funcionário público que, de algum modo, é produto de regras estabelecidas durante a ditadura militar quanto à obrigatoriedade do concurso público para seleção e nomeação dos funcionários: a do funcionário profissional e neutro e não mais a do protegido. Mas vem também, e poderosamente, da grande resistência à ditadura em muitos setores da classe média e vem da formação de uma consciência cívica que não pode ser subestimada: a de que o funcionário público serve à sociedade e não ao poderoso; o Estado é um instrumento da sociedade e não a sociedade um instrumento do Estado. Há aí, claramente, a presença de uma nova geração de funcionários públicos que passaram pelas universidades durante a ditadura e nelas encontraram um forte pensamento democrático ou revolucionário, profundamente comprometido com a ideia de que o povo é o protagonista da História. Teria sido impossível levar adiante o processo pelo impedimento do presidente Collor sem a ação desse funcionário público de perfil weberiano, identificado com a impessoalidade da função pública, servidor do Estado e não servidor do governante. Esse funcionário está hoje em muitos setores fundamentais da administração pública: na educação, na magistratura, nas forças armadas, na polícia. A mediação desse funcionário purifica e dá sentido e direção às ambiguidades de legitimidade que surgem no confronto entre a rua e a urna, entre a manifestação moral ativa dos descontentes nas ruas e o comportamento eleitoral majoritário dos indiferentes na hora de votar.

Notas

[1] Cf. Pedro Taques de Almeida Paes Leme, "Nobiliarquia paulistana", *Revista Trimestral do Instituto Histórico, Geographico e Ethnographico do Brasil*, t. XXXV, Parte Primeira, Rio de Janeiro, B. L. Garnier, 1872, *passim*.

[2] Isso pode ser largamente constatado na volumosa correspondência de Martim Lopes Lobo de Saldanha, capitão-general da Capitania de São Paulo (1775-1782), cuja intromissão nas atribuições da Câmara da cidade de São Paulo provocou frequentes atritos com os vereadores.

[3] Há um interessante estudo de Hoefle sobre a política local no Nordeste do Brasil e a manutenção do sistema clientelístico ao longo de diferentes regimes políticos, até o período relativamente recente. É indicativo de que, ao lado da modernização das atividades econômicas dos políticos locais (com a sua entrada também nas atividades comerciais, além da agricultura) permanecem velhos mecanismos de controle do voto e do comportamento eleitoral. Cf. Scott William Hoefle, *Harnessing the Interior Vote: The Impact of Economic Change, Unbalanced Development and Authoritarianism on the Local Politics of Northeast Brazil,* Working Papers 14, London, University of London, 1985.

[4] Cf. Victor Nunes Leal, *Coronelismo, enxada e voto*, 2. ed., São Paulo, Alfa-Omega, 1975.

[5] Cf. José de Souza Martins, *Os camponeses e a política no Brasil,* 5. ed., Petrópolis, Vozes, 1995, p. 64.

[6] Cf. Scott William Hoefle, op. cit., p. 27.

[7] Até o século XVII, pelo menos, foi comum no Brasil os ricos, isto é, os grandes senhores de terras e escravos, estipularem em seu testamento a distribuição de esmolas entre os pobres, após sua morte. Muitas vezes, a confirmação desses legados dependia de que os pobres participassem das cerimônias de sepultamento do falecido. O imaginário da época é pleno de alegorias em que os ricos se apresentam perante o trono de Deus, para ouvir sua sentença, acompanhados de uma legião de pobres que atestam ter sido aqueles praticantes da caridade cristã.

[8] Cf. Maristela de Paula Andrade, "Violências contra crianças camponesas na Amazônia", in José de Souza Martins (ed.), *O massacre dos inocentes: a criança sem infância no Brasil,* São Paulo, Hucitec, 1991, p. 37-50.

[9] Cf. Luiz de Aguiar Costa Pinto, *Lutas de famílias no Brasil,* 2. ed., São Paulo, Cia. Editora Nacional, 1980. Não está muito longe de nós a ocorrência de episódios de antigo conflito dessa natureza, como no município de Exu, no estado de Pernambuco, que envolveu o cardeal-primaz da Bahia e o cantor Luís Gonzaga numa tentativa de apaziguamento das famílias envolvidas, sendo o conhecido cantor membro de uma delas.

[10] Alguns desses episódios foram imortalizados em páginas da literatura brasileira. O mais conhecido está relatado em *O sobrado*, que integra a obra-prima de Érico Veríssimo, *O tempo e o vento,* e se passa no Rio Grande do Sul. Outro episódio real, ocorrido em Dianópolis, estado de Goiás, é o tema de um belo romance de Bernardo Élis, *O tronco.*

[11] Cf. Othon Maranhão, *Setentrião goiano,* Goiânia, Piratininga, 1978.

[12] Este adolescente foi a principal testemunha da acusação no julgamento dos assassinos de Chico Mendes.

[13] Quando já era docente da Universidade de São Paulo, fui detido pela polícia política, o Dops – Departamento de Ordem Política e Social – em 1966, com o professor Roberto Schwartz, com quem eu estava conversando no largo em frente ao Teatro de Arena. Foi preso, também, na mesma área e na mesma ocasião um grande número de estudantes que haviam participado de passeatas contra a ditadura militar naquele dia e no dia anterior. Havia não só estudantes da Universidade de São Paulo, e dois professores, mas também um grande número de estudantes da Universidade Mackenzie. Aí pelas três horas da tarde do dia seguinte ao da prisão, apareceu na carceragem um advogado contratado pelo Mackenzie para libertar seus estudantes, o que foi facilitado porque muitos delegados do Dops haviam estudado na Faculdade de Direito daquela universidade. Aos outros presos que pediram sua interferência também em favor deles, o advogado recusou-se. Argumentou sugerindo que a outra universidade protegesse seus estudantes, como aquela fazia em relação aos seus. De minha cela vi, também, quando um sujeito que eu conhecia de vista, lá de São Caetano do Sul, mas que eu não sabia ser informante do Dops, compareceu na mesma carceragem, exibindo o distintivo da polícia na lapela do paletó, para, a pedido de um deputado que eu também conhecia, libertar o filho de um amigo do político que lhe pedira esse favor.

[14] Situação ainda similar à de algumas décadas atrás, descrita por Marcos Vinicius Vilaça e Roberto C. de Albuquerque, *Coronel, coronéis*, Rio de Janeiro, Tempo Brasileiro, 1965.

[15] A Guerra do Contestado ocorreu entre 1912 e 1916, no estado de Santa Catarina, no sul do país, em território disputado com o estado do Paraná. Basicamente foi uma guerra entre as populações camponesas da região, expulsas da terra por uma grande companhia de propriedade do milionário Sir Percival Farqhuar, e o Exército brasileiro. Mais da metade do Exército participou do combate à revolta camponesa.

[16] Cf. Nelson Werneck Sodré, *História militar do Brasil,* Rio de Janeiro, Civilização Brasileira, 1965, passim.

[17] Roberto Cochrane Simonsen era engenheiro formado pela Escola Politécnica de São Paulo e, mais tarde, tornou-se político. Sua principal indústria estava instalada na região industrial do chamado

ABC, em São Caetano do Sul, no subúrbio de São Paulo, onde sua firma tinha muitos bens e estava envolvida tanto em atividades econômicas quanto em atividades políticas. Depois de deixar o cargo de ministro, Calógeras foi justamente para essa região, como proprietário de uma empresa industrial. Roberto Simonsen tornou-se senador da República. Foi um empresário moderno e modernizante.

[18] Há, em diferentes lugares, marcos das sutis diferenças entre honestidade e corrupção na política e na economia. John Mortlock (1755-1816), político de Cambridge, na Inglaterra, fundador da primeira casa bancária da cidade, ficou consagrado por uma frase significativa, que hoje é celebrada em placa que assinala o lugar em que morou e onde teve o seu banco: "O que vocês chamam de corrupção, eu chamo de influência.".

[19] Não faz muito, numa agência bancária da cidade de São Paulo, tive a oportunidade de presenciar uma insólita conduta dessa natureza. Uma senhora idosa estava à minha frente na fila de pessoas que esperavam ser atendidas pela funcionária do caixa. Quando chegou a sua vez, vi que fora receber o dinheiro de uma minguada aposentadoria. Teve que preencher e assinar uns papéis, no que foi solicitamente ajudada pela funcionária, apesar da longa fila de clientes. Antes de se retirar, porém, separou uma nota de valor menor, do dinheiro recebido, e a deu como presente à funcionária atônita, que a recusou. Mesmo assim, ela não se moveu dali enquanto o dinheiro não foi aceito.

[20] Cf. Benno Galjart, "Class and 'Following' in Rural Brazil", *América Latina,* ano 7, n. 3, julho-setembro de 1964.

[21] O governo Lula mobilizou 12 mil agentes e alguns milhares de comitês gestores para, sob o impacto do Fome Zero, institucionalizar a versão petista do Bolsa Família. (Cf. Ivo Poletto, *Brasil: oportunidades perdidas*, cit., p. 69-74). Chegou a 11 milhões de famílias assistidas pelo programa. Na perspectiva da história do processo político brasileiro e da força política da dominação patrimonial, o governo do presidente Luiz Inácio Lula da Silva, na prática, federalizou o clientelismo e restituiu-lhe o vigor que estava em declínio lento, instituindo um clientelismo "de esquerda" e constituindo uma clientela de mais de 50 milhões de pessoas.

[22] O caso começou no dia 24 de maio de 1992, quando a revista *Veja* publicou uma entrevista do irmão do presidente denunciando que o tesoureiro da campanha presidencial estava praticando ações ilícitas que envolviam negócios do governo. Só depois do dia 13 de agosto, quando Collor fez um apelo para que os brasileiros vestissem camisas com as cores da bandeira nacional, para apoiá-lo contra o Congresso Nacional, é que os estudantes foram às ruas para apoiar o pedido de impedimento. Cf. Maria D'Alva Kinzo, "The Political Process of Collor's Impeachment", *Brazil: The Struggle for Modernisation,* Institute of Latin American Studies, University of London, London, 1993, p. 25.

[23] Durante as investigações do caso Collor, o senador Bisol, membro da comissão e representante do Rio Grande do Sul, mesmo estado de Getúlio Vargas, em debate na televisão, ante a insinuação de alguém, testemunhou que Getúlio era um homem honesto. E esclareceu: quando da realização do inventário dos bens deixados por Vargas, que se deu no município de São Borja, Bisol era juiz em comarca vizinha. Estando em férias o titular da comarca onde tramitava o inventário, coube a ele dar o despacho final. Foi quando constatou que Vargas, ao morrer, em 1954, tinha praticamente os mesmos bens que já possuía quando assumira o poder em consequência da Revolução de Outubro de 1930. Já a santificação do político ganhou seu momento mais expressivo durante os dias da doença fatal de Tancredo Neves, já eleito presidente da República, em 1985, que acabou falecendo sem poder tomar posse. Durante os dias de seu internamento no Hospital do Coração, da Universidade de São Paulo, multidões começaram a se aglomerar diariamente do lado de fora do hospital, com rezas, promessas e orações. Uma pesquisa no local, na época, feita por estudantes de ciências sociais da Universidade de São Paulo mostrou que o próprio Tancredo já começara a ser objeto de veneração religiosa, como se fosse um santo. Esse fenômeno foi monitorado, na porta do hospital em que Tancredo estava internado, por uma equipe de pesquisadores organizada e orientada por Liana Maria Sávia Trindade, do Departamento de Antropologia da Faculdade de Filosofia, Letras e Ciências Humanas da Universidade de São Paulo. Não é demais lembrar, a propósito, o caso de Eva Perón, na Argentina.

A aliança entre capital e propriedade da terra: a aliança do atraso*

A superação dos bloqueios ao desenvolvimento na história brasileira

A ideia de bloqueios econômicos, sociais e institucionais ao crescimento econômico do Brasil não é nova. Foi uma insistente preocupação nos anos 1950 e perdurou até o golpe militar de 1964. Influenciou uma boa parte da literatura de ciências sociais dessa época e do debate acadêmico (e político) de então. A ênfase na palavra *crescimento*, por outro lado, também não é nova. Relembra confrontos de ideias dessa mesma época: *crescimento ou desenvolvimento*? Depois de algumas décadas de captura do desenvolvimento pela ideologia do crescimento, é no mínimo instigante que os acadêmicos venham a se pôr os mesmos problemas, a reconhecer que o crescimento dessas décadas apenas repõe o tema e o problema original: *o não desenvolvimento no crescimento*. Mudou a economia ou não mudamos nós?

---

* Versão revista e atualizada de trabalho apresentado na conferência sobre "Constraints on Growth in Brazil: Economy, Society and Institutions", University of London, Institute of Latin American Studies, 17-18 de fevereiro de 1994. Edição inglesa: "The Alliance Between Capital and Property in Brazil: The Trend to Backwardness", in Maria D'Alva Kinzo e Victor Bulmer-Thomas (eds.), *Growth and Development in Brazil: Cardoso's Real Challenge*, London, Institute of Latin American Studies, University of London, 1995, p. 131-157.

Quando se fala em bloqueios ao crescimento econômico do Brasil, é impossível não reconhecer a sugestão da precedência do econômico em relação a outras dimensões da vida social. Uma preocupação, porém, que poderia e deveria ser desdobrada criticamente para que pudéssemos, também, examinar a hipótese oposta e alternativa de que, no fim das contas, é a modalidade de crescimento econômico o que, na verdade, bloqueia o desenvolvimento social e político da sociedade brasileira. Contudo, a melhor alternativa de interpretação, penso eu, é a de que esses fatores e condições se combinam numa espécie de causação circular e acumulativa, como dizia Myrdal nos bons tempos do desenvolvimentismo.[1]

De fato não é uma preocupação nova. Retrospectivamente, Fernando Henrique Cardoso, no início de sua carreira acadêmica, na segunda metade dos anos 1950 e no início dos anos 1960, fizera, justamente, um competente exame das condições sociais e políticas do primeiro grande desbloqueio da história brasileira contemporânea, o representado pela abolição da escravatura.[2]

Cardoso trabalhou a hipótese de que a acumulação de capital gerado na exploração do trabalho escravo entrara em contradição justamente com essas mesmas relações de trabalho. Daí a necessidade de abolir a escravidão. Essa hipótese, de distintos modos, presente em trabalhos de vários autores, reclamava, porém, uma explanação que relacionasse seu caráter geral com as condições particulares da sociedade brasileira em que a contradição ganhava feições sociais e políticas singulares. A questão era a de saber se a classe dos velhos senhores de escravos podia, ela mesma, assumir a alternativa social que a contradição indicava e promover a abolição da escravatura. Mas, sobretudo, promover o desenvolvimento das condições para que a reprodução do capital passasse a ocorrer de modo capitalista. Isto é, os fazendeiros estavam em condições de personificar o capital, na concepção de uma espécie de empresário weberiano, e dar curso à reprodução capitalista fora dos estreitos limites da grande agricultura, como até então? Por trás das interpretações teóricas de Cardoso e do grupo de cientistas sociais da Universidade de São Paulo, que sobre o tema refletia na época, estava o combate às interpretações do marxismo vulgar,[3] muito difundidas na América Latina de então, que reduziam a realidade do escravismo moderno ao modelo de uma sociedade feudal. As quais se baseavam na suposição de que a substituição do trabalho escravo pelo trabalho livre correspondia ao que ocorrera séculos antes na Europa com a superação do feudalismo pelo capitalismo. Na interpretação do grupo de São Paulo,[4] o escravismo se desenvolvera no corpo do próprio processo de expansão mundial do capital. Portanto, a contradição entre o capital e o escravismo não tinha a radicalidade da contradição que opusera o capital às relações feudais.

Nesse sentido, os próprios fazendeiros estariam em condições de personificar as necessidades de reprodução capitalista do capital, não dependendo esta de uma nova classe social, distinta da classe dos proprietários de terra, para viabilizar-se historicamente. Em suma, ao entrar em contradição com o escravismo, o capital anunciava a possibilidade de transformações sociais, de superação dos bloqueios sociais e econômicos a que suas virtualidades se manifestassem numa realidade social transformada e nova. A questão que preocupou Cardoso foi a de saber quem poderia protagonizar as mudanças sociais potencialmente contidas naquela situação. E quem de fato as protagonizou. Seu interesse pelo estudo das elites empresariais está diretamente relacionado com as questões que essa indagação propunha. De fato, a velha classe dominante podia assumir o papel criativo e transformador que a História lhe propunha?

Na mesma época, Florestan Fernandes, de quem Cardoso era assistente, também se preocupava com o tema. São dessa época seus estudos sobre o que então se chamava de "resistência social à mudança". Florestan discutia a questão do desbloqueio, da superação dos constrangimentos ao desenvolvimento e à modernização no âmbito das classes subalternas, das populações pobres, rurais e urbanas, cujas dificuldades à inserção no mundo moderno decorriam de uma socialização desfavorável à mudança.[5] Uma preocupação enraizada nas mais caras tradições da Universidade de São Paulo, que, desde o seu início, assumira uma existência devotada justamente ao estudo e reconhecimento dos bloqueios à transformação do Brasil num país desenvolvido e moderno. Daí que o tema da educação na escola sociológica de São Paulo assumisse dimensão criativa e transformadora, ressocializadora, como o próprio Florestan Fernandes a entende.[6]

No mesmo grupo de São Paulo, Octavio Ianni trabalhou criticamente, em vários de seus textos, a concepção de crescimento que se propunha como referência para a análise das dificuldades representadas pelo atraso da economia brasileira.[7] Ele propunha que a concepção de desenvolvimento (econômico e social) era mais rica e mais abrangente do que a de crescimento. Em vez da concepção quantitativa e linear de crescimento (econômico), Ianni sugeria a concepção dialética de desenvolvimento (histórico) que levasse ao exame das contradições estruturais (e, portanto, políticas e de classe) que erguiam obstáculos às transformações na sociedade brasileira.

Uma segunda tentativa de recorrer à história para descobrir tendências do processo histórico foi a de Celso Furtado.[8] Sua preocupação com o desbloqueio da estagnação e do atraso incidiu, porém, sobre a transição da agricultura à indústria, para ele cronologicamente demarcada pela crise do café, de 1929, decorrente da chamada Grande Depressão, e a Revolução de 1930.

Furtado trabalhou com a hipótese da condução não consciente das transformações estruturais que teriam viabilizado o desbloqueio. Todos conhecem sua hipótese (e não teoria). Involuntariamente, os mecanismos de socialização das perdas, com a compra e queima dos estoques de café sem mercado, por parte do governo, gerou um fluxo de renda que teria estimulado o mercado de consumo, cuja demanda de industrializados não teve como ser atendida pela importação, como supostamente ocorria. Teria, portanto, estimulado a industrialização interna. Desse modo, a crise de 1929 teria sido indireta e involuntariamente responsável pelo impulso à industrialização. Basicamente, Furtado estava interessado em reconhecer no Estado o demiurgo da História, o agente político capaz de dinamizar os setores atrasados da economia, com amplos desdobramentos sociais e políticos.

A hipótese era boa, mas as evidências eram ruins. Há, porém, um inexplicável vazio no livro de Furtado: não há nele um capítulo sobre a história da industrialização. De fato, já no final do século XIX, em associação clara com o fim da escravidão e a disseminação do trabalho livre, houve um surto industrial no Brasil, especialmente em São Paulo. Quando ocorreu a crise de 1929, já existia uma indústria relativamente importante no país, especialmente na região cafeeira. Não só uma indústria de bens de consumo, mas também uma indústria de bens de produção. Mesmo que as precárias estatísticas industriais da primeira metade do século não sejam muito sugestivas a esse respeito, Furtado (e não só ele) deixou de levar em conta as peculiaridades da indústria brasileira de então, peculiaridades que chegaram até praticamente à época em que ele escreveu seu livro fundamental: as grandes fábricas estabelecidas entre o fim da escravatura e os anos 1950 estavam normalmente dotadas de uma seção de produção de máquinas ou de recondicionamento de instrumentos e equipamentos e de reparos que responde, por exemplo, pela longa vida dos teares na indústria têxtil e pelo caráter obsoleto do equipamento nos anos 1950 (tema, aliás, de um relatório famoso das Nações Unidas sobre o atraso da indústria têxtil brasileira). Sem contar a existência de instituições educacionais e de pesquisa avançadas, como a Escola Politécnica de São Paulo, do século XIX, e o Instituto de Pesquisas Tecnológicas, das primeiras décadas do século XX. Furtado teria encontrado confirmação do papel desbloqueador e inovador do Estado justamente na negação de sua hipótese relativa ao efeito involuntário da política de socialização das perdas: o relatório do ministro da Fazenda de Vargas, em 1931, indica com precisão que o intuito da política de compra e queima do café era justamente o de manter o fluxo de renda, evitando a crise econômica que decorreria de uma súbita interrupção no giro do dinheiro se não houvesse compradores para o café.[9]

Essas preocupações ganharam corpo no marco do desenvolvimentismo juscelinista, dos anos 1950 e, portanto, num clima de intensa preocupação com a superação do atraso econômico (e, paradoxalmente, pouca preocupação com o atraso político representado, sobretudo, pelo clientelismo das oligarquias regionais). Na verdade, porém, tanto a experiência do desbloqueio representado pela abolição da escravatura, quanto a do ocorrido com a Revolução de 1930, quanto, ainda, o do procurado e realizado pelo governo Kubitschek, a constatação é uma só: as grandes mudanças sociais e econômicas do Brasil contemporâneo não estão relacionadas com o surgimento de novos protagonistas sociais e políticos, portadores de um novo e radical projeto político e econômico. As mesmas elites responsáveis pelo patamar de atraso em que se situavam numa situação histórica anterior, protagonizaram as transformações sociais, adaptaram-se, inovaram nos limites de sua circunstância. É claro que há aí questões a considerar, a principal das quais parece ser a das diferenças regionais. Na abolição da escravatura, o papel inovador dos fazendeiros que se estabeleceram no oeste de São Paulo, em relação aos fazendeiros que permaneceram no Vale do Paraíba;[10] na Revolução de 1930, a criatividade política dos gaúchos em relação às oligarquias paulistas e mineiras (e também nordestinas); na era juscelinista, a duplicação do aparelho do Estado.

No fundo, a experiência reformista e transformadora do governo Kubitschek apenas confirmou as ocorrências dos dois episódios anteriores. Juscelino pertencia a um partido essencialmente oligárquico, o PSD (Partido Social Democrático), e teve que governar com um Congresso Nacional fisiológico e clientelista.[11] As inovações de seu governo se basearam no desdobramento institucional das forças políticas em confronto, as da modernização e as do tradicionalismo, mediante a criação de grupos executivos (como o GEIA – Grupo Executivo da Indústria Automobilística) e de agências de fomento (como a Sudene – Superintendência do Desenvolvimento do Nordeste). Neste último caso, em particular, a conciliação entre os interesses dos grupos clientelistas e oligárquicos do Nordeste e os interesses modernizadores, supostamente dos empresários do Sudeste, fica mais do que evidente.[12] O governo Kubitschek não suprimiu arcaicas agências de clientelismo político, como o DNOCS (Departamento Nacional de Obras contra as Secas). Com isso podia assegurar apoio político para o seu projeto de desenvolvimento econômico e de modernização da sociedade brasileira, supondo que as elites regionais e oligárquicas, beneficiárias do atraso e por ele responsáveis, legitimariam seu projeto modernizador.

As lutas sociais no campo e o Estado de compromisso

Se nos anos 1950 as elites se moviam (técnicos governamentais, uma parte dos políticos, bispos, industriais, intelectuais) no sentido de diagnosticar as causas do atraso e os obstáculos ao desenvolvimento econômico e social do Brasil, também a massa dos trabalhadores rurais começava a se mover. Depois de décadas de imobilismo, quebrado eventualmente pelos movimentos messiânicos e por anárquicas manifestações de banditismo rural no Nordeste, mas também em São Paulo e Santa Catarina, os trabalhadores rurais de várias regiões, durante os anos 1950, começaram a manifestar-se de modo propriamente político.

Ganhou notoriedade na literatura mais ou menos especializada, mas também na imprensa, o surgimento das Ligas Camponesas, no Nordeste. Não só a intelectualidade de esquerda, mas também a direita (as oligarquias e, sobretudo, os militares que, nos quartéis, ainda mantinham um liame com as ideias autoritárias dos anos 1930 e 1940) se encarregaram de destacar a dimensão estritamente política do fato. O que teria pesado decididamente no modo como os militares acabaram interpretando o movimento camponês das Ligas, como episódio de uma revolução agrária comunista em andamento. De fato, as Ligas surgiram como um movimento religioso e legalista, aí por meados dos anos 1950. No Engenho Galileia, em Vitória de Santo Antão, Pernambuco, os chamados *moradores*, de fato arrendatários submetidos a formas arcaicas de pagamento de renda em trabalho, pediram e obtiveram permissão do fazendeiro para organizar uma cooperativa funerária para amenizar os custos de sepultamento dos mortos. O fato, porém, aconteceu num momento em que estavam ocorrendo transformações na economia canavieira, de forte repercussão na vida dos trabalhadores rurais do setor.[13] As tensões que vão emergir como movimento de cunho político nos anos 1950 tinham suas raízes quase um século antes, nas mudanças ocorridas nas relações de trabalho da economia canavieira e a intensificação do cambão, com aumento dos dias de jornada obrigatória dos moradores de favor nos canaviais dos fazendeiros.

Chamados a substituir os escravos que foram vendidos para os fazendeiros de café do Sudeste na segunda metade do século XIX, viabilizaram a transformação da renda em trabalho em principal relação de produção nos canaviais. Desde o fim da escravidão indígena em meados do século XVIII mantidos como agregados dos grandes fazendeiros, na condição de moradores de favor, acabaram sendo mobilizados para o trabalho do canavial para substituir os escravos vendidos por seus senhores para as grandes fazendas de café do Rio e de São Paulo. Já pela época da Revolução Praieira (1848), a que muitos deles aderiram, intuíram os moradores que o cativeiro seria restabelecido e que, em consequência, voltariam a trabalhar sob sujeição.

A moradia de favor e o direito ao roçado ficaram sujeitos à contrapartida de dias de trabalho no cultivo e no corte da cana, o chamado cambão, nome que já indica a servidão nele embutida. A relação variou ao longo do tempo, com maior proporção de dias de trabalho na cana para o fazendeiro ou maior proporção de dias de trabalho no roçado para o próprio camponês. A revitalização do mercado do açúcar nos anos 1950 reduziu a parcela do roçado e, consequentemente, implicou um acentuado aumento da exploração do trabalho nos canaviais e aumento da pobreza rural. A cooperativa funerária era um indício dramático dessa pobreza.

Que os trabalhadores tenham pedido permissão ao fazendeiro para organizá-la é também indício do tradicional modo de relacionamento entre trabalhadores e fazendeiros, baseado no poder pessoal destes últimos – uma relação desigual de mando e obediência e não, em primeiro plano, uma relação contratual entre iguais. A cooperativa era, também, uma indicação do empobrecimento dos *moradores* do engenho. Mas, era, sobretudo, uma indicação do percurso da consciência que podiam ter da sua situação: a cooperativa funerária recuperava concepções das velhas irmandades das almas, dando-lhes uma vestimenta laica e econômica. Centrando, porém, numa certa concepção da morte o entendimento do que deveria e poderia ser a solidariedade dos pobres em face de uma situação adversa.

O filho do fazendeiro temeu, e disse-o ao pai, que a permissão para que os moradores do engenho organizassem a cooperativa encerrava o perigo da organização dos pobres. De fato, naquele contexto social e político, a cooperativa foi o instrumento que mobilizou os trabalhadores quando o fazendeiro decidiu retomar as terras de lavoura dos moradores para nelas plantar cana-de-açúcar. Foi a partir daí que eles decidiram procurar no Recife o deputado socialista e advogado Francisco Julião para lhe pedir conselhos sobre como agir. A via sugerida por Julião foi extremamente legalista e nem mesmo implicava atrelar aquele pequeno grupo de trabalhadores rurais a qualquer ideia que os despertasse para a realidade política da classe social e da luta de classes.[14] Julião sugeriu que, como não existiam direitos trabalhistas assegurados em lei para os trabalhadores rurais, melhor era recorrer à Lei do Inquilinato, uma lei que regulava as relações entre locadores e locatários de casas, isto é, de moradias. Sendo foreiros e residentes na fazenda, isto é, arrendatários e, mesmo assim, pagando renda em trabalho, poderiam ter seus direitos assegurados pela referida lei, como se inquilinos fossem.[15] A luta dos foreiros desse e de outros engenhos do Nordeste e, mais adiante, de outros trabalhadores rurais transformou-se numa *luta por direitos tidos, mas não aplicados ou não reconhecidos nas relações reais.*[16]

Havia uma chave de leitura desse e de outros acontecimentos em várias regiões rurais do país. Ela estava na polarização política da época, demarcada pela Guerra Fria e pelo anticomunismo oficial. Mas estava, sobretudo, no pacto político tácito de 1946, produzido na sucessão da ditadura de Vargas, que combinava a dominação patrimonial rural e o populismo urbano como expressões de interesses econômicos e políticos se não opostos, ao menos acentuadamente diferençados. É claro que, em consequência, interferiu na definição dessa "chave de leitura" dos fatos a presença ativa de facções do Partido Comunista no campo. Dividido entre os que entendiam que o advento e a disseminação do trabalho assalariado no campo representavam a realidade social politicamente superior e, portanto, a que possibilitava a luta pelo socialismo; e os que (inspirados pela Revolução Chinesa) entendiam que as lutas no campo eram propriamente expressões da revolução camponesa e tinham mais acentuada eficácia política na revolução social. Em decorrência, o Partido Comunista se envolveu contraditoriamente nos conflitos rurais. Mas foi a sua ação que definiu uma mediação politizadora para as lutas camponesas no Brasil a partir dos anos 1950.[17]

A presença do Partido Comunista nas lutas camponesas tornou-se visível em vários pontos do país,[18] mais do que no Nordeste, sem dúvida, pois as Ligas nunca chegaram a se alinhar inteiramente com ele. Antes mesmo que as Ligas despontassem como indicação de que no campo novos sujeitos se erigiam em protagonistas da história social do país, camponeses migrados do Maranhão para Goiás, ao longo do rio Tocantins, seguindo a direção do que presumivelmente seria o traçado da rodovia Transbrasiliana e que veio a ser aproximadamente o traçado da rodovia Belém-Brasília, instalaram-se na região de Trombas, não muito longe de onde seria construída a nova capital federal.[19] Eles não sabiam, mas estavam entrando num território de conflitos potenciais, já com alta incidência de grilagem de terras, falsificações de documentos de propriedade e especulação imobiliária. Os migrantes transformaram-se em posseiros. Os grileiros das terras tentaram convencê-los a assinar contratos de arrendamento, o que viabilizaria posteriores expulsões por via judicial. Os posseiros se recusaram, o que deu início à violência. A repercussão do caso levou à região uns poucos militantes do Partido Comunista, que ensinaram aos camponeses modos de organização e de resistência. Em Trombas, os posseiros rapidamente se organizaram em conselhos políticos, os chamados "conselhos de córrego" e organizaram grupos armados de autodefesa. De certo modo, constituíram um território autônomo, no qual não se podia entrar e do qual não se podia sair sem salvo-conduto. Nos jornais, mas aparentemente também nos meios militares, começaram a circular notícias sobre a chamada "República Socialista de Trombas", que, aliás, seria militarmente ocupada apenas no início dos anos 1970, seis anos depois do golpe de Estado. Portanto, durante cerca de vinte anos os camponeses de Trombas estiveram politicamente organizados num território próprio, imune ao poder do Estado. Tratava-se da tática política usada na Guerra da Coreia, da mesma época, que foi a de conquistar e liberar territórios, ali instituindo a presença organizada de camponeses armados.

A mesma tática seria usada no sudoeste do Paraná, no Sul, na chamada Revolta Camponesa de 1957.[20] Mas ali a questão era totalmente outra. Os conflitos atingiam mais do que a mera propriedade da terra, sua mera dimensão econômica. Eles atingiam diretamente os mecanismos de reprodução do poder oligárquico: a grilagem de terras. Desde o século XIX, a grilagem de terras era uma questão restrita a litígios no interior das próprias oligarquias, envolvendo número restrito de pessoas, casos quase sempre debatidos e, bem ou mal, resolvidos no judiciário como sendo apenas casos de dúvidas, quanto a direitos, divisas ou de notória falsificação de documentos. A questão da grilagem não era até então disseminada como questão social, envolvendo o confronto entre os socialmente diferentes. Dera uma indicação de que poderia sê-lo no episódio da Guerra do Contestado, na região de divisa dos estados de Santa Catarina e do Paraná, entre 1912 e 1916, num litígio de fronteira entre os dois estados.[21] Tornou-se efetivamente uma questão política moderna no caso do sudoeste do Paraná, nos anos 1950, quando terras federais começaram a ser vendidas pelo governo do estado, provocando a duplicação de titulares de direito.

A novidade dos procedimentos do grupo político no governo de então, no Paraná, estava no fato de que a terra era usada fundamentalmente para obter retornos econômicos e não retornos políticos: a mesma terra era vendida a diferentes pessoas e ao mesmo tempo hipotecada ao Banco do Estado. Já não se tratava de grilar, de disputar com outro o mesmo terreno. Mas de envolver um grande número de pequenos agricultores numa fraude, pois eles não eram posseiros e sim compradores de pequenas parcelas de terra. Situação, portanto, diferente do que acontecera na região de Trombas, em Goiás. Em Trombas, se os grileiros, e entre eles também autoridades, mesmo membros do judiciário, atuavam no terreno da ilegalidade, também os posseiros estavam privados de instrumentos legais de propriedade. Portanto, sua luta não se desdobrava no interior das instituições, da lei e da ordem. Eles pleiteavam, implicitamente, uma ampliação da concepção de direito à terra, de modo que seus direitos fossem reconhecidos e sua situação legalizada. No Paraná, os pequenos agricultores reivindicavam o reconhecimento de direitos que estavam no interior da lei e da ordem. A possível ilegalidade que recobria sua situação e sua reivindicação vinha antes da irregularidade das compras que fizeram, de terras griladas, além disso hipotecadas pelo mesmo vendedor a um banco oficial. Sua reação armada, em outubro de 1957, não foi contra as limitações e insuficiências da lei, mas pelo cumprimento do que julgavam um direito assegurado em lei.

Não obstante, os camponeses do sudoeste do Paraná deram à sua revolta um formato claramente antagônico em relação à ordem jurídica e política. Já nessa época, em várias localidades da divisa de São Paulo com o Paraná e no Paraná, havia células organizadas de militantes comunistas, orientadas sobretudo para a mobilização e organização dos trabalhadores rurais. Não só no sudoeste do Paraná, mas também na região de Porecatu, no mesmo estado. No sudoeste, os camponeses ocuparam cidades, destruíram arquivos da companhia de terras que os fraudara, tomaram uma estação de rádio, prenderam e destituíram autoridades e constituíram juntas governativas locais. E, por fim, retiveram como refém o próprio secretário da segurança pública do estado, que para ali se dirigiu para negociar com os rebeldes o fim de conflito. Na ocasião, houve interferência do Exército para recolher armas e apaziguar a situação. Mas, o caso não era, ainda, de alçada do governo federal. Até porque, sendo o governador do mesmo partido do presidente da República, a intervenção militar configuraria uma situação delicada de confronto entre o presidente e as forças armadas, com as quais o governo federal enfrentava dificuldades, pois o governador do Paraná agia contra o que era a missão do Exército numa região de fronteira com país estrangeiro.[22]

Houve, sem dúvida, ativismo político de tipo voluntarista, baseado na ideia de que a ação deliberada no sentido de despertar as consciências adormecidas dos trabalhadores rurais acrescentaria uma nova força ao embate político e ideológico no plano nacional. A principal consequência imediata da investida comunista no campo foi a mobilização da Igreja Católica numa ampla cruzada de conscientização e organização sindical dos trabalhadores rurais.[23] A disputa com os comunistas começara tenuamente em 1950, quando o bispo de Campanha, Minas Gerais, lançara uma carta pastoral em favor da reforma agrária.[24] Menos para propô-la do que para reconhecer que "conosco ou sem nós" a reforma seria feita. É significativo que a carta tenha sido lançada numa grande reunião de fazendeiros, professores e párocos e não numa reunião de trabalhadores rurais. Também no Nordeste, poucos anos depois, os bispos católicos se reuniram para acolitar o governo Kubitschek, em favor de suas iniciativas desenvolvimentistas e modernizadoras.

A ideia era a de que no oceano de prosperidade possível de um país regionalmente desenvolvido no Sudeste e no Sul, havia ilhas de miséria, a mais dramática das quais era a do Nordeste. Dominava a concepção de que o país estava fraturado em dois Brasis – de um lado, o país próspero e, de outro, o país miserável. Mais importante nisso tudo, e aí estava a verdadeira subversão que convulsionaria o país nos anos seguintes, era a tomada de consciência por importantes setores das elites (os bispos e o clero, os intelectuais, uma parcela dos políticos, alguns empresários) de que a questão da miséria era uma questão política e não simplesmente uma questão econômica. Não era a seca, propriamente, como se dizia desde o século XIX, que respondia pela pobreza dos trabalhadores rurais nordestinos. Era o uso político da seca como pretexto para obtenção de recursos financeiros do governo federal que, no fim, não iam aliviar a miséria dos pobres, mas revigorar a máquina do clientelismo político dos ricos.[25] Uma situação que só poderia ser resolvida com uma revolução, como entendiam e temiam alguns dos próprios setores das elites. Ou então com reformas sociais.

Porém, quem as faria, em nome de quem e por quê? E, sobretudo, como as faria?

A intervenção militar na questão agrária: a aliança entre capital e terra

Desde, pelo menos, a revolta camponesa de outubro de 1957, no Paraná, os militares estavam atentos ao que acontecia no campo. Sua cautelosa presença no local, uma sensível área de fronteira com a Argentina, aparece claramente nas próprias fotografias que ilustraram as reportagens sobre o acontecimento na imprensa da época. Aparece de maneira mais decisiva na constituição do GETSOP (Grupo Executivo das Terras do Sudoeste do Paraná), já no governo Goulart, um modelo embrionário do que seria a intervenção militar na questão agrária durante a ditadura militar. Ainda no governo Goulart, a Aeronáutica atacou e desmantelou um suposto campo de treinamento guerrilheiro no norte de Goiás, em Dianópolis, na divisa com a Bahia. Um exame dos índices de documentos e livros do Arquivo Histórico do Exército, no Rio de Janeiro, mostra claramente que havia vigilância detalhada sobre o que acontecia no campo, uma vez que dele constam até mesmo rubricas relativas a "cangaço" e "messianismo". É significativo que o general Castelo Branco, primeiro presidente do regime militar, tenha acompanhado seminários sobre a questão agrária, quando comandante do Quarto Exército, no Recife, no

Instituto Joaquim Nabuco, para os quais fora convidado o próprio Francisco Julião. E que já na fase de preparação do golpe de Estado, um dos grupos organizados no IPES (Instituto de Pesquisa e Estudos Sociais), encarregado de realizar estudos preparatórios para um programa de governo militar, do qual participava o próprio general Golbery do Couto e Silva, tenha produzido um avantajado diagnóstico para um projeto de reforma agrária.[26] Que seria, no fim, o projeto implementado logo nos primeiros meses da ditadura, com a consequente reforma constitucional, cuja prévia inviabilidade política bloqueara a possibilidade de uma reformulação da legislação fundiária, de modo a estabelecer limites para o tamanho e uso da propriedade da terra. Foi esse documento a base do Estatuto da Terra, aprovado em 1965.

Não deixa de ser irônico que os grandes proprietários de terra, majoritariamente organizados numa das mais tradicionalistas entidades de defesa de seus interesses, a Sociedade Rural Brasileira, de São Paulo, tenham dado decisivo apoio à preparação do golpe. Foram eles os responsáveis pela organização da chamada "Marcha da Família com Deus pela Liberdade", ocorrida inicialmente na cidade de São Paulo poucos dias antes da deposição de Goulart e decisiva para consumação do golpe. Imediatamente após a tomada do poder, os militares encaminharam ao Congresso Nacional, já depurado dos parlamentares mais comprometidos com as reformas sociais, justamente um projeto de reforma agrária. Um projeto que acabou sendo aprovado por um parlamento em que as oligarquias e os grandes proprietários de terra estavam anomalamente sobrerrepresentados em consequência das cassações de mandatos e de direitos políticos dos parlamentares mais progressistas e empenhados nas reformas sociais propostas por Goulart.

Os estudiosos não analisaram ainda as contradições e as lições desse fato. Mas, aparentemente, ele se inscreve numa larga tradição histórica no Brasil: as grandes reformas sociais, como a abolição da escravatura, foram propostas pelos representantes do pensamento liberal, mas postas em prática pelos conservadores;[27] ou como a proclamação da República, proposta pelos radicais da época e consumada, contra eles, pelos militares, na verdade herdeiros da tendência centralizadora, profundamente presente nas contradições do Estado brasileiro, e oriundas do absolutismo monárquico, em cuja crise esse Estado foi gerado. Esse jogo político, envolvendo tendências opostas, responde pelo modo contido como as reformas sociais e políticas são concretizadas no Brasil. Além do que, seus executores são, quase sempre, seus inimigos, representantes dos interesses supostamente contrariados. O que talvez explique por que decisões políticas fundamentais ganhem forma legal até sem grande dificuldade, mas emperrem justamente na aplicação, esvaziadas pela conduta conspirativa de uma burocracia pública que ainda age predominantemente a partir das orientações pessoais dos chefes políticos e não a partir da impessoalidade pressuposta no cumprimento formal da lei por parte do empregado público. A questão, portanto, não é a de aprovar leis avançadas, mas assegurar que elas não serão executadas, ou não serão executadas contra os interesses dos que as aprovaram.[28] Entre a lei e sua aplicação há um amplo terreno de manobras e negociações que tornam tão peculiar o republicanismo brasileiro.

Num outro plano, viu-se isso no governo Lula. Levado ao poder com a energia política dos movimentos sociais, das organizações sindicais e das organizações populares, aplainou o caminho no terreno das objeções e temores do empresariado urbano e rural com a Declaração ao Povo Brasileiro. Conseguiu manter o apoio e a lealdade dos novos sujeitos sociais, ainda que mitigando o atendimento das demandas populares e governando em nome dos interesses do grande capital.

Um indício, sem dúvida, de que o neorradicalismo político brasileiro que nasce durante a ditadura militar tem seu claro limite na ampla disponibilidade das elites para negociar e se compor com os interesses sociais adversos. Basicamente porque as demandas populares não contrariam propriamente os interesses do grande capital. O que se entende: o capitalismo se difundiu entre nós em combinação com técnicas econômicas de acumulação primitiva e técnicas sociais de recuo extenso na difusão e reconhecimento dos direitos sociais, a começar dos próprios direitos trabalhistas. Nesse cenário, as demandas sociais, ainda que feitas em nome da revolução social e política e do radicalismo político, se dão num amplo terreno de concessões possíveis que afetam o residual lucro extraordinário do capital, que se alimenta dos vários arcaísmos sociais, políticos e econômicos de nossas determinações históricas profundas. Mas não afetam o que é propriamente o lucro médio de referência, o dos capitais dos países de capitalismo institucionalizado e pleno, sem resíduos de seu passado histórico.

O encaminhamento dado à questão agrária pelos militares deve ser entendido à luz de uma tradição do que se poderia chamar de movimento pendular do poder no Brasil. Diferentes estudiosos já mostraram que a dinâmica do processo político e republicano brasileiro é regulada por uma cíclica alternância no poder das oligarquias e dos militares, isto é, de *governos descentralizados*, organizados com base no poder local e regional de chefes políticos e governadores; e *governos centralizados*, com hegemonia ou forte controle militar.[29] A República foi proclamada pelos militares numa espécie de golpe de Estado antecipatório contra o movimento republicano baseado nas províncias e nas oligarquias. De fato, os dois primeiros governos republicanos, do marechal Deodoro e do marechal Floriano Peixoto, a partir de 1889, foram militares e "fortes", um eufemismo para a palavra ditadura. O governo do marechal

Hermes da Fonseca não foi ditatorial, mas foi o governo que implementou medidas em favor da extinção da Guarda Nacional, base institucional do poder pessoal dos chefes políticos regionais e do oligarquismo. Extinção que atendia a uma aspiração dos militares, que era a de ver suprimida uma força paramilitar, armada e fardada, sob controle de civis. A Revolução de 1930 pôs no poder uma aliança de militares e oligarquias regionais marginalizadas pelo sistema oligárquico, aliança de inspiração centralizadora, desenvolvimentista e, em princípio, antioligárquica.

Essa tradição cíclica é bem caracterizada pela identificação dos governos militares com o desenvolvimento econômico, especialmente o desenvolvimento industrial, a repressão política e a precedência da centralização do poder nacional em relação ao poder regional nos estados. E pela identificação dos governos civis e oligárquicos com os interesses rurais, com um certo liberalismo político e o fortalecimento dos estados (e, portanto, das oligarquias antigas e novas).

O fim do governo Vargas promoveu a restauração da democracia, de certa liberdade política e, também, o retorno ao poder dos representantes dos interesses oligárquicos e rurais, mantidos sob controle durante a ditadura. Vargas, em princípio, não necessitara das oligarquias para governar, já que seu governo não dependia necessariamente do voto[30] (quando dependeu, a opção foi pela ditadura). Desde o levante militar do Rio de Janeiro, em 1922, até a consumação da Revolução de Outubro de 1930, os militares se propuseram a republicanizar a República e seu alvo principal era justamente o mandonismo dos chefes políticos locais e regionais, cuja presunção de poder os levava até mesmo a interferir nos critérios de promoção no oficialato. Logo após a Revolução de 1930, diversos "coronéis" sertanejos foram presos, na tentativa de desmantelar as bases do poder local. No Nordeste, onde eram mais fortes, foram colocados sob a tutela de Juarez Távora, eminente participante das revoluções tenentistas. Um rebaixamento político, mas não uma anulação.

De certo modo, Vargas instituíra as bases de um acordo político que ganharia configuração no fim de seu governo e no estabelecimento do governo constitucional que o sucedeu. Ele próprio promoveu a criação de dois partidos políticos: o PSD (Partido Social Democrático), fortemente identificado com o clientelismo rural, o chamado "coronelismo" e as oligarquias; e o PTB (Partido Trabalhista Brasileiro), de orientação populista e urbana, que colhia os votos das massas operárias e urbanas incorporadas ao processo político sob sua inspiração e de sua política trabalhista. É significativo que o mesmo Getúlio Vargas que propôs e viabilizou a Consolidação das Leis do Trabalho, em 1942, para regular a questão trabalhista nas fábricas e nas cidades, não tenha estendido aos trabalhadores rurais direitos legais que dariam forma contratual a relações de trabalho ainda fortemente baseadas em critérios de dependência pessoal e de verdadeira servidão. Com isso, Vargas não quis, ou não pôde, enfrentar os grandes proprietários de terra e seus aliados. Foi em seu governo que se estabeleceram as bases para um pacto político tácito, ainda hoje vigente, com modificações, em que os proprietários de terra não dirigem o governo, mas não são por ele contrariados.

A Constituição de 1946 não alterou substancialmente esse pacto, antes o reforçou. De certo modo, foi a consagração da opção pela *ordem*, como condição para o *progresso*, na significativa inspiração positivista que instaurou o regime republicano no Brasil. Uma garantia essencial da ordem era o dispositivo constitucional que estabelecia como restrição às desapropriações de terra para fins sociais (inclusive, pois, a reforma agrária) a obrigatoriedade da indenização prévia e em dinheiro ao proprietário. Esse dispositivo tornava a reforma agrária economicamente inviável. Sendo dispositivo da Constituição, tornava essa possibilidade ainda mais remota, dado que sua alteração dependia de maioria absoluta de dois terços dos votos do Congresso.

O desenvolvimentismo do período entre 1946 e 1964, a incorporação de novos territórios à economia nacional, com o deslocamento da capital federal para o Centro-Oeste, a ampliação da frente pioneira em decorrência da abertura da rodovia Belém-Brasília, a modernização, a ampliação do setor industrial, sobretudo com a indústria automobilística, o desenvolvimento siderúrgico, a reformulação da agricultura de exportação, inclusive a sua substituição pela produção para o mercado interno, como aconteceu com o café, substituído basicamente por pastagens, tudo isso, enfim, modificou profundamente as condições sociais do país, as relações entre as classes sociais, a dinâmica dos conflitos. E também as relações políticas. De um lado porque houve um claro enfraquecimento político das oligarquias, seja com o desencadeamento dos movimentos sociais no campo, em especial no Nordeste, seja com o envolvimento da Igreja em programas de alfabetização e de conscientização das populações rurais. Com isso, nessa quadra, a composição do Congresso estava mudando claramente em favor de uma representação política mais sensível às necessidades de reformas sociais. O engajamento da Igreja Católica no desenvolvimentismo do governo JK, nos anos 1950, na prática representou uma ação no sentido de reunir-se ao poder central a que estivera ligada ainda no Império e, portanto, no sentido de iniciar uma ruptura política de seu sólido vínculo com as oligarquias e os grandes proprietários de terra.

Diferentes e opostos setores da sociedade brasileira estavam conscientes da necessidade de adoção de reformas sociais. A reforma agrária era, certamente, a mais central delas e a que tocava mais profundamente as relações de classe. O Partido Comunista era a favor da reforma agrária. Mas a Igreja Católica também era. A Igreja, porém, como outros setores das elites, exigia que o dispositivo constitucional relativo à indenização em dinheiro fosse cumprido. Ao que tudo indica, a opção pela reforma agrária não era o que dificultava a sua realização. O problema estava em que a reforma agrária dividia as elites, os diferentes grupos, como a corporação dos militares que estava perigosamente dividida como consequência da introdução das reformas sociais na agenda política do Estado brasileiro. Ao mesmo tempo, as Ligas Camponesas começavam a falar em reforma agrária radical, para distinguir sua proposta daquela de grupos mais conciliatórios ou mais conservadores, como os próprios comunistas. É sempre importante lembrar que reforma agrária não é, nem teórica nem historicamente, uma bandeira propriamente de esquerda. No Brasil, os integralistas foram críticos do latifúndio. Em suma, não só mudava a composição política do Congresso, mas no fundo entrava em discussão a base material das classes, a questão da propriedade e o fundamento das relações políticas, até então predominantemente apoiadas no monopólio da propriedade da terra.

No fim das contas, o problema era mesmo o de saber quem (e, portanto, em nome de que) conduziria o processo de implantação das reformas sociais, uma vez que a clássica alternância de conservadores e liberais, que viabilizara as reformas desde o século XIX, já não se concretizava. O papel dos militares, de abrir parênteses históricos e desafogar as pressões por reformas, já não parecia eficaz, sobretudo em face de uma alteração institucional que atingiria profundamente a base do sistema de poder no país. Uma alteração que alcançava as próprias forças armadas, impondo-lhes mudanças na doutrina do chamado dever militar, da disciplina e da hierarquia, na própria medida em que o debate sobre as reformas acabou impondo a discussão sobre a participação e representação política dos suboficiais e sargentos no Congresso Nacional e nas assembleias legislativas.

Isso porque, diferente do que ocorreu em outras sociedades, não havia, na elite, uma classe antagônica suficientemente forte e consciente de seus interesses e de suas oposições, como uma burguesia industrial ou simplesmente uma burguesia moderna, oposta aos interesses do latifúndio, que pudesse levar adiante reformas sociais que não afetassem opções políticas e ideológicas fundamentais. Até porque o chamado latifúndio, entre nós, era o latifúndio empresarial. Em São Paulo e em algumas outras regiões do país, os grandes empresários da indústria, dos transportes, das finanças, com exceções, eram originários da agricultura de exportação e nela durante muito tempo encontraram a sua principal fonte de acumulação de capital.

É significativo e revelador que os inimigos da reforma radical acusassem seus instigadores de atuarem no sentido da organização de uma "república sindicalista", ou de optarem por uma reforma agrária socializante. Alguns sugeriam que estava em andamento uma revolução agrária. E não se lhes pode negar clareza quando diziam que, no fundo, os comunistas (o que incluía os comunistas propriamente ditos, as Ligas Camponesas, a esquerda em geral e, até, alguns setores da Igreja) manipulavam setores das elites para subverter a ordem econômica e política, agindo, portanto, de um modo indireto. Isto é, os comunistas não tinham bases nem forças para promover uma revolução social. Mas tinham condições para desestabilizar o regime, isto é, a ordem.

As indicações que os militares podiam colher na história social e rural recente do país sugeriam, muito provavelmente, que no campo estavam se acumulando tensões sociais suficientemente fortes para produzir uma base de desestabilização política ou o que alguns militares chamavam de desordem, a mazorca. Na falta de uma elite dirigente capaz, as tensões no campo viabilizavam e fortaleciam a ação dos diferentes grupos de esquerda, que não podiam deixar de representar e protagonizar mudanças sociais e políticas radicais. No contexto da época, isso significava fazer pender o fiel da balança política internacional para o lado dos países e regimes políticos e da opção ideológica opostos àquela em que nos situávamos desde o final da Segunda Guerra Mundial, a do chamado "bloco ocidental". Portanto, as tensões no campo (mas, também, as agitações operárias nas cidades) ganhavam sentido numa opção ideológica e política que deslocava o país para uma situação oposta, a da hegemonia da União Soviética, o que acontecera com Cuba: o que era, na verdade, uma revolução nacionalista acabou fatalmente convertendo o país num satélite do regime soviético. Isso dava às dispersas e frágeis lutas do campo uma dimensão que concretamente não tinham e uma importância que decorria antes de sua inserção em conflitos ideológicos mais amplos e não de sua própria força ou de sua própria representatividade.

Aparentemente, foi essa circunstância que alterou a possibilidade dos arranjos dos interesses de classe que em outras sociedades capitalistas fizeram da reforma agrária um passo essencial para sua respectiva modernização, apoiada em alianças progressistas e modernizadoras, até os primeiros anos após a Segunda Guerra Mundial, antes da polarização ideológica internacional. Mesmo que o nome da reforma não tenha sido esse. Mas, no geral, desde o século XIX, com a ascensão da burguesia em vários países, foi a reforma do direito de propriedade e a democratização do acesso à propriedade da terra, de maneira a abolir privilégios nele baseados, dinamizar o mercado e incrementar a igualdade jurídica, que dinamizaram a economia capitalista e acentuaram o papel transformador do mercado.

O Brasil, desde há muito e muito lentamente, havia se engajado em procedimentos nesse sentido orientados. Inicialmente, com a abolição do regime de sesmarias imediatamente antes da reunião das Cortes de Lisboa, poucos meses antes da Independência.[31] Em seguida, após a Independência, a abolição do morgadio, a herança concentrada num único herdeiro, o primogênito, que poderia constituir a base de uma aristocracia fundiária, como temiam eminentes figuras envolvidas no episódio. A Lei de Terras, de 1850, já teve um caráter ambiguamente conservador, o que mostra que, no fundo, os grandes proprietários de terra foram paulatinamente constituindo e reforçando seu poder. Foi assim na criação da Guarda Nacional, na Regência, que deu a eles poderes militares e políticos. É que a Lei de Terras, longe de ter por objetivo a liberalização do acesso à terra, teve por objetivo justamente o contrário: instituir bloqueios ao acesso à propriedade por parte dos trabalhadores, de modo que eles se tornassem compulsoriamente força de trabalho das grandes fazendas. Ao contrário do extinto regime de sesmarias, o novo regime retirava do direito de propriedade a copropriedade do Estado. No regime sesmarial, o fazendeiro tinha apenas a posse formal, que podia ser objeto de venda, mas o rei, isto é, o Estado, mantinha sobre a terra a propriedade eminente, podendo arrecadar terras devolutas ou abandonadas e redistribuí-las para outras pessoas, como fora comum até o século XVIII.

No Brasil dos anos 1950 e 1960, portanto, a questão agrária emergiu em meio a relações de classes que não se combinavam no sentido de fazer dela um fator de mudança e de modernização social e econômica. A questão agrária não favorecia alianças progressistas nem opções liberalizantes, ao contrário do que ocorrera em outros países.[32] Seria uma imensa bobagem dizer que os camponeses são historicamente conservadores e que não é por meio deles que grandes transformações sociais podem ser alcançadas. A história das lutas camponesas desde o século XVIII, em vários países, como *tendência geral*, sugere que são eles importantes desestabilizadores da ordem social e política tradicional, baseada na propriedade da terra. Seu papel histórico fundamental está em que, justamente por isso, abrem caminho para a ação reformadora ou revolucionária de classes sociais dotadas de projetos históricos mais abrangentes, que não eles. Classes que, por sua vez, não têm uma posição social que lhes permita justamente desestabilizar a ordem tradicional ou o que dela subsiste para desencadear e concretizar as mudanças sociais significativas de que podem ser os protagonistas principais.

O golpe de Estado de 1964 e a forma assumida pela reforma agrária proposta pelos militares inserem-se claramente nesse quadro de impasses históricos e institucionais. Em primeiro lugar porque o golpe não teria sido possível sem a intervenção e a ação, mais ideológica do que política, de uma classe social tão amplamente disseminada sobre o território como a classe dos proprietários de terra.[33] Foram eles, apoiados em grupos conservadores do clero e na classe média, que conseguiram levar para as ruas das cidades a ideia da resistência às reformas sociais, especialmente a reforma agrária, invocando para isso a sacralidade dos valores da tradição. Contraditoriamente, porém, em nome da liberdade, uma conjunção sempre presente nos momentos de grandes reformas sociais na história do Brasil contemporâneo. No fundo, a *liberdade de ser desigual* ao invés da clássica concepção que associou liberdade e igualdade.

As resistências e temores, dos proprietários de terra, logo que ficou claro que os militares estavam trabalhando num projeto de reforma agrária, desdobraram-se em iniciativas para desestabilizar ou radicalizar o novo regime. O regime militar, porém, produziu uma legislação suficientemente ambígua para dividir os proprietários de terra e assegurar ao mesmo tempo o apoio do grande capital, inclusive o apoio do grande capital multinacional.[34] De fato, o Estatuto da Terra preconizava critérios de desapropriação bastante precisos. As esquerdas haviam trabalhado com um conceito de latifúndio suficientemente impreciso, antes do golpe, para incluir numa política de reforma agrária todas as propriedades, inclusive as médias. O regime militar procurou classificar usos e extensões de propriedade, de modo a formular um conceito operacional de latifúndio e estabelecer, portanto, uma distinção entre terras desapropriáveis e terras não desapropriáveis. O duplo conceito de latifúndio, por extensão e por exploração, no fundo era mais radical do que o vago conceito de latifúndio usado pelas esquerdas antes de 1964, porque incluía como latifúndios terrenos não tão extensos, porém, mal explorados. Ao mesmo tempo, incluía entre as terras desapropriáveis os minifúndios, ou ao menos os incluía nas terras penalizáveis pela taxação, que era o principal instrumento da reforma. A flexível categoria de empresa rural recebia as simpatias do Estado e escapava da possibilidade de ser incluída nas desapropriações. O que indica, em princípio, uma reforma agrária orientada para a modernização econômica e para a aceleração do desenvolvimento capitalista na agricultura. A ideia era, sem dúvida, isolar como objeto potencial de reforma agrária as terras usadas como reserva de valor, as destinadas à especulação imobiliária. Bem mais tarde, essas terras seriam definidas pela CNBB, no documento *Igreja e Problemas da Terra*, como terra de negócio, em oposição à terra de trabalho.

Esses procedimentos foram contrabalançados, logo em seguida, com a proposta de uma política de ocupação favorecida da região amazônica. A criação do Banco da Amazônia e da Superintendência do Desenvolvimento da Amazônia (Sudam) preconizou uma política de concessão de incentivos fiscais aos empresários, especialmente das regiões mais ricas, para que deixassem de pagar 50% do imposto de renda, desde que o dinheiro fosse depositado naquele banco para financiar projetos de desenvolvimento na Amazônia, de cujo capital constituiriam até 75%. Os investimentos orientaram-se de preferência para a agropecuária, de modo que um grande número de empresários e de empresas, especialmente do Sudeste, sem tradição no ramo, tornaram-se proprietários de terras e empresários rurais. Em princípio, a aquisição de terras pelos grandes capitalistas do Sudeste animou o mercado imobiliário, convertendo, por isso mesmo, os proprietários de terras em proprietários de dinheiro e forçando-os, por sua vez, a agirem como capitalistas. Ao contrário do que ocorre no modelo clássico da relação entre terra e capital, em que a terra (e a renda territorial, isto é, o preço da terra) é reconhecida como entrave à circulação e reprodução do capital, *no modelo brasileiro, o empecilho à reprodução capitalista do capital na agricultura não foi removido por uma reforma agrária, mas pelos incentivos fiscais*. O empresário pagava pela terra, mesmo quando se tratava de terra sem documentação lícita e, portanto, produto de grilagem, isto é, de formas ilícitas de aquisição. Em compensação, recebia gratuitamente, sob a forma de incentivo fiscal, o capital de que necessitava para tornar a terra produtiva. *O modelo brasileiro inverteu o modelo clássico. Nesse sentido, reforçou politicamente a irracionalidade da propriedade fundiária no desenvolvimento capitalista, reforçando, consequentemente, o sistema oligárquico nela apoiado, modernizando-o.* Com a diferença, porém, de que a injeção de dinheiro no sistema de propriedade modernizou parcialmente o mundo do latifúndio, sem eliminá-lo, como se viu, finalmente, nos últimos anos, após o término do regime militar, em 1985, com o aparecimento de uma nova elite oligárquica, com traços exteriores muito modernos e de mentalidade politicamente arcaica.

O regime militar, por esses meios, procurou modernizar, mantendo-a, a propriedade da terra, afastando, portanto, a alternativa de uma reforma agrária radical que levasse à expropriação dos grandes proprietários de terra com a sua consequente substituição por uma classe de pequenos proprietários e pela agricultura familiar, como sucedera em outras sociedades. *Ao mesmo tempo, comprometeu os grandes capitalistas com a propriedade fundiária e suas implicações políticas.* No fim das contas uma tentativa de instituir uma base estável para a aliança política que ganhou forma com a Revolução de 1930. Com a diferença, porém, de que não se tratava de mera aliança política, como se dera até 1964, mas agora de uma substantiva aliança social e econômica. Uma opção, portanto, de larga durabilidade e não apenas uma opção transitória para esvaziar as tensões sociais no campo.

Depois da ditadura, a inviabilização das mudanças

O regime militar não teve, ao longo de seus vinte anos de duração, uma conduta uniforme em relação à questão agrária e às lutas camponesas, embora tenha mantido uma orientação básica em relação aos conflitos no campo: de um lado, circunscrevê-los e desativá-los, pela força e pela coação moral; de outro lado, identificar e aniquilar as lideranças, tidas como intervenções estrangeiras e subversivas na sociedade brasileira. Era a tradicional *doutrina do cerco e aniquilamento*, mais de uma vez mencionada nos escritos geopolíticos do general Golbery do Couto e Silva.

Até o final da chamada Guerrilha do Araguaia (1972-1974), o governo aparentemente entendeu que a possibilidade de uma revolução camponesa, ideologicamente consistente, continuava na ordem do dia. A multiplicação dos conflitos fundiários na Amazônia, mas não só nela, parecia sugerir que os agrupamentos políticos de esquerda tinham acentuada presença no campo e, sobretudo, uma grande capacidade de mobilização, organização e orientação revolucionária das populações rurais. A Guerrilha do Araguaia parecia confirmar esse temor do governo,[35] reforçando, portanto, uma compreensão da questão agrária, em que ela aparecia antes como questão militar e não como questão social. Essa amplitude da compreensão que do problema tinham os militares pode ser constatada na ampla extensão territorial coberta pela ação contrarrevolucionária das forças armadas e pela ação repressiva contra populações civis supostamente aliadas à subversão armada. Não só o reduzido território no sul do Pará, em que os guerrilheiros estavam localizados, mas também amplas extensões dos estados de Goiás, Mato Grosso e até Maranhão foram incluídos na varredura repressiva, muitas vezes a mais de mil quilômetros do foco de conflito.

O aniquilamento final da guerrilha parece ter sugerido aos militares que a possibilidade de uma revolução comunista apoiada na inquietação camponesa e nos conflitos fundiários era reduzida ou nula. Pois foi justamente a partir daí que o governo federal passou a abandonar sua política de colonização oficial das terras amazônicas, para em seu lugar favorecer a colonização por meio de empresas privadas, beneficiárias de amplas concessões territoriais com essa finalidade. Na prática, isso significava optar pelos colonos relativamente prósperos do Sul, que podiam comprar terras na Amazônia, em detrimento dos colonos pobres originários do Nordeste. A Amazônia deixava de ser instrumento imediato de objetivos políticos e sociais de natureza estratégica para se tornar uma fronteira de recursos econômicos. No fundo, uma mudança substancial. Ela implicava certa reformulação dos objetivos estratégicos do

Estatuto da Terra, mais um instrumento para administrar e controlar os conflitos no campo do que um instrumento para efetivamente promover uma redistribuição significativa da propriedade com o objetivo de transformar e democratizar as estruturas fundamentais da sociedade brasileira.

De qualquer modo, uma mudança que, em princípio, afastava o governo militar de qualquer tentativa de solucionar a grave questão social no campo, especialmente na própria região amazônica, onde os conflitos sangrentos se multiplicavam e se multiplicariam ainda mais depois do final da guerrilha. A multiplicação dos conflitos se devia justamente ao fato de que por trás deles, na imensa maioria dos casos, não havia nenhum grupo partidário e ideológico. O próprio modo violento como se dava a apropriação das terras da fronteira econômica, por grileiros e mesmo grandes empresas, impunha às vítimas dessa expansão, pequenos posseiros e agricultores sem alternativa de outro modo de inserção social, a inevitabilidade da resistência e do confronto. Grupos de mediação que podiam dar sentido a cada conflito surgiam depois do conflito desencadeado e procuravam situá-lo no seu próprio ideário, independente dos trabalhadores envolvidos terem disso consciência. E aí o principal desses grupos foi, sem dúvida, a Igreja Católica (e, em alguns lugares, a Igreja Luterana) através da Pastoral da Terra e da Pastoral Indígena. O fato de que ainda hoje, tantos anos passados e tendo já o conflito fundiário mudado de função, de sentido e de referência, se encontre na fala dos trabalhadores envolvidos na luta pela terra invocações de natureza religiosa para legitimar suas demandas é uma boa indicação do que os separava das ideologias propriamente políticas e partidárias. A ditadura combatia grupos partidários e ideológicos que, doutrinária e ideologicamente, estavam muito longe do que era próprio e característico das lutas que ocorriam especialmente na região amazônica.

A repressão militar em si mesma abrira as portas para a ação violenta dos grandes proprietários de terra, através de seus capatazes e pistoleiros, em centenas de pontos no país inteiro, na certeza de que eram impunes e, além disso, aliados da repressão na manutenção da ordem. Claramente, a ação repressiva longe de favorecer o monopólio da violência por parte das instituições militares, implicou, ao contrário, um amplo favorecimento da violência paramilitar e privada dos grandes proprietários de terra. Nunca na história do Brasil o latifúndio foi tão poderoso no uso da violência privada e nunca as forças armadas foram tão frágeis em relação a ele quanto durante, justamente, o regime militar. De certo modo, era como se a Guarda Nacional tivesse renascido como força de segunda linha do Exército.

A ação repressiva e violenta, sobretudo a repressão privada, alcançou setores importantes da sociedade civil nas áreas rurais em que mais marcadamente ocorreu. Se os sindicatos foram sistematicamente visados, eles estavam também, contraditoriamente, incluídos nos programas sociais do governo militar, que deles passou a se valer para fazer chegar ao campo, a partir do governo Médici, os limitados e precários recursos de uma quase ilusória previdência social rural. De modo que eles ficaram mais ou menos imunes à ação repressiva de que foram vítimas nos primeiros meses da ditadura.

A mesma benevolência não chegou até a atividade da Igreja Católica. Já em 1973, os bispos decidiram organizar o Conselho Indigenista Missionário (Cimi), destinado a promover uma ampla reformulação na pastoral indigenista e a modificar radicalmente o missionarismo de conversão que caracterizara a atividade missionária de certas congregações religiosas e da própria Igreja em seu conjunto. O verdadeiro genocídio que acompanhou a abertura da Rodovia Transamazônica e de outras estradas na Amazônia e o modo irracional e violento como se deu o contato com tribos indígenas ainda desconhecidas sensibilizaram fortemente bispos que vinham da tradição da doutrina social da Igreja e da influência da Ação Católica. O fato de que a mesma violência tenha alcançado os posseiros da região, que estavam sendo expulsos das terras que passavam a ser ocupadas pelas novas fazendas, levou os bispos a organizarem, em 1975, a Comissão Pastoral da Terra (CPT). Em ambos os casos os agentes de pastoral passaram a ser visados pelos grandes fazendeiros, pelas polícias estaduais e também pelo Exército e pela Polícia Federal.

Nos anos 1950, a tomada de consciência, por parte dos bispos católicos, das causas da pobreza no Nordeste, os movera a um compromisso com programas de conscientização das populações rurais, mas também de estímulo e apoio aos programas federais de desenvolvimento econômico e de modernização. *Naquela época, fora o Nordeste que definira o teor dos compromissos da Igreja na prática da doutrina social.* A questão da violência na Amazônia, porém, envolvia muito mais do que a eliminação da pobreza. Ali, na verdade, os pobres estavam sendo eliminados ou violentamente expulsos da terra em nome, justamente, de um amplo programa nacional de desenvolvimento econômico e de modernização do país. O novo modelo de desenvolvimento não tinha por objetivo a incorporação dos pobres e marginalizados a um sistema econômico moderno. O que ali ocorria alcançava a consciência católica de um modo mais radical do que o que ocorrera no Nordeste. Não só como decorrência do que se fazia aos camponeses, mas também, e sobretudo, em consequência da ação genocida contra as populações indígenas. Pode-se dizer que *a radicalidade do humano foi posta em questão nos confrontos sociais e étnicos da Amazônia, no final dos anos 1960 e durante os anos 1970. A Amazônia é que passa a ser, então, a grande referência social na aplicação da doutrina social da Igreja.* Isso terá amplas consequências no posicionamento da Igreja em face das questões sociais em geral e na sua relação com o Estado.

Essa reformulação aparece nas orientações católicas a partir de 1973 e culmina na assembleia da Conferência Nacional dos Bispos do Brasil, no início de 1980, com o documento *Igreja e Problemas da Terra*, um documento que, num colegiado de cerca de trezentos bispos, teve o voto contrário de apenas quatro prelados, os mais notoriamente conservadores. Para o governo já era claro que as repercussões políticas das lutas sociais no campo eram fortemente dependentes da eficácia dos grupos de mediação, partidos ou não. O envolvimento maciço da hierarquia católica na questão indígena e camponesa, sobretudo a tradução dos dispersos e nem sempre claros objetivos dessas lutas em termos das concepções da doutrina social da Igreja, poderia dar a elas um referencial ideológico que até então não tinham. Foi temendo esse fato que nos próprios dias da assembleia o governo militar iniciou o seu programa de militarização da questão agrária com a criação do Grupo Executivo das Terras do Araguaia-Tocantins (Getat), notório instrumento de intervenção militar, que tinha raízes no GETSOP, do Paraná, do início dos anos 1960, e que fora a resposta militar à revolta camponesa de 1957.

Os militares, basicamente, se propuseram a forçar acordos entre camponeses submetidos a violências, e ameaçados de expulsão da terra, e os grandes proprietários. Mesmo em casos de terras obtidas por meios fraudulentos, duas meras exposições de motivos ao Conselho de Segurança Nacional, durante o governo Geisel, ganharam força de lei e criaram condições para legalização das aquisições, mesmo em detrimento de ocupantes prévios que não possuíam documentos, nem mesmo falsos. Os militares se propuseram a legalizar para cada posseiro, inicialmente, uma área equivalente ao módulo rural regional estabelecido pelo Estatuto da Terra e pelo Instituto Nacional de Colonização e Reforma Agrária. Mais tarde, tentaram reduzir a área concedida a cada um, o que gerou reações. O objetivo, basicamente, era o de assegurar a posse mansa e pacífica dos grandes proprietários, eliminando focos de tensão no interior das terras que alegavam ser suas.

Essas medidas foram completadas com a criação do Ministério da Reforma e Desenvolvimento Agrário (Mirad), sendo indicado ministro um general ligado ao Conselho de Segurança Nacional. Essa medida completava a militarização e assegurava a intervenção militar na questão agrária em todo o país. Ao mesmo tempo, durante os últimos quatro anos do regime militar, na gestão Figueiredo, o governo agia paralelamente, por meio da ação de militares e de agentes da Polícia Federal, no sentido de desmobilizar o envolvimento da Igreja na questão agrária. O fracasso dessa intervenção no acampamento de

Encruzilhada Natalino, município de Ronda Alta, no Rio Grande do Sul, ficou claro quando o governo quis remover os lavradores ali acampados, expulsos pelos índios da reserva indígena de Nonoai, para núcleos de colonização no Mato Grosso, o que parte dos sem-terra recusou.[36] A Igreja, que tinha forte presença no acampamento, foi responsabilizada. Como contrapartida, o mesmo oficial do Exército que ali comandava as operações, originário do combate à guerrilha do Araguaia, voltou-se para outro grave foco de tensão, na região do Baixo Araguaia. Fazia meses que seus subordinados estavam montando uma armadilha para nela colher dois padres franceses que lá atuavam.[37] Tratava-se de uma clara ação repressiva para desmobilizar o envolvimento da Igreja nas reivindicações das populações rurais. Que um fracasso militar e policial no Rio Grande do Sul tenha tido uma resposta militar e policial no Pará é bem indicativo da amplitude de perspectiva e de considerações na ação do regime.

Basicamente, estava claro para os militares a probabilidade do fim próximo da ditadura e a necessidade de assegurar o fim dos conflitos fundiários e, ao mesmo tempo, a desmobilização da Igreja como grupo de mediação na expressão e liderança dos conflitos. Essa concepção ficou clara no discurso que o general Golbery do Couto e Silva fez na Escola Superior de Guerra para justificar o início da chamada abertura política.[38] Ali ele se referiu expressamente ao fato de que a Igreja se transformara num instrumento de expressão de reivindicações sociais que deveriam, no entanto, se expressar através de canais políticos e partidários. Com seu envolvimento nas questões sociais, a Igreja impedia que essas reivindicações corressem pelo seu leito natural que eram os partidos. De certo modo, nessas concepções estava o entendimento de que a Igreja fazia a inquietação camponesa saltar sobre os estreitos limites em que podia ser contida, dando-lhe uma dimensão política e filosófica mais ampla. Justificava o general Golbery as ações do governo no sentido da abertura política porque ela promoveria, como de fato acabou promovendo, a reorientação da questão agrária para o âmbito partidário, retirando-lhe a radicalidade representada por seu impacto na própria concepção de destino da condição humana, sobretudo presente na questão indígena.

O novo regime civil, instaurado em 1985, acabou confirmando os efeitos politicamente bloqueadores da arquitetura de alianças efetuada pelos militares. Quando se apresentou a inviabilidade das eleições diretas para presidente da República, ficou claro que o novo regime seria estabelecido em cima de acordos e composições partidários, tudo no fim das contas profundamente determinado pelas condições de revivescência do oligarquismo que os militares haviam assegurado.

A crise se desdobrou no desmantelamento do partido governista, no surgimento de facções partidárias favoráveis à abertura política e na elaboração de acordos que asseguraram o fim da ditadura. Uma vez mais, os anseios de liberdade apareceram no cenário político capturados pelos partidos e grupos de orientação clientelista e oligárquica. Mais uma vez, como ocorrera na transição política da ditadura de Vargas para o regime aberto e relativamente pluralista que a sucedeu, também essa transição foi determinada pelo movimento pendular a que me referi antes, entre ditadura e democracia. O próprio regime militar tornou inevitáveis, no regime civil que o sucederia, acordos políticos conservadores para assegurar a governabilidade. Os dois partidos de esquerda que afinal receberam os mandatos mais sólidos do período pós-ditatorial, o PSDB e o PT, só puderam chegar ao poder e governar em nome de orientações doutrinárias relativamente consistentes, mediante pactos com partidos de tendência fisiológica e, não raro, retrógrados.

Não é casual que o mais oligárquico dos grupos, integrado no partido situacionista da ditadura, mesmo no seu relativo liberalismo, tenha se organizado num partido político que levou justamente o nome de Partido da Frente Liberal, hoje DEM. Muitos dos representantes do oligarquismo passaram, sem maior problema, para os quadros do partido de oposição à ditadura, considerado pelos próprios militares um partido de esquerda, o Partido do Movimento Democrático Brasileiro (PMDB), antigo MDB. Essa composição apareceu claramente na chapa vencedora da eleição direta: Tancredo Neves, do antigo partido oligárquico, o PSD, dos anos 1950, e José Sarney, um típico representante do clientelismo maranhense, ele mesmo envolvido em sério conflito com posseiros, no vale do Pindaré, em terras que lhe chegaram às mãos por meio de documentos de propriedade de validade discutível.[39] Quando o pêndulo da política brasileira oscilou, mais uma vez, da ditadura para a democracia, foi na verdade empurrado pelas esquerdas, mas puxado pelas oligarquias conservadoras. Essa composição, como já acontecera em 1946, confundia a prática liberalizante de dois grupos na verdade opostos.

Na composição do ministério do novo governo prevaleceram os velhos critérios oligárquicos de distribuição dos cargos pelos estados, de comum acordo com os governadores. O Ministério da Reforma e Desenvolvimento Agrário, na falta de outro, foi definido, equivocadamente, como o ministério que caberia à região amazônica (porque ali, na verdade, ocorria maior número de conflitos fundiários). Consequentemente, foram os governadores dos estados amazônicos convidados a indicar um nome para ministro. Ora, os governadores não eram propriamente os representantes das grandes vítimas dos conflitos agrários da região, os posseiros, e menos ainda dos índios, que nem sequer têm direito a voto. Eles estavam envolvidos profundamente nos acordos do oligarquismo regional. Tancredo Neves entendeu, também, que na composição deveria entrar a Igreja, já que era ela, na verdade, o grande canal de expressão do descontentamento camponês.[40]

Era notório que o novo regime teria que se defrontar com a pressão das populações rurais e sua reprimida demanda por um programa de redistribuição de terras. Ocupações de terras já estavam ocorrendo e era óbvio que um ministério controlado por pessoas em princípio comprometidas com a ideia de justiça social e com a proposta de reforma agrária seria assediado por um recrudescimento das pressões. E assim foi.

O Mirad começou a se organizar para fazer as desapropriações necessárias com base no Estatuto da Terra, levantando os casos de conflito nos diferentes estados e dando a cada um o encaminhamento legal cabível, todos eles culminando com a elaboração da minuta do decreto de desapropriação. A retórica oficial, inclusive do presidente que acabou assumindo o governo no lugar de Tancredo, que faleceu, José Sarney, era a do discurso liberal de sempre, em favor da reforma e da justiça social. Ao mesmo tempo, porém, nomeara para ministro da Casa Civil e, portanto, coordenador do gabinete presidencial, um membro do PFL, Marco Maciel, um dos produtos modernizados das oligarquias do Nordeste. À medida que a pressão pela reforma agrária crescia enormemente em 1985 e 1986, o Mirad encaminhava à presidência os projetos de desapropriação das fazendas improdutivas que a lei determinava fossem desapropriadas. Mas o Gabinete Civil estabeleceu uma diretriz reservada para evitar que os decretos fossem assinados ou, mesmo, fossem postos em prática. Antes de serem encaminhados à assinatura presidencial, eram rigorosamente selecionados, de modo que muitas propriedades não foram alcançadas pela desapropriação. Mesmo decretos assinados pelo presidente da República nunca foram publicados no *Diário Oficial*, deixando, assim, de ter efeito legal.[41] As consequências do boicote são conhecidas: a lenta queda do ministro e de seus auxiliares imediatos, inclusive do segundo escalão em praticamente todo o país.

Mas a consequência principal se deu na elaboração da Constituição de 1988. Os precários avanços na legislação fundiária da ditadura militar foram praticamente anulados pelos constituintes. A utilização dos conceitos de "propriedade produtiva" e de "propriedade improdutiva" introduziu uma ampla ambiguidade na definição das propriedades sujeitas a desapropriação para reforma agrária, praticamente anulando as concepções relativamente mais avançadas do Estatuto da Terra. Essa mudança refletia não só a reação dos grandes proprietários de terra que haviam organizado a União Democrática Ruralista, de cunho direitista e paramilitar, para enfrentar diretamente as ocupações de terra e que haviam exageradamente colocado o governo em face da possibilidade de uma onda terrorista e sangrenta no campo. Refletia também um lado fundamental das alianças de classe na história brasileira, mas quase sempre pouco visível: já antes da nova Constituição inúmeros juízes de comarcas do interior do país e tribunais estaduais passaram a jogar com a ambiguidade do conceito de terra produtiva para interpretar o conceito de empresa rural, fixado no Estatuto da Terra. Uma sistemática onda de despejos de ocupantes de terra, ligados na maioria dos casos ao Movimento dos Sem Terra, varreu o país, indicando uma conduta relativamente coesa dos magistrados em defesa de concepções extremamente conservadoras da propriedade da terra.[42]

O que era pressão resultante dos movimentos camponeses passava a esbarrar na muralha que a aliança entre capital e terra erguera contra a possibilidade de qualquer alteração substantiva na ordem política e social. De fato, a gravidade da situação no campo não contou com nenhum aliado significativo no Congresso Nacional e nos grupos de formação da opinião pública,[43] com exceção de grupos minoritários na classe média e numa parcela da Igreja. De qualquer modo, em 1985-1986, o número de membros da Igreja a se impressionar com a situação no campo estava claramente reduzido em relação aos membros da hierarquia que em 1980 estiveram dispostos a reconhecer a legitimidade de um novo regime de propriedade em gestação na experiência social dos conflitos fundiários. A tendência na redução de apoios e de interesse pelo problema seguiu nessa mesma linha. Em 2010 já eram poucos os bispos empenhados nessa questão e em questões correlatas. Em 2005, quando da greve de fome do bispo de Barra (BA) contra a transposição das águas do rio São Francisco, o distanciamento e a cautela do episcopado em relação ao fato foi mais uma indicação de que efetivamente estava reduzida ao mínimo a dimensão de urgência da chamada pastoral de suplência. A aliança estruturalmente básica entre capital e terra, promovida pelos militares, debilitou a eficácia dos movimentos sociais que poderiam reivindicar reconhecimento e ampliação de direitos sociais em favor das populações pobres, especialmente no campo.[44] Essa aliança enfraqueceu a sensibilidade de amplos setores da sociedade brasileira, basicamente porque anulou a vulnerabilidade política das classes dominantes ao anular a possibilidade de um conflito de interesses tão radical quanto o que poderia existir no conflito entre a racionalidade do capital e a irracionalidade da propriedade fundiária.

Notas

1 Cf. Gunnar Myrdal, *Teoria econômica e regiões subdesenvolvidas*, trad. Ewaldo Corrêa Lima, Rio de Janeiro, Instituto Superior de Estudos Brasileiros, 1960, p. 26-38.

2 Cf. Fernando Henrique Cardoso, "Condições sociais da industrialização de São Paulo", in *Revista Brasiliense*, n. 28, São Paulo, março-abril de 1960; Fernando Henrique Cardoso, "O

café e a industrialização de São Paulo", *Revista de História*, n. 42, São Paulo, 1960; Fernando Henrique Cardoso, "Condições e fatores sociais da industrialização de São Paulo", *Revista Brasileira de Estudos Políticos*, n. 11, Belo Horizonte, 1961.

[3] Numa entrevista em que se refere à perspectiva e à orientação teórica do grupo de cientistas sociais da Universidade de São Paulo que estava produzindo uma interpretação do Brasil, Cardoso lembra que o seminário desse grupo sobre Marx "precedeu a grande vaga de estudos marxistas na França" e que o grupo leu e discutiu Marx "rigorosamente, à maneira acadêmica". Cf. Fernando Henrique Cardoso, *Entrevistas a Lourenço Dantas Mata*, Brasília, Centro Gráfico do Senado Federal, 1985, p. 8.

[4] Quando falo do "grupo de São Paulo", estou me referindo ao grupo de cientistas sociais que, especialmente nos anos 1950 e 1960, trabalhou na Faculdade de Filosofia, Ciências e Letras da Universidade de São Paulo. O núcleo desse grupo reuniu-se ao redor de Florestan Fernandes e foi constituído de Fernando Henrique Cardoso, Octavio Ianni, Marialice Mencarini Foracchi e Maria Sylvia de Carvalho Franco. Dele fez parte, temporariamente, Renato Jardim Moreira, que depois deixou a universidade. Florestan Fernandes era titular da Cátedra de Sociologia (I), que fora fundada por Claude Lévi-Strauss e posteriormente ocupada por Roger Bastide, ambos membros da missão europeia que fundou a Universidade de São Paulo em 1934. Na mesma Faculdade de Filosofia e participando do mesmo debate intelectual, deram contribuições importantes para a compreensão dos temas aqui assinalados: Paula Beiguelman (Ciência Política), Maria Isaura Pereira de Queiroz (Sociologia II), José Arthur Gianotti (Filosofia), Fernando Antonio Novais (História) e Emilia Viotti (História). Esse grupo foi desmantelado, no início de 1969, quando a ditadura militar decidiu aposentar compulsoriamente e excluir da universidade, entre outros, os seguintes professores da Faculdade de Filosofia: Florestan Fernandes, Fernando Henrique Cardoso, Octavio Ianni, José Arthur Gianotti, Paula Beiguelman, Bento Prado Júnior, Emilia Viotti da Costa e Ada Natal Rodrigues. Essa medida repressiva do governo militar interrompeu justamente o debate sobre os temas aqui tratados.

[5] Dentre outros estudos desse autor, cf. Florestan Fernandes, *Mudanças sociais no Brasil*, São Paulo, Difusão Europeia do Livro, 1960.

[6] O tema de uma educação socialmente transformadora é recorrente na densa obra de Florestan Fernandes e, do mesmo modo, o da missão que os sociólogos (e a sociologia) e a universidade poderiam ter nesse projeto. Remeto o leitor, porém, aos seus livros *Ensaios de sociologia geral e aplicada*, São Paulo, Pioneira, 1960, esp. o cap. 4 ("A ciência aplicada e a educação como fatores de mudança cultural provocada"), p. 160-219; e *Educação e sociedade no Brasil*, São Paulo, Dominus /Edusp, 1966.

[7] Ianni também se dedicou ao estudo do desbloqueio do desenvolvimento que pode ser representado pela educação. Cf., especialmente, Octavio Ianni, *Industrialização e desenvolvimento social no Brasil*, Rio de Janeiro, Civilização Brasileira, 1963, esp. a Terceira Parte ("Educação e classes sociais"), p. 181-269.

[8] Cf. Celso Furtado, *Formação econômica do Brasil*, Rio de Janeiro, Fundo de Cultura, 1959.

[9] Cf. José Maria Whitaker, *A administração financeira do Governo Provisório de 4 de novembro de 1930 a 16 de novembro de 1931*, São Paulo, E. G. Revista dos Tribunais, 1933, p. 10 e 14.

[10] Cf. Paula Beiguelman, *A formação do povo no complexo cafeeiro: aspectos políticos*, São Paulo, Pioneira, 1968.

[11] Não seria demasiado supor que o impulso reformador na economia e o imobilismo político, no governo Kubitschek, poderiam ter sido responsáveis pela eleição de Jânio Quadros, candidato de um partido supostamente moderno e modernizador, a UDN (União Democrática Nacional) para a presidência da República. E, ao mesmo tempo, pela não renovação dos quadros do Congresso Nacional, onde os "oligárquicos" continuaram sendo maioria em relação aos "modernos". Daí o impasse institucional da renúncia de Quadros.

[12] Cf. Octavio Ianni, *Estado e capitalismo*, Rio de Janeiro, Civilização Brasileira, 1965; Octavio Ianni, *O colapso do populismo no Brasil*, Rio de Janeiro, Civilização Brasileira, 1968; Octavio Ianni, *Estado e planejamento no Brasil (1930-1970)*, Rio de Janeiro, Civilização Brasileira, 1971, esp. p. 109-224.

[13] Cf. Antonio Callado, *Os industriais da seca e os "Galileus" de Pernambuco*, Rio de Janeiro, Civilização Brasileira, 1960; Antonio Callado, *Tempo de Arraes*, Rio de Janeiro, José Álvaro Editor, 1965.

[14] Benno Galjart constatou, na própria época, a presença de orientações culturais tradicionais de dominação pessoal na relação entre Julião e os camponeses. Cf. Benno Galjart, "Class and 'following' in rural Brasil", *América Latina*, ano 7, n. 3, julho-setembro de 1964.

[15] Cf. Francisco Julião, *Que são as ligas camponesas?*, Rio de Janeiro, Civilização Brasileira, 1962; Francisco Julião, *Cambão: The Yoke, The Hidden Face of Brazil*, Harmondsworth, Penguin Books, 1972; Clodomir Moraes, "Peasant Leagues in Brazil", in Rodolpho Stavenhagen (ed.), *Agrarian Problems and Peasant Movements in Latin America*, Garden City, Anchor Books, 1970; Cynthia N. Hewitt, "Brazil: The Peasant Movement of Pernambuco, 1961-1964", in Henry A. Landsberger (ed.), *Latin American Peasants Movements*, Ithaca and London, Comell University Press, 1969, p. 374-98.

[16] As lutas camponesas revelaram, na verdade, as limitações da lei e que sob ela um amplo conjunto de direitos permanecia e permanece na dependência de voluntário reconhecimento por parte de quem tem poder e manda. Ao longo dos vinte anos da ditadura militar, a luta pelos direitos foi a principal tônica da ação dos trabalhadores rurais organizados em sindicatos ou orientados pela Igreja. Sobre uma parcela dessa população e a ação sindical há um estudo específico de Lygia Sigaud, *Os clandestinos e o direito*, São Paulo, Livraria Duas Cidades, 1979.

[17] Cf. José de Souza Martins, *Os camponeses e a política no Brasil*, 5. ed., Petrópolis, Vozes, 1995, esp. p. 21-102.

[18] Cf. Gregório Bezerra, *Memórias (Segunda Parte: 1946-1969)*, Rio de Janeiro, Civilização Brasileira, 1979.

[19] Cf. José Godoy Garcia, *O caminho de Trombas*, Rio de Janeiro, Civilização Brasileira, 1966; Janaína Amado, *Movimentos sociais no campo: a Revolta de Formoso, Goiás, 1948-1964*, Projeto de Intercâmbio de Pesquisa Social em Agricultura, Rio de Janeiro, abril de 1980, mimeo.

[20] Cf. Joseph Wallace Foweraker, *The Frontier in the South-West of Paraná, from 1940*, Oxford, B. Phil. thesis, 1971.

[21] A chamada Guerra do Contestado envolveu, durante quatro anos, de um lado, uma multidão de camponeses do oeste de Santa Catarina e, de outro, mais da metade do Exército brasileiro numa revolta que deixou um grande número de vítimas. Inicialmente um movimento messiânico que mesclava concepções de várias extrações milenaristas europeias e medievais, foi rapidamente interpretado pelo governo e pelas oligarquias como sendo um movimento monarquista e antirrepublicano de caráter subversivo. A luta foi aparentemente detonada pela entrega das terras ao longo da Estrada de Ferro São Paulo-Rio Grande ao grupo econômico de Sir Percival Farqhuar, para que as revendesse em programas de colonização. Essas terras já estavam tradicionalmente ocupadas por posseiros. Como acontecera em Canudos, na Bahia (1896-97), o Exército sofreu severas derrotas militares no confronto com os camponeses. Cf. Mauricio Vinhas de Queiroz, *Messianismo e conflito social: a guerra sertaneja do Contestado, 1912-1916)*, Rio de Janeiro, Civilização Brasileira, 1966; Maria Isaura Pereira de Queiroz, *La "Guerre Sainte" au Brésil: Le Mouvement messianique du "Contestado"*, Faculdade de Filosofia, Ciências e Letras da Universidade de São Paulo, Boletim n. 187, São Paulo, 1957; Duglas Teixeira Monteiro, *Os errantes do novo século*, São Paulo, Duas Cidades, 1974; Oswaldo Rodrigues Cabral, *A campanha do contestado*, 2. ed., Florianópolis, Lunardelli, 1979.

[22] Durante o governo Kubitschek houve os levantes militares de Aragarças, em Goiás, e de Santarém, no Pará.

[23] Cf., especialmente, Emanuel de Kadt, *Catholic Radicais in Brazil*, London-New York, Oxford University Press, 1970, esp. p. 102-189.

[24] Cf. Estudos da CNBB, *Pastoral da Terra*, São Paulo, Paulinas, 1976.

[25] Cf. Antonio Callado, *Os industriais da seca e os "Galileus" de Pernambuco*, op. cit.

[26] Cf. Ipes – Instituto de Pesquisas e Estudos Sociais, *A reforma agrária: problema – base – solução)*, São Paulo, 1964.

[27] Cf. Paula Beiguelman, *Formação política do Brasil*, São Paulo, Pioneira, 1967.

[28] Atribui-se ao presidente Getúlio Vargas esta sentença que expressa primorosamente esse componente do estilo político brasileiro: "Para os amigos tudo; para os inimigos, a lei."

[29] Cf. Victor Nunes Leal, *Coronelismo, enxada e voto*, cit.; Nestor Duarte, *A ordem privada e a organização política nacional*, 2. ed., São Paulo, Companhia Editora Nacional, 1966; Raymundo Faoro, *Os donos do poder*, Porto Alegre, Globo, 1958.

[30] Cf. Victor Nunes Leal, op. cit.

[31] A convocação das Cortes, por Dom João VI, rei de Portugal, equivalia à convocação de uma assembleia nacional constituinte e visava, justamente, à modernização da legislação portuguesa e colonial. O regime de sesmarias vigia em Portugal desde muito antes da descoberta do Brasil. Nele, o acesso à terra dependia da pureza de sangue do concessionário, não sendo ela acessível aos mouros e aos judeus, e aos índios e negros cativos. A Casa de Suplicação de Lisboa, uma espécie de supre-

mo tribunal, chegou a julgar casos de herança relativos ao Brasil em que alguns dos envolvidos no litígio eram mestiços e, portanto, sujeitos a interdição no que se refere à aquisição de propriedade. No regime de sesmarias, a obtenção da terra pelo sesmeiro era condicional, já que ele tinha apenas o direito de posse e uso. Se durante um certo número de anos a terra não fosse utilizada economicamente, podia cair em comisso, isto é, retomar ao patrimônio do rei, que mantinha a propriedade eminente da terra, podendo arrecadá-la de volta sempre que as condições da concessão fundiária não fossem respeitadas pelo fazendeiro. Ao menos entre os séculos XVI e XVIII, esse direito do rei foi inúmeras vezes utilizado em diferentes regiões do Brasil, e disso há documentação.

[32] As esquerdas da época, conscientes dessa dificuldade, ainda tentaram abrir uma brecha nas defesas das classes dominantes, proclamando a existência de uma burguesia nacional progressista que, aliada às classes trabalhadoras, poderia levar adiante reformas sociais como a reforma agrária que, por sua vez, estimulariam o desenvolvimento capitalista voltado para o mercado interno. De fato, o modelo de desenvolvimento capitalista estava em jogo – voltado para o mercado interno ou para o mercado externo. Erravam os que entendiam ser a primeira a única opção modernizadora quando supunham que o desenvolvimento capitalista voltado para o mercado externo implicaria um reforço à economia de exportação e, portanto, ao latifúndio "feudal e atrasado". É que a dinâmica da economia brasileira não dependia apenas de decisões internas, mas estava em grande parte condicionada pelas tendências da economia internacional, como se viu depois.

[33] Imediatamente após o golpe, fazendeiros e comerciantes de médias cidades de várias regiões do país, associados ao clero local, organizaram réplicas municipais da "Marcha da Família com Deus pela Liberdade", tentando assegurar uma legitimidade adicional ao regime militar já instalado.

[34] Poucos meses após a consumação do golpe de Estado, Walt Rostow, conhecido economista e subsecretário do Departamento de Estado americano, fez uma concorrida conferência na Federação das Indústrias do Estado de São Paulo para dizer que agora estava aberto o caminho para que reformas como a reforma agrária fossem feitas, de maneira a integrar vastas populações rurais no mercado e estimular o desenvolvimento industrial (Cf. Walt W. Rostow, *Algumas tarefas de desenvolvimento econômico na América Latina*, Usis – Serviço de Divulgação e Relações Culturais dos Estados Unidos da América, São Paulo, 25 de agosto de 1964). Excetuada a diferença de personagens, esta era praticamente a mesma proposta que fazia, antes do golpe, o Partido Comunista Brasileiro.

[35] Na verdade, a região de Xambioá, na divisa de Pará e Goiás, onde se desenrolaram os episódios da guerrilha conduzida pelo Partido Comunista do Brasil, filochinês, não se destinava nos planos iniciais a ser o foco da luta armada. Deveria ter sido apenas uma base de apoio logístico, situada lateralmente em relação ao centro do confronto. Este último e um segundo acampamento de apoio jamais chegaram a ser estabelecidos (Cf. Wladimir Pomar, *Araguaia: o partido e a guerrilha*, São Paulo, Brasil Debates, 1980). O confronto em Xambioá parece ter sido provocado pelo próprio Exército, que já dispunha de informações completas sobre os guerrilheiros quando a luta começou. Em entrevistas na região de Marabá, em 1977 e 1978, consegui saber que disfarçados de "soldados da malária", isto é, funcionários da Superintendência de Campanhas Especiais (Sucam), do Ministério da Saúde, que têm livre acesso e grande acolhimento entre as populações sertanejas, oficiais do Exército, especialmente treinados, vindos de Brasília, entraram nas casas dos guerrilheiros, revistaram e fotografaram tudo que puderam. Normalmente, esses funcionários fazem a dedetização das casas, quando então os moradores são obrigados a delas se afastar. Na época do confronto armado, aquela ainda não era uma região de conflitos fundiários, localizados a uma distância bastante razoável. Ao menos, os moradores com quem os guerrilheiros tinham uma convivência cotidiana ainda não estavam envolvidos na luta pela terra.

[36] O acampamento começou à beira da estrada de Ronda Alta, com duas famílias que ficaram fora da divisão de duas fazendas entre colonos sem terra, no dia 8 de dezembro de 1980 (*O São Paulo*, 23-29 de abril de 1982, p. 6-7). Em fevereiro de 1981, já havia 150 famílias acampadas no lugar (*O Estado de S. Paulo*, 30 de agosto de 1981, p. 24). O acampamento terminou no dia 13 de março de 1982, quando a Igreja conseguiu recursos para comprar uma área de terras para abrigar provisoriamente os colonos que haviam resistido à tentativa dos militares de transferi-los para o Mato Grosso (*O Estado de S. Paulo*, 14 de março de 1982, p. 27).

[37] Os padres eram Aristides Camio e François Gouriou, ambos ex-missionários no Laos. Camio começou a produzir anotações diárias sobre o que estava acontecendo na região e começou a

registrar indicações de que os militares e os "federais" estavam montando um esquema para comprometê-lo com ações violentas na área. Não só tive oportunidade de ler essas anotações, como a respeito tive oportunidade de conversar com os dois padres em diferentes ocasiões, mesmo quando estavam presos na sede da Polícia Federal, em Brasília. Depois de libertados e de curto retorno à Diocese de Conceição do Araguaia, o Padre Aristides foi designado para o trabalho missionário em Madagascar e o Padre François Gouriou retornou à França, designado para a sede de sua Congregação religiosa.

[38] Cf. Golbery do Couto e Silva, *Planejamento estratégico*, cit., p. 522.

[39] O envolvimento do senador José Sarney na aquisição das terras da Fazenda Maguary, no município de Santa Luzia, antes mesmo de sua candidatura à vice-presidência na chapa de Tancredo Neves, fora investigada por uma comissão de inquérito do Senado Federal.

[40] Por circunstância alheia à minha vontade, acompanhei pessoalmente vários momentos do episódio da escolha do novo ministro. Dois dos três presumíveis candidatos eram meus conhecidos e amigos. A Abra (Associação Brasileira de Reforma Agrária), de cujo conselho fiscal fui membro, preparou-se para influenciar a escolha que Tancredo Neves faria. Sabia que o presidente eleito escolheria seus ministros, muito provavelmente, com base num "loteamento" regional dos ministérios. Nesse sentido, selecionou três nomes para indicar no caso de que a entidade fosse solicitada a opinar: Euclides Scalco, do Paraná, se o Ministério da Reforma Agrária fosse para alguém do Sul; José Gomes da Silva, de São Paulo, se fosse para alguém do Sudeste; e Roberto Santos, do Pará, se fosse para alguém do Norte e da Amazônia, a região com maior incidência de conflitos fundiários. Roberto Santos me telefonou logo de manhã do dia em que Tancredo faria sua escolha. Ouvira que a indicação, contrariamente às expectativas, seria feita pela CNBB. Desejava saber se eu tinha alguma notícia a respeito e qual nome seria proposto pela Conferência Episcopal. Pouco depois, telefonou-me José Gomes da Silva, com a mesma informação e a mesma preocupação. Telefonei para o padre Mário Aldighieri, secretário da Comissão Pastoral da Terra, em Goiânia, para saber se ele tinha alguma informação a respeito. Ele ficou surpreso, sobretudo porque, de tudo que sabia, a CNBB não pretendia envolver-se em política e muito menos em indicações desse tipo. Em todo caso, como naquela tarde estaria na reunião da CEP (Comissão Episcopal de Pastoral), em Brasília, da qual era membro, tentaria, junto aos bispos e assessores, saber algo a respeito. Telefonou-me, cerca de 18h, diretamente da CNBB, para confirmar que, de fato, um grupo de bispos acabara de sair para um encontro com Tancredo Neves e para indicar o nome do novo ministro. Apesar de muitas opiniões em contrário, a CNBB acabou secundando a indicação do governador do Pará e apoiando o nome que ele trazia para ocupar o ministério. Foi escolhido e seria nomeado por José Sarney, vice e substituto de Tancredo Neves, Nélson de Figueiredo Ribeiro, do Pará, um católico da linha conservadora. Nenhum dos três "candidatos" da Abra foi indicado nem a Abra foi consultada. Nélson Ribeiro estruturou o ministério de maneira a conciliar com os grupos de pressão em favor da reforma agrária. Na Abra, recrutou José Gomes da Silva para a presidência do Incra (Instituto Nacional de Colonização e Reforma Agrária).

[41] A denúncia do boicote apareceu em grandes jornais brasileiros em julho de 1986, quando se soube que vários decretos de desapropriação de terras para reforma agrária no Maranhão haviam sido assinados pelo presidente da República, mas haviam desaparecido antes de publicados pelo *Diário Oficial* (Cf. *Folha de S. Paulo*, 18 de julho de 1986, p. 25; *Folha de S. Paulo*, 19 de julho de 1986, p. 21; *Jornal do Brasil*, Rio de Janeiro, 20 de julho de 1986, p. 20). Em 1985, fazendeiros de São Paulo começaram a fazer manifestações contra a reforma agrária. Pouco depois do boicote antes referido, o Movimento Nacional dos Trabalhadores Rurais Sem Terra, na manhã do dia 24 de setembro de 1986, organizou bem conjugada invasão de 15 prefeituras no Estado do Paraná e também em outros 6 estados, além da invasão da sede do Instituto Nacional de Colonização e Reforma Agrária em dois estados, com o objetivo de forçar a aceleração da reforma agrária (*Folha de S. Paulo*, 25 de setembro de 1986, p. 12). Grandes manifestações de trabalhadores pela reforma ocorreram em 1985 e 1986, em vários pontos do país, e novamente em 1989 e 1990.

[42] Os juízes foram amplamente amparados pela manipulação da opinião pública por parte da maioria dos jornais. Um episódio, em particular, foi fatal para a permanência dos progressistas no Mirad. Refiro-me à denúncia, de completa má-fé, feita pelos jornais, de que equivocadamente assessorado, o presidente da República havia decretado a desapropriação de todo o município

de Londrina, no Paraná, incluindo a cidade. A retumbância do caso foi de tal ordem que os responsáveis pela medida (o ministro e o presidente do Incra) nem mesmo foram ouvidos quando tentaram explicar os procedimentos que levaram ao equívoco de interpretação por parte da imprensa. O que de fato ocorrera é que os técnicos do ministério, precisa e cuidadosamente baseados no Estatuto da Terra, tinham que encaminhar uma desapropriação de fazenda naquela rica região ao redor da importante cidade do norte pioneiro do Paraná. O Estatuto estabelecia que as desapropriações só poderiam ocorrer em áreas prioritárias para reforma agrária, assim reconhecidas e declaradas mediante decreto presidencial. Caso contrário, poderiam ser declaradas ilegais pela Justiça. É claro que o decreto não tinha por objetivo promover a desapropriação de um inteiro município, mas apenas o de declarar que aquele município passava a fazer parte de uma área prioritária para a reforma. Só então poderia o presidente da República emitir e assinar os respectivos decretos e documentos de desapropriação de um imóvel específico.

[43] Fernando Henrique Cardoso, a propósito, observou com razão, referindo-se à questão agrária e às dificuldades para realização de uma reforma agrária, que "as propostas não passam porque existe uma maioria que é contra. E não é só isso. Estas questões não se politizaram realmente; não dividem. Não só não passam nas votações, como não chegam a ser divisores de águas, não estão no centro da discussão". Cf. Fernando Henrique Cardoso, *A democracia necessária*, Campinas, Papirus, 1985, p. 35.

[44] As mais consequentes movimentações em favor da reforma agrária têm sido as do Movimento Nacional dos Trabalhadores Rurais Sem Terra. Foi ele que deu sequência organizada às ocupações de terras iniciadas em 1969, na fronteira com a Argentina. Foi ele que organizou as grandes manifestações em favor da reforma agrária em 1985 e 1986 e novamente em 1989 e 1990. O esvaziamento do movimento pela reforma agrária, em 1986, durante o governo Sarney, deu-se simultaneamente ao esvaziamento de outros movimentos em distintas regiões do país, como o dos seringueiros do Acre. Ali os seringueiros incorporaram, como técnica de luta, o *empate*, isto é, a ocupação dos acampamentos de peões das grandes empresas, que trabalhavam em desmatamentos, seguida de sua expulsão, às vezes violenta. Essa técnica foi desenvolvida originalmente por posseiros do Acre, em maio de 1976, quando um grupo deles fez um empate na BR-236. Em outubro do mesmo ano, um grupo de mais de cem posseiros gaúchos, também no Acre, atacou e impediu o trabalho numa derrubada em fazenda de empresários paulistas (O *Estado de S. Paulo*, 30 de outubro de 1976, p. 14). Os empates se apoiavam no Decreto-Lei n. 4.841, de 17 de outubro de 1942, quando Getúlio Vargas, já em função da economia de guerra e por motivos estratégicos, proibiu a derrubada de castanheiras e seringueiras no território do Acre (O *Estado de S. Paulo*, 22 de junho de 1980, p. 60). Em 1980 os empates se generalizaram. Só então começam a aparecer as lideranças sindicais de Brasileia e Xapuri na organização de empates, que teriam, entre outras, duas vítimas muito conhecidas: Wilson Pinheiro e Chico Mendes, ambos assassinados.

A Igreja e o conservadorismo socialmente modernizador

Camponeses e índios na renovação da orientação pastoral da Igreja*

Um exame atento do comprometimento da Igreja com os povos indígenas e as populações camponesas mostra que a questão agrária e suas peculiaridades na sociedade brasileira têm afetado, mais profundamente do que se imagina, as mudanças nas concepções e na orientação do seu trabalho pastoral. É compreensível que seja assim. De fato, quando a Igreja diz que fez opção preferencial pelos pobres, é sociologicamente necessário qualificar esses pobres. E, ao fazê-lo, descobre-se que o lugar estrutural dos diferentes pobres é diverso em cada caso. As consequências da ação sobre as condições de vida dos camponeses são diferentes das consequências da ação sobre as condições de vida dos operários da fábrica. A ação sobre as condições de vida dos índios tem, igualmente, diferente consequência da ação sobre as condições de vida dos camponeses. Com isso quero dizer que os efeitos da ação pastoral nesses diferentes "lugares sociais e estruturais" podem ser socialmente mais profundos ou menos. Podem desencadear transformações (e reações e conse-

* Publicado originalmente com o titulo de "Campesinos e indios en la renovación de la orientación pastoral de la Iglesia en el Brasil", in Peter Hunermann e Juan Carlos Scannone, SJ (ed.), *América Latina y la Doctrina Social de la Iglesia*, tomo v, Buenos Aires, Ediciones Paulinas, 1993, p. 237-284. Tradução alemã: "Kleinbauern und Indianer im Prozess der pastoralen Neu-Orientierung der brasilianischen Kirche", in Peter Hunermann und Juan Carlos Scannone (Herausgeber), *Lateinamerika und die katholische Soziallehre (Ein lateinamerikanisch-deutsches Dialogprogramm)*, Mainz, Teil 2, Matthias-Grunewald-Verlag, 1993, p. 379-422.

quências) em cadeia muito além do que se pode esperar (e, mesmo, desejar) do trabalho pastoral.

Não se trata aqui de supor que a ação da Igreja esteja necessariamente determinada pelo cálculo prévio do que dela vai decorrer, orientando pelo presumível resultado a decisão de agir ou deixar de fazê-lo. Esse, certamente, não é o caso. Mas se trata de constatar que uma pastoral específica pode incidir sobre pedras angulares da estrutura social e, consequentemente, afetar interesses sociais (e políticos) poderosos. É o que comprovadamente ocorre com esse trabalho pastoral. De fato, como se verá ao longo deste capítulo, os camponeses e os índios do país não vivem em mera situação de pobreza, no sentido generalizado dessa palavra. Vivem um doloroso e singular processo de exclusão social, que se materializa principalmente na privação territorial e nos efeitos sociais dramáticos na sua identidade, na sua cultura, no seu modo de ser, na sua sobrevivência como povos e nações. Essa opção da Igreja se reflete sobre a própria ação pastoral e sobre as concepções que a norteiam. Mais do que veio a ocorrer em relação às implicações de sua ação pastoral voltada para os posseiros e os desvalidos do campo,[1] a pastoral católica comprometida com a sobrevivência das nações indígenas, no marco da renúncia à conversão do índio, converteu a Igreja. Ampliou sua concepção do gênero humano ao nele reconhecer a diversidade e a pluralidade e nelas a dimensão política da ideia de destino.

Um trabalho de promoção da justiça entre camponeses e índios implica, necessariamente, optar por suas demandas de sobrevivência e, consequentemente, opor-se aos interesses dos que os expulsam de suas terras ou que tentam, sempre por meios violentos, confiná-los em espaços insuficientes à sua sobrevivência cultural e identitária. Isto é, implica opor-se aos interesses dos grandes proprietários de terra e ao primado da lucratividade da renda da terra como mediação constitutiva da humanidade do homem. Ora, no Brasil, a propriedade fundiária é uma das bases essenciais do sistema econômico e, sobretudo, do sistema político.[2]

Nenhum pacto político foi feito neste país, desde a Independência, em 1822, até a recente Constituição, de 1988, que não fosse ampla concessão aos interesses dos grandes proprietários de terra. Mesmo na historicamente peculiar circunstância de que aqui, na formação e disseminação do capitalismo, terra e capital nunca estiveram separados e opostos, como ocorreu em outros países. Aqui a força modernizadora e transformadora do capital se compôs com a força conservadora e rentista da propriedade da terra. A estrutura do Estado brasileiro está em parte constituída com base nesses interesses. Por aí se pode compreender que, quando um sacerdote, uma religiosa ou um bispo sai em defesa dos camponeses que compõem a sua paróquia ou a sua diocese, em caso de conflito, imediatamente um número desproporcional e poderoso de forças se levante contra eles.[3] E que, com facilidade, o mero apoio moral a essas vítimas se traduza imediatamente num confronto entre a Igreja e o Estado ou, como se deu com frequência durante a ditadura, o Exército e a Igreja.[4] A simples defesa de uma tribo indígena vitimada por práticas genocidas, como ocorreu abundantemente a partir da segunda metade dos anos 1960, foi, durante o regime autoritário, imediatamente decifrada como conjuração internacional (e subversiva) conta os interesses nacionais do Brasil, especialmente se feita por missionário estrangeiro.

Nessa perspectiva, é necessário rever criticamente algumas concepções utilizadas com excessiva facilidade para explicar o envolvimento dos bispos e dos agentes de pastoral nas difíceis situações dos camponeses e dos índios. Porque tais concepções são estratégicas e comprometem toda a explicação do processo histórico da Igreja. O conceito mais comum tem sido o de "conversão".[5] Por meio dele, fica fácil explicar que um bispo "conservador" se torne, às vezes quase subitamente, um bispo "progressista". Isto é, um bispo rotineiramente devotado a uma prática sacramental, em determinado momento, passa a pôr em prática uma pastoral social e popular. Rigorosamente falando, essa concepção não dá conta do processo real que leva o bispo, bem como o sacerdote e a religiosa, a assumir corajosamente a defesa da vida de um grupo indígena ou de uma comunidade camponesa vitimados pela sua remoção ou pela sua expulsão violenta das terras que ocupam.

Mesmo com a substancial mudança na orientação do Estado em relação a esses temas, após o fim do regime militar, sobretudo a partir do governo de Fernando Henrique Cardoso, os litígios anomalamente persistem. Nem mesmo o governo de Luiz Inácio Lula da Silva, cuja ascensão ao poder nasceu não só no movimento sindical, mas também, e sobretudo, nos movimentos sociais orientados pela Igreja e por ela estimulados, conseguiu superar o aprisionamento institucional dos conflitos e a perda da sua espontânea criatividade.

É possível observar que bispos chamados de "conservadores" atuem, em certas circunstâncias, de maneira "progressista". Como foi possível observar que apenas quatro bispos em uma conferência episcopal de mais de trezentos não votaram a favor do documento *Igreja e Problemas da Terra*, que a Conferência Nacional dos Bispos do Brasil (CNBB) redigiu e anunciou em 1980: um documento considerado muito avançado dentro e fora da Igreja.

Essas concepções distorcem completamente o sentido da ação pastoral e de sua relação com as condições sociais e históricas da qual resulta. Além do mais, deixam de lado as mediações (inclusive a mediação institucional da Igreja e da religião) que tornam peculiar a relação de sentido entre a posição social (e institucional) do bispo (e do agente de pastoral) e sua ação, mesmo na gênese de princípios doutrinários, que depois se fixam em textos de interpretação e orientação coerentes e articulados.

Elas sugerem, equivocadamente, que o bispo e os agentes religiosos atuam no sentido da História quando se tornam incoerentes; quando, supostamente, rompem com uma linha de atuação e interpretação da sua prática e do lugar dela no mundo. Entretanto, a interpretação dessas aparentes descontinuidades e rupturas, desses aparentes saltos e "conversões", ganha em perspectiva e riqueza de compreensão quando se considera que o trabalho pastoral, numa sociedade convulsionada como esta, incide diretamente sobre contradições sociais, sobre desencontros históricos, rupturas profundas, realidades sociais cujos ritmos não convergem. Numa situação social assim, a coerência ética e religiosa é que pode mobilizar a denúncia, e não mais a conivência; pode mobilizar a solidariedade com a vítima, e não com o opressor. É ela que impõe a necessidade de uma redefinição da ação pastoral, o resgate do sentido profundo e profético permanentemente contido, como possibilidade objetiva e necessidade, no trabalho pastoral, com as vítimas, os socialmente excluídos porque assimilados pelas formas perversas de integração social.

Neste texto, trabalho com a hipótese dessa coerência, como premissa da ação pastoral. Como princípio que explica por que, em certas circunstâncias sociais e históricas, o bispo, independentemente de sua história pessoal, de suas origens sociais e de sua biografia, diversifique sua ação pastoral para ultrapassar o âmbito convencionalmente definido de sua rotina e alcançar um âmbito que pode ser concebido como histórico por suas consequências.

A compreensão do modo como se tem dado a concretização da doutrina social da Igreja na ação pastoral, entre camponeses e índios, no Brasil, depende, como se verá, da referência constante à história social e política em que ela ganha corpo e sentido. Muitas vezes os documentos, por meio dos quais essa doutrina se expressa, têm como referência histórica a realidade social dos países do Velho Mundo, como é o caso da *Rerum Novarum*.[6] Daí a importância da ação e da prática na atualização da doutrina nos países pobres e periféricos. É quando a Igreja passa do temor ao novo para o temor ao velho que fica nítida a constelação de valores que a orienta em relação aos problemas da transição social, da mudança e da modernização. Esse é um tema forte na "Constituição Pastoral sobre a Igreja no Mundo Atual" (*Gaudium et Spes*), de 1965, não por acaso a principal referência nos documentos que assinalam a reorientação do trabalho pastoral no Brasil.[7]

A história do envolvimento da Igreja na questão agrária e na questão indígena no país é, pois, a história das contradições sociais que a têm mobilizado, particularmente no último meio século, em favor dos pobres da terra, os camponeses e os povos indígenas. É, igualmente, a história das respostas pastorais que a Igreja tem formulado para explicitar a sua opção preferencial pelos pobres. E é, por fim, a história da compreensão que a Igreja desenvolveu não só da situação dos pobres do campo, mas de sua missão (e não só de sua missão entre eles). No limite, é, além de história de uma prática, uma história de ideias.

A Igreja em face das oligarquias

A preocupação da Igreja com a questão agrária começa a expressar-se, de modo mais consistente, por uma carta pastoral do bispo de Campanha, uma diocese do interior de Minas Gerais, Dom Inocêncio Engelke, de setembro de 1950. Ela resultou de um encontro de 60 párocos, 250 fazendeiros e 270 professoras rurais.[8] Nesse encontro não esteve presente nenhum trabalhador rural. Foi feito sob orientação e inspiração da Ação Católica Brasileira. A carta pastoral de Dom Inocêncio é de teor nitidamente conservador. Sintomaticamente, o documento surgiu poucas semanas após o Partido Comunista do Brasil ter lançado um manifesto em favor de uma reforma agrária radical. O documento daquele bispo é significativo porque nele se expõe, sem procurar disfarçar o contexto ideológico, ideias e preocupações que se manterão no centro das inquietações da Igreja nas décadas seguintes, como estas: "os dias confusos em que vivemos", o êxodo rural e o despovoamento do campo, os efeitos desagregadores da vida na cidade, o perigo do comunismo e a agitação política no campo. A ação da Igreja ganhava sentido numa proclamação emblemática: "Antecipai-vos à revolução". Mais tarde, os chamados setores progressistas da Igreja se empenharão em definir e fazer sua própria revolução, diversa da revolução materialista das esquerdas europeizadas, propondo-se eles próprios como esquerda. Essa ideia se difundiu em outros países da América Latina e ganhou visibilidade na Revolução Sandinista, na Nicarágua (1979), e no Levante Zapatista ou Revolta de Chiapas, no México, em 1994, com reflexos em mudanças políticas em outros países da região, como na formação do Partido dos Trabalhadores, no Brasil, e na ascensão de Lula ao poder.

A responsabilidade pelo rumo das transformações sociais, já inevitáveis, era concebida, portanto, como sendo não só do governo e dos proprietários rurais, mas também da Igreja. Caberia a eles "desproletarizar o operário dos campos". De um lado, através da reforma agrária e, de outro, promovendo o aparecimento de lideranças entre os trabalhadores rurais, para que o homem do campo pudesse "defender-se contra as perigosas seduções daqueles que enxergam nele um caldo de cultura fecundo para o bacilo das agitações e das revoluções violentas". O título do documento episcopal esclarece as condições em que a Igreja decidiu aceitar a conveniência da reforma agrária: "Conosco, sem nós ou contra nós se fará a reforma rural". Um dos mais eminentes bispos católicos me sugeriu que essa formulação indica a influência de Dom Hélder Câmara nas ideias norteadoras do encontro e do documento.

São transparentes as motivações anticomunistas da posição adotada pela Diocese de Campanha, num estado da federação brasileira, o de Minas Gerais, nitidamente latifundista e politicamente conservador – um dos grandes redutos políticos das oligarquias rurais. A motivação anticomunista perdurará, ainda, por longo tempo na pastoral rural. Mas esse, certamente, não é o seu aspecto mais importante. Não é por ele que o documento se filia à tradição conservadora, e sim pelo fato de se basear na premissa da superioridade social da vida comunitária rural: o documento alerta para os problemas do êxodo rural (que, na verdade, prejudicava os fazendeiros, privando-os de mão de obra barata e farta), uma motivação que se manteve nítida até os documentos mais recentes do episcopado. Assinala, também, o temor de que a Igreja perdesse o rebanho de fiéis para os comunistas, em consequência dos efeitos socialmente desagregadores da vida urbana sobre os migrantes.

Até 1964, ano do golpe militar contra o governo constitucional do presidente João Goulart, a Igreja evoluiu para uma posição desenvolvimentista, na sua interpretação da questão agrária. Essa posição foi mais nítida em relação aos bispos do Nordeste, que, durante os anos 1950, participaram da elaboração de uma política governamental que promoveria a direta interferência do Estado na economia da região.[9] Teve em vista a aceleração da industrialização e do desenvolvimento econômico, mediante a concessão de incentivos fiscais às grandes empresas privadas. Em consequência, foi criada uma agência de desenvolvimento, a Sudene (Superintendência do Desenvolvimento do Nordeste), inspirada na experiência da TVA (Tennessee Valey Authority), que nos anos 1930 promovera o desenvolvimento do Vale do Tennessee, nos Estados Unidos da América, com base em grandes projetos governamentais.

O Nordeste, e sua pobreza emblemática, acabou polarizando as posições e orientações da Igreja, durante todo o período que foi até 1964. Ali, nos anos 1950, o problema do êxodo rural para o Sudeste do país (Rio e São Paulo) tornou-se intenso, despejando nas grandes cidades massas de migrantes, que se submetiam a condições miseráveis de vida. Não é casual que por essa época comecem a surgir e a se multiplicar favelas e cortiços também em São Paulo. Outra motivação, para essa polarização, foi a de que as grandes fazendas começavam a expulsar seus trabalhadores residentes, particularmente na área de cana-de-açúcar, os chamados *moradores*. Na mesma época, o Partido Comunista, com êxito, fazia proselitismo nas áreas rurais da região, principalmente em Pernambuco. Em 1955, fora do controle do partido, mas com seu apoio, começaram a desenvolver-se as chamadas Ligas Camponesas, que preconizavam uma reforma agrária radical, expropriatória, diferente da reforma preconizada pela Igreja, gradual e baseada na justa indenização aos proprietários para isso desapropriados.

Rapidamente, a Igreja, de um lado, e as Ligas e os comunistas, de outro, entraram numa disputa ideológica, no esforço de sensibilização, mobilização e organização dos trabalhadores rurais. De ambos os lados, a luta se faria em prol da reforma agrária e de uma legislação que regulasse as relações de trabalho rural. Até aquele momento, apenas os trabalhadores urbanos dispunham de uma Consolidação das Leis do Trabalho, de 1942, que sistematizava as leis trabalhistas postas em vigor após a Revolução de 1930. Os trabalhadores rurais não tinham direito à sindicalização nem tinham seu relacionamento com os proprietários de terra regulados obrigatoriamente por um contrato escrito de trabalho. De seu lado, o Partido Comunista começaria a organizar associações pré-sindicais, com vistas a obter o seu futuro reconhecimento legal, pelo Ministério do Trabalho, quando fosse aprovada uma lei do trabalho rural. Mobilização idêntica começou a fazer a Igreja. Aí ficou claro que as motivações extraeclesiais pesaram decididamente para que os bispos de orientação conservadora, e claramente anticomunista, se vissem ativamente envolvidos na organização de sindicatos de trabalhadores rurais.[10] Fato que se chocava com os interesses da maioria dos grandes fazendeiros, habituados a levar a exploração do trabalho até o limite máximo, exercitando uma relação de poder pessoal, imune à intervenção da Justiça. Não por acaso, muitos militantes comunistas e, mais tarde, até militantes católicos, definiram tais relações sociais como relações feudais, embora não o fossem.

O desafio concreto e eficaz da militância comunista no meio rural e, particularmente, o desafio da ação das Ligas Camponesas, de inspiração socialista e radical, levou a Igreja a uma ação pastoral que veio a se materializar naquilo que hoje chamamos de trabalho de base. A natureza política do confronto envolveu-a numa experiência social nova e renovadora no trabalho direto com as comunidades rurais. Essa experiência ressocializou os agentes religiosos. Não é estranho que práticas e concepções sociais, principalmente das Ligas Camponesas, tão temidas, reaparecessem, na segunda metade da década de 1970, no modo de ação dos agentes de pastoral no campo. Portanto, quando a possibilidade de uma revolução agrária, de inspiração materialista e de esquerda, se apresentou no Nordeste, nos anos 1950, a motivação anticomunista da

Igreja despertou-a, em parte, para aprender com seus adversários a fazer o que é hoje chamado de "trabalho popular e de base".

A ação da Igreja entre os camponeses, a partir de 1950, colocou-a, por implicação, contra os interesses dos grandes proprietários de terra. Mesmo que, ideologicamente, como é claro na carta pastoral do bispo de Campanha, ela entendesse que era deles aliada. Muitos pesquisadores também pressupõem que a Igreja era tradicionalmente aliada dos grandes proprietários de terra e que por isso não podia facilmente assumir um compromisso com os camponeses. Na verdade, a Igreja era herdeira de uma visão de mundo que vinha do tempo da escravidão e que foi, aliás, um dos pilares do pensamento conservador no Brasil, a visão de que o mundo da fazenda era um mundo unitário e destituído de contradições e conflitos. O bem comum ainda era por ela entendido como o bem do fazendeiro e do seu agregado, assim como no passado entendera que o bem do senhor era também o bem do escravo. Em grande parte por isso é que interpretava as tensões e conflitos dos anos 1950 e 1960 como sendo, necessariamente, resultado de uma agitação que vinha de fora desse mundo, trazida pelos comunistas, seres supostamente "estrangeiros" e destituídos de vínculos com a sociedade harmônica e religiosa que era o Brasil.

Não só por ser muito menos proprietária do que parecia, a Igreja não tinha seus interesses necessariamente alinhados com os dos grandes fazendeiros. Até o final do Império, em 1889, bispos e sacerdotes eram funcionários da Coroa e a Igreja estava numa situação razoavelmente similar à do Exército. Essa constatação é essencial para entender-se muitas das posições assumidas por ela, no país, ao longo da História, e ainda nos dias de hoje. A rigor, desde a Colônia, houve aqui dois grandes partidos fundamentais. De um lado, o partido do rei e, portanto, o partido da centralização política e do absolutismo monárquico. De outro lado, o partido do que, nessa época, era reconhecido como povo, isto é, das oligarquias rurais, cujo poder estava nos municípios e se constituía como poder local.[11] Quando as posições políticas assumiram conotação ideológica mais clara, com a Independência, os adeptos do absolutismo e da centralização política (contra a autonomia das províncias e dos municípios), no geral, constituíram-se num partido conservador. As oligarquias, que se opunham à centralização política em defesa do seu próprio poder local, tenderam a organizar-se num partido liberal. Liberalismo, porém, permeado por relações de trabalho escravistas e que tinha como base social grandes proprietários de terra.[12] Não era, pois, o mesmo liberalismo que ganhara sentido na Europa, com a Revolução Francesa. Nessa polarização, a Igreja se identificou de preferência com a corrente conservadora, isto é, com o centralismo político e (até a proclamação da República) com as tendências absolutistas da monarquia brasileira. E, portanto, teoricamente contra os grandes senhores de terra. Mesmo depois que a República foi proclamada, em 1889, a orientação geral da Igreja continuou sendo de tendência politicamente centralizadora e absolutista, o que se materializou no seu claro apoio ao Exército tanto na revolta de Canudos (1896-1897), na Bahia, quanto na revolta camponesa do Contestado (1912-1916), em Santa Catarina.

O fim do Império coincidiu com o início da romanização da Igreja Católica, ao mesmo tempo em que esta era separada do Estado.[13] Enquanto a ala civil da República fortalecia o poder local e, portanto, as oligarquias políticas do interior, a romanização assegurava à Igreja a permanência e acentuação das concepções e orientações centralizadoras que, no plano político, tinham sentido no Estado forte e não no Estado federativo, que a República implantara. Portanto, *as oligarquias políticas brasileiras evoluirão, nos anos seguintes, numa direção oposta à da evolução da Igreja.*

Nesta primeira década do século XXI, o discurso social da Igreja continua sendo um discurso antioligárquico e seu decisivo apoio ao Partido dos Trabalhadores, que ajudou a engendrar, é essencialmente apoio à nova forma de centralismo político que ele representa, por meio do qual espera atenuar ou mesmo suprimir o poder político da propriedade da terra. A clareza dessa articulação de orientações políticas gerais se evidenciou, já nos últimos anos do governo Lula, quando ficou claro que o Partido dos Trabalhadores fizera uma opção preferencial pelo agronegócio (o que no vocabulário de setores da Igreja quer dizer "latifúndio"), o que mais de uma vez foi eloquentemente dito pelo próprio presidente da República. E, ao mesmo tempo, deu reiterados sinais de distanciamento em relação ao MST (Movimento dos Trabalhadores Rurais Sem Terra) e de desdém pela questão da reforma agrária no formato preconizado por essa organização política. Em decorrência, já no final do segundo ano do primeiro mandato do presidente Luiz Inácio, os delegados das pastorais sociais que haviam aceitado participar do governo como funcionários de alto escalão, começaram a dele se afastar. Na mesma fase, a CNBB começou a tomar decisões para neutralizar a ação dos chamados assessores junto aos bispos, assessores todos vinculados ao PT, que, não raro, induziam a falas e decisões pastorais dos bispos, como mencionei no início deste livro.

Nesse sentido, o ideário conservador da Igreja fundamenta uma orientação social e politicamente modernizadora, o que a situa no cenário de contradições na história brasileira em que ações políticas numa direção vêm de sujeitos políticos cujo natural os levaria para a direção contrária.

A República não eliminou as tendências políticas absolutistas e centralizadoras, que passaram a ser corporificadas predominantemente pelo Exército.

Como mencionei antes, a política brasileira assumiu, então, uma dinâmica pendular, oscilando entre períodos de centralização política e ditadura (militar ou de hegemonia militar, como na recente ditadura de 1964 a 1985) e períodos de abertura política e relativa democracia, cujo discurso liberal, porém, se apoia numa base social agrária, latifundista e oligárquica. A qual viabiliza reformas sociais em benefício das populações urbanas, mas resiste ferozmente às reformas sociais que beneficiem as populações rurais. A sociedade brasileira ainda está vivendo esse processo. Não é estranho, pois, que tanto o PSDB quanto o PT, no poder, dependam de alianças nesse campo para assegurar a governabilidade. E não é surpresa que algumas reformas sociais que beneficiaram as populações rurais, nos últimos pouco mais que cem anos, tenham sido levadas adiante justamente pelas correntes conservadoras e autoritárias: destaco, especialmente, a abolição da escravatura, em 1888, quando estava no poder o Partido Conservador,[14] e o Estatuto da Terra, que viabilizou contida reforma agrária de natureza estratégica, a partir de 1965, quando estavam no poder os militares. Convém salientar que a tendência conservadora e, nela, especialmente a dos militares, concretizou, nos seus períodos de governo, políticas econômicas industrializantes, desenvolvimentistas e modernizadoras, baseadas, ao mesmo tempo, em acentuada redução da liberdade política.

A evolução particular da Igreja, no Brasil, em direção a um modelo de organização centralizada e, ao mesmo tempo, em direção a uma concepção de modelo político baseado na centralização da autoridade e na natureza corporativa do Estado ganhou sentido com a Revolução de 1930, que levou Getúlio Vargas ao poder. Nesse momento, a Igreja, no Brasil, estava passando por transformações internas importantes. A autoridade, dispersa pelos bispos de diferentes lugares e simbolicamente centralizada na figura do Arcebispo da Bahia (quando, na verdade, a capital, desde o século XVIII, já tinha sido transferida para o Rio de Janeiro), começa a deslocar-se para o cardeal do Rio de Janeiro, Dom Sebastião Leme.[15] A Revolução de 1930, ao viabilizar a constituição do Estado forte e centralizado, corporativo e, a partir de 1937, de inspiração fascista, viabilizou um reencontro da Igreja com o Estado, oficialmente separados desde 1889. O pacto político entre o presidente Vargas e o cardeal Leme deu à Igreja um reconhecimento quase oficial e, ao mesmo tempo, assegurou-lhe benefícios que facilitavam sua ação no sentido de uma hegemonia ideológica, sobretudo através da educação e do ensino religioso nas escolas públicas.[16]

Nesse momento, para assegurar sua própria legitimidade, o Estado brasileiro fez, também, um pacto de silêncio com os grandes proprietários de terra, após um período inicial de repressão contra certos setores das oligarquias, especialmente no Nordeste. Esse pacto implícito limitou a regulamentação das relações de trabalho unicamente à cidade e não a estendeu ao campo, bloqueando, assim, o caminho da sindicalização dos camponeses e dos trabalhadores rurais, mantendo-os, de certo modo, no passado histórico e no atraso social e político. Ao mesmo tempo, a representação corporativa na Câmara dos Deputados, em 1934, e a supressão das eleições, com a ditadura, em 1937, bloquearam o voto popular, que era um dos mecanismos fundamentais de sobrevivência das oligarquias, através do clientelismo político.[17] A Igreja não se insurgiu contra esse pacto, que, aliás, não prejudicava seriamente os interesses dos grandes proprietários de terra. Sua ação, nesse momento, mostra que suas concepções politicamente centralizadoras estavam socialmente apoiadas na classe média urbana e, nessa época, na vocação direitista dessa classe social.

A conduta política do cardeal Leme em relação ao governo Vargas, na verdade, contraditoriamente, fortaleceu a Igreja e criou as bases da sua independência política, que teria grande importância nas décadas seguintes, ao aprofundar a desvinculação da Igreja da tradição oligárquica, sua conduta independente e, sobretudo, sua sensibilidade para as classes e grupos sociais excluídos do processo político. Ao mesmo tempo, sua filiação à tradição conservadora, absolutista e centralizadora, por oposição à tradição liberal, oligárquica e latifundista, a alinhou com as concepções que mais adiante seriam desenvolvimentistas e modernizadoras.[18] E, também, com concepções a respeito da responsabilidade social das elites, inclusive dela própria. Essa tradição sempre cultivou ideias, que vêm do escravismo, de que o povo deve ser tutelado (e protegido) porque socialmente incapacitado para decidir sobre seu próprio destino.[19]

Mudanças nas relações de trabalho rural e seus desafios pastorais

Essas referências são fundamentais para explicar não só o progressivo envolvimento da Igreja na questão agrária, a partir dos anos 1950, mas também para explicar o modo como se deu esse envolvimento.

A primeira constatação que a Igreja fez foi a de que a distribuição dos bens, em particular a terra, era distribuição injusta. Ela se fazia segundo a lógica acumulacionista do capital e não segundo as regras do bem comum e da justiça social. Nesse primeiro momento, a miséria dos camponeses e dos trabalhadores rurais aparecia como resultado da cobiça e do afã de lucro dos fazendeiros. Portanto, como resultado de disposições subjetivas dos ricos. Desse modo, o desenvolvimento capitalista era bom; má era sua gestão. A Igreja se comprometia com o desenvolvimento econômico e não com o retrocesso a um estágio da História dominado pelo paternalismo das relações sociais no interior da grande propriedade, que era a realidade de muitas regiões do Brasil. Ao contrário do que acontecera em outros países, a Igreja adotava uma perspectiva moderna, de identificação mais com a força transformadora do capital do que com a força conservadora da propriedade da terra. Ainda que tal diferença estivesse atenuada e regulada pelas concepções morais do mundo patrimonial e pré-capitalista, cujo sujeito é a pessoa e não o indivíduo, e as relações políticas fossem concebidas como relações de autoridade e não como relações de poder.

Essa mescla contraditória de padrões e concepções de sociabilidade foi justamente o fator que aguçou a sensibilidade ética da Igreja e definiu os critérios políticos da ação pastoral. Mais cedo do que outros setores da sociedade, a Igreja se deu conta, razoavelmente, e logo, das diferenças históricas profundas que havia entre terra e capital, eixos econômicos opostos na mediação das relações sociais e na constituição da sociedade. Por isso, não lhe foi difícil preconizar, num primeiro momento, o desenvolvimento capitalista e o progresso material como instrumentos da promoção humana e da justiça social. Nesse diagnóstico, a imensa miséria das populações rurais, sobretudo no Nordeste do Brasil, poderia ser suprimida mediante políticas de desenvolvimento econômico induzido, que quebrassem as relações econômicas existentes e suas correspondentes relações políticas clientelistas e atrasadas. Estava claro para os bispos e técnicos do governo, nos anos 1950, que a pobreza era produto de um círculo vicioso, cuja circularidade tinha que ser rompida por uma intervenção externa, isto é, do Estado, em oposição às irracionalidades do mercado, que recriavam as carências sociais.

Nesse sentido, só uma medida centralizadora e antioligárquica romperia com as relações de dependência pessoal, desbloquearia o domínio local e regional das oligarquias, cujo poder e cuja riqueza se nutriam, justamente, do atraso e da miséria das populações rurais.[20]

A criação da Sudene (Superintendência do Desenvolvimento do Nordeste) se apoiava numa política de incentivos fiscais à industrialização da região. Colocava sob controle federal recursos financeiros até então simplesmente transferidos a agências sob tutela das oligarquias regionais, como o DNOCS (Departamento Nacional de Obras contra as Secas), que, controlando os governos estaduais e locais, os utilizavam na realimentação de sua política clientelista. A criação da Sudene era medida essencialmente centralizadora e antioligárquica, embora posta em prática por um governo civil e democrático, ele próprio fortemente apoiado pelas oligarquias. Contradições administradas, como mencionei antes, por meio da manutenção das instituições tradicionais do clientelismo e, ao mesmo tempo, a criação de novas e paralelas destinadas a ser instrumentos do Estado desenvolvimentista e modernizador. Nessa perspectiva, a pobreza rural e suas consequências apareciam desde o começo como questão política, isto é, um problema aparentemente econômico cuja solução dependia de decisões políticas.

Nesse período, anterior ao golpe militar de 1964, os documentos episcopais ainda indicam que para os bispos o desenvolvimento econômico, e claramente desenvolvimento capitalista, orientando-se no sentido da justa distribuição da riqueza, resolveria o problema da miséria rural e, consequentemente, suprimiria a possibilidade do proselitismo e da expansão comunistas entre os camponeses. É justamente nesse sentido que o golpe de Estado, de 31 de março de 1964, foi acolhido pela Igreja. As tensões no campo, a desordem que aparentemente decorria da ação rural dos comunistas e dos militantes das Ligas Camponesas, impondo aos católicos mais do que um confronto ideológico. Ela aparecia aos olhos dos bispos como resultado da agitação deliberada das esquerdas e não do agravamento das contradições que penalizavam profundamente os camponeses e os trabalhadores rurais, sobretudo na área da cana-de-açúcar, em que a revitalização do mercado promovia mudanças socialmente negativas nas relações de trabalho.

Os anos 1950 e boa parte dos anos 1960 foram, na verdade, anos de profunda crise nas velhas relações de trabalho implantadas nas grandes propriedades rurais desde o final da escravidão, em 1888, ou até antes. A agitação política não operava autonomamente no campo. Desde a crise do escravismo e a supressão do tráfico negreiro, em 1850, o início do tráfico interprovincial e a venda dos cativos aos fazendeiros de café do Sudeste, os antigos agregados das fazendas, originários do fim da escravidão indígena no século XVIII, intuíam a possibilidade de um retorno ao cativeiro. Essa consciência aparece nos documentos da Revolução Praieira (1848).[21] Os escravos começaram a ser substituídos por camponeses pobres, que mantinham com seus fazendeiros uma relação de tributo e de quase servidão, o chamado cambão, marcado pela disputa do tempo de trabalho entre o canavial do fazendeiro e o roçado do trabalhador.

Nas outras regiões do país, as tensões eram menores do que no Pernambuco das Ligas Camponesas. No entanto, em todas as partes, de diferentes modos e com diferentes intensidades, a transição nas relações de trabalho que haviam substituído a escravidão no século XIX criou uma situação de instabilidade no campo, inevitavelmente aberta à ação do seu potencial direcionamento político.

Grosso modo, o país se dividia em três grandes regiões quanto às relações de trabalho que começavam a passar por profundas transformações. A que começou a mudar primeiro, nos anos 1950, foi a região canavieira do Nordeste. Aí, desde o fim da escravidão, o trabalho era feito por camponeses residentes na grande propriedade, que cultivavam seus próprios produtos de subsistência. A reanimação da economia do açúcar provocou uma elevação do número de dias de tributo que os trabalhadores deviam pagar aos fazendeiros para poderem continuar cultivando seus alimentos na grande propriedade. Foi o começo das lutas sociais. Mais adiante, os proprietários começaram a expulsar os trabalhadores da terra de cultivo de alimentos para a ocuparem com cana-de-açúcar, suprimindo os cultivos de subsistência dos trabalhadores.

Um processo similar de expulsão começou a ocorrer na mesma época, sobretudo nos anos 1960, nas fazendas de café do Sudeste, especialmente de São Paulo. De um lado, uma política governamental de erradicação dos cafezais de baixa produtividade e sua substituição por outras culturas, mais modernas e mecanizáveis, ou sua substituição por pastagens, resultou numa grande expulsão de trabalhadores residentes das fazendas, os chamados colonos. De outro lado, a mecanização e a utilização de produtos químicos em certas fases da produção agrícola, em diversas culturas, inclusive café, tornou desnecessária a mão de obra residente. As fazendas passaram a necessitar de trabalhadores avulsos unicamente na época da colheita. Como resultado, os fazendeiros se apropriaram das terras até então utilizadas pelos trabalhadores para a produção de subsistência, passando a utilizá-las em culturas comerciais.

Tanto no caso da cana-de-açúcar, no Nordeste, quanto no caso do café, no Sudeste, essas mudanças provocaram a formação de uma grande massa de operários da agricultura, sujeitos a acentuado desemprego sazonal, vivendo em condições miseráveis na periferia das cidades do interior. Eram os chamados boias-frias, no Sudeste e no Sul, e os clandestinos, no Nordeste canavieiro. Verdadeiras multidões itinerantes e desenraizadas numa permanente busca de trabalho fora de seu lugar de moradia. Justamente com eles, a Igreja começou a desenvolver um dos seus trabalhos mais interessantes, o da pastoral dos migrantes.

Na década de 1970, a expulsão começou a chegar aos *seringais da Amazônia*. Não foi aí causada por mudanças no processo de trabalho, mas pela derrubada das florestas para implantação de grandes pastagens e substituição da economia extrativa, de borracha e castanha-do-pará, pela agropecuária. Foi a consequência da política de incentivos fiscais do governo militar, para que o grande capital se expandisse em direção à Amazônia. Os expulsos foram ocupando terras que ainda não tinham sinal da presença da grande empresa, para serem expulsos novamente, em seguida, na espiral de violência que alcançou a região nessa época.

O período mais intenso dessas mudanças durou cerca de vinte anos, justamente os anos de crescimento das tensões no campo. A primeira metade desse período, até 1964, foi a do confronto entre comunistas e católicos, na sensibilização e arregimentação dos camponeses e dos trabalhadores rurais.

A militância católica era diferente da militância comunista, em muitos aspectos. Os comunistas, até por razões doutrinárias, aceitavam com mais facilidade o destino da proletarização dos camponeses, que entendiam ser inevitável, e que estava, de fato, na essência, das transformações que ocorriam. O centro de sua referência teórica e política era e é o proletariado, o trabalhador assalariado destituído da propriedade dos meios de produção, o membro de uma potencial classe operária. Os católicos, porém, orientavam-se de preferência pela ideia da permanência do trabalhador na terra, pela valorização da sua condição de camponês. E, portanto, pela resistência às mudanças que ocorriam, opondo a elas a reivindicação de uma reforma agrária. Não se tratava, pois, de advogar a manutenção das condições de vida existentes. Curiosamente, era nessa direção que atuavam, também, as Ligas Camponesas, que por esse motivo, e por outros, entrariam, mais tarde, em desacordo com os comunistas. Os católicos e as Ligas preconizavam a reforma agrária, com a diferença de que as Ligas lutavam por uma reforma agrária radical, confiscatória, enquanto os católicos queriam uma reforma agrária que respeitasse o direito de propriedade, ou melhor, não o modificasse, mediante justa indenização aos proprietários que tivessem suas terras expropriadas.[22] Os comunistas não descartavam a reforma agrária como um objetivo a ser atingido, mas ela era secundária em relação à regulamentação das relações de trabalho, isto é, em relação à imposição oficial da contratualidade das relações de trabalho.

De fato, em 1963, foi finalmente aprovado o Estatuto do Trabalhador Rural, que estendeu ao campo muitos dos direitos dos operários da cidade, incluído o direito de sindicalização. Com isso, a luta pela reforma agrária foi seriamente atingida, afetando tanto a ação das Ligas Camponesas quanto a dos católicos. A possibilidade de uma intervenção legal no direito de propriedade, que viabilizasse a justa distribuição da terra e restaurasse as condições de sobrevivência histórica da família camponesa, ficou seriamente comprometida. O Estatuto resolvia o problema de uma parte dos trabalhadores do campo e os afastava, esvaziando-a, da luta pela reforma agrária.[23] De certo modo, a precedência da regulamentação das relações de trabalho implicava, objetivamente, uma opção política pela grande propriedade empresarial apoiada no trabalho assalariado, como a fábrica – um modelo de clara inspiração leninista. Ficava, assim, comprometida a possibilidade histórica do modelo alternativo – o de uma sociedade cuja agricultura tivesse por base o pequeno empresário agrícola, autônomo. Somente com a ditadura é que os militares imporiam ao Congresso a aprovação de um Estatuto da Terra, que finalmente abriria a possibilidade da reforma, subordinada, porém, a critérios estratégicos e não a critérios sociais (e morais) como queria a Igreja. Por isso, uma reforma que não visasse à implantação de um modelo social baseado na agricultura familiar.

Um segundo aspecto distinguiu a ação das esquerdas e a ação da Igreja na questão agrária nesse período. A Igreja não se contentava com uma intervenção econômica que promovesse uma justa distribuição da terra. Estava claro que essa intervenção promoveria transformações estruturais profundas, provavelmente disseminando um pequeno agricultor próspero, familista e comunitário, como ocorria no sul do Brasil, entre os descendentes de imigrantes italianos, alemães e poloneses chegados durante o século XIX, católicos e protestantes. Com eles, a Igreja desenvolvera e desenvolvia um intenso trabalho. As mudanças econômicas advindas de uma eventual reforma agrária, e a própria luta pela reforma agrária, tinham, no entender da Igreja, que ser acompanhadas por uma ação educativa, uma ação de conscientização, como era chamada. Portanto, o empenho pela sindicalização e pela reforma agrária ia acompanhado por um empenho pela alfabetização de adultos e formação de uma consciência sindical.[24] Embora a questão não estivesse posta claramente pela Igreja, nem pelas esquerdas, de fato, toda a ação se orientava no sentido da constituição da cidadania entre os trabalhadores rurais. O que basicamente significa que a disputa pela reforma agrária ocultava, na verdade, mais do que uma luta pelo poder, uma concepção de poder.[25] Até então, como vimos, esses trabalhadores estavam mergulhados em relações de dependência pessoal, tutelados pelos grandes proprietários de terra. Ainda que formalmente livres, suas relações não eram efetivamente relações contratuais. Baseavam-se antes na subjetividade dos fazendeiros, que impunham a seus dependentes não só critérios de extração do excedente econômico, mas também critérios de comportamento político e até interferiam na vida privada do trabalhador. Dessas relações não podia nascer o cidadão. Por isso, todo o trabalho de conscientização e alfabetização, supunha-se, permitiria converter um quase servo em eleitor e dotá-lo de informação política que pudesse situá-lo no conjunto da sociedade, na compreensão e defesa dos seus interesses.

As disputas desse período, entre os católicos e as esquerdas, tinham, de ambos os lados, no entanto, fortes componentes corporativos. Nas esquerdas, o Partido Comunista, em particular, estava empenhado na supressão de relações sociais que classificava, de modo equivocado, como feudais. Mas o empenho maior estava na organização política dos trabalhadores que fossem progressivamente alcançados pela mobilização que promovia. Antes que os sindicatos de trabalhadores rurais pudessem ser legalmente criados, o partido promovia a formação de associações de lavradores, que tinham existência legal, mas não podiam atuar como entidades sindicais. As Ligas Camponesas também se organizaram dessa forma, como associações civis legalizadas perante o notário local.

Era evidente a ansiedade do Partido Comunista para ter o controle não só dos sindicatos locais que viessem a se organizar, mas também das federações sindicais em cada estado e da confederação nacional. Em grande parte porque, por esse meio, o partido, que não tinha existência legal, e que era, portanto, um partido clandestino, passava a atuar diretamente na política por um meio não partidário. Reforçava, assim, a frente política de esquerda, que procurava respaldar e viabilizar o programa de reformas sociais de base que o presidente constitucional, João Goulart, pretendia levar adiante. Portanto, as esquerdas queriam efeitos imediatos com a mobilização e a organização camponesas, no jogo político difícil do período Goulart. Por seu lado, a Igreja avançara até o ponto de aceitar reformas de consequências sérias, como a reforma agrária e a sindicalização dos trabalhadores do campo. Era o meio de assegurar a hegemonia de líderes e militantes católicos nas organizações que fariam a mediação política das demandas daquele novo sujeito político, que era a inquieta massa dos camponeses e trabalhadores rurais. Mais de uma vez, a Igreja tentou organizar e dominar federações sindicais do campo, para evitar que elas caíssem sob direção comunista.[26]

Em ambos os casos, a realidade social da base tinha uma importância relativa. Nesse sentido, o mínimo de cidadania que resultava da ação de ambos os grupos era consequência secundária do confronto maior e mais imediato, a rigor um confronto político conjuntural, cujo desenlace, qualquer que fosse, poderia ter consequências históricas definitivas. De qualquer modo, por meio dessa disputa política, que aparecia com uma forte dimensão religiosa, como confronto entre católicos e comunistas, entre cristianismo e ateísmo, os camponeses e os trabalhadores rurais conseguiram emancipar politicamente suas formas de luta e suas reivindicações sociais.

Até 1940, as lutas camponesas no Brasil assumiram a forma de movimentos milenaristas, alguns de grande importância histórica, como na Guerra de Canudos (1896-1897) e na Guerra do Contestado (1912-1916), ou a do chamado banditismo social, como na ação dos famosos bandos de cangaceiros do Nordeste. Nessas lutas, os camponeses foram a única categoria social que enfrentou o Exército no campo de batalha, em defesa de suas concepções de justiça e em defesa do que presumiam ser os seus direitos, confronto que era na verdade confronto com o Estado, cujas políticas os privavam de direitos fixados pela tradição, como era a posse útil da terra ou o direito de enfiteuse. Na melhor das hipóteses, por esse meio, debilitaram as velhas estruturas de dominação, de base oligárquica, comprometendo o poder pessoal dos potentados locais. A Igreja não apoiou tais movimentos. Ao contrário, combateu-os, porque, na verdade, eram basicamente movimentos heréticos.

Dessas lutas, os camponeses saíram militarmente derrotados, mas abriram uma brecha na consciência social do povo brasileiro que, lentamente, viabilizaria o reconhecimento ou mesmo a outorga de direitos. Esse aspecto da questão está posto no comportamento do regime militar (1964-1985) em relação às lutas agrárias. Foram elas as principais motivações para supressão do regime constitucional, o principal pretexto do golpe. No entanto, imediatamente em seguida os próprios militares impuseram a reforma constitucional pretendida pelo regime anterior e negada e adotaram uma reforma agrária inimaginável em outras épocas. No fim das contas, deram direção, no marco da ordem, à reivindicação camponesa, no sentido justamente de conter-lhe o potencial de turbulência.

Já o confronto entre os católicos e as esquerdas, para mobilizar e organizar os camponeses, politizou as lutas rurais e as demandas da população do campo. Isso não quer dizer que tenham desaparecido as formas pré-políticas de reivindicação social, pois movimentos milenaristas ainda hoje florescem no interior do Brasil, entre os camponeses pobres. Na Igreja, nesse momento, os camponeses encontraram um aliado, empenhado em construir estruturas de mediação política, que acabaram transformando-os em sujeitos do processo histórico. Essa foi a segunda consequência importante.

O conflito entre o Estado e a Igreja

O golpe militar de 1964 alterou completamente a situação e deu à questão agrária um outro enquadramento. Foi uma tentativa de despolitizá-la. Os militares impuseram ao Congresso Nacional uma modificação constitucional que viabilizasse a reforma agrária. A resistência dos parlamentares em aceitar essa mudança, no regime anterior, fora um dos fatores que mais poderosamente contribuíram para que fosse dado o golpe de Estado. Poucos meses depois do golpe, o país já dispunha de um Estatuto da Terra, que definia com clareza a reforma agrária que poderia ser feita pelo novo regime político. A ditadura desencadeara enorme repressão no campo, fazendo cessar, aparentemente, a desordem rural e, ao mesmo tempo em que caçava as lideranças de esquerda, criava, em princípio, as condições para a realização de uma reforma no direito de propriedade e a promoção de uma redistribuição da propriedade da terra. A Igreja estava, de certo modo, atendida. Logo ficou claro, porém, que a reforma que os militares pretendiam levar adiante não coincidia com a reforma que a Igreja julgava adequada e aceitável. Na onda de repressão política no campo, não só os comunistas e militantes das Ligas Camponesas foram violentamente atingidos, mas também militantes católicos, principalmente aqueles ligados aos programas de educação e conscientização popular, como o MEB (Movimento de Educação de Base). Três meses depois do golpe, que haviam apoiado, os bispos lançavam um documento com críticas ao regime pela repressão contra os militantes católicos.[27] Ainda assim, a Igreja conseguirá conviver com os militares até 1968, quando o confronto se torna radical e assim continuará até o fim da ditadura, em 1985.

Na verdade, desde a proclamação da República, que separou o Estado da Igreja, nunca houve maior proximidade entre a Igreja e os militares (e entre a Igreja e os republicanos).[28] O fato é compreensível, em grande parte porque os militares republicanos eram positivistas e sempre encararam a Igreja Católica como um risco de poder paralelo ao do governo, supostamente comprometida com o antigo regime monárquico. A dimensão religiosa do confronto entre militares e católicos acentuou-se durante a ditadura recente. Foi com os governos militares desse período que políticos oriundos das igrejas protestantes tiveram, pela primeira vez, acesso a importantes postos na organização do Estado, particularmente presbiterianos e batistas. Isso seria impensável antes do golpe de Estado. E mais impensável, ainda, seria que um protestante, como o luterano general Ernesto Geisel, chegasse à própria presidência da República.[29] De certo modo, o Estado militar pôs em questão o monopólio católico nas relações de poder, que, durante o regime de Vargas (1930-1945) e a hegemonia hierárquica do cardeal Leme, entrou no pacto entre a Igreja e o Estado, mediante o reconhecimento do catolicismo como religião da maioria da nação brasileira.[30]

A repressão contra os católicos que desenvolviam um trabalho educativo e conscientizador entre camponeses e trabalhadores rurais, apesar do apoio da Igreja ao golpe militar de 1964, não foi um fato propriamente estranho, considerada essa tradição de afastamento. Entretanto, a repressão incidiu sobre um aspecto particular da ação dos católicos, a educação e a conscientização dos camponeses. Aí estava o problema. O marechal Castelo Branco, primeiro presidente militar após o golpe, ao propor ao Congresso Nacional uma reforma constitucional para viabilizar a reforma agrária e um Estatuto da Terra, para regulamentá-la, já se justificava com motivos estratégicos, basicamente o da neutralização das lideranças políticas no campo. Particularmente, a neutralização das ideologias que traduziam a questão agrária em termos da necessidade de uma grande mudança na estrutura social e política. Os militares reconheciam que havia uma injusta distribuição da terra e que, portanto, a demanda por uma reforma agrária era legítima.[31] Mas discordavam de que essa demanda devesse ser atendida por uma ação que pudesse revolucionar a sociedade. Concretamente, isso queria dizer que a reforma não deveria alterar o pacto político, entre os grandes empresários urbanos e os proprietários de terra, que desde o fim da ditadura de Vargas sustentava o Estado brasileiro. Para eles, a reforma agrária deveria ser um instrumento de modernização econômica e não um instrumento de transformação social e, menos ainda, de transformação política. Era, portanto, uma questão técnica, e não uma questão política, e fazia parte de uma estratégia de preservação da ordem institucional. A transposição do tema da reforma agrária para ideologias de confronto, que refletiam a polarização disseminada no mundo pela Guerra Fria, fosse pela ação das esquerdas, fosse pela ação dos católicos, remetia o problema para algum tipo de revolução, que alteraria as relações sociais no campo e, consequentemente, o pacto político. Até porque tanto um grupo quanto outro representava corporações que tinham internamente estrutura de Estado, o que constituía uma ameaça ao Estado nacional. Foi em nome deste (e, portanto, da tradição absolutista e centralizadora) e da elite da burocracia estatal, os militares, que a reforma agrária acabou sendo proposta. Ela não servia apenas para combater os comunistas, mas também para combater todo corporativismo concorrente, fosse "progressista" ou "conservador", incluindo o católico.

É, por isso, compreensível que os militares não tenham se oposto ao funcionamento dos sindicatos de trabalhadores rurais e da sua Confederação Nacional (Contag), que resultara de um acordo político entre católicos e comunistas, fundada pouquíssimo tempo antes do golpe. Na verdade, os sindicatos eram tutelados pelo Ministério do Trabalho, cujo ministro tinha o poder de não reconhecer e de depor toda a sua diretoria mediante assinatura de um simples ato administrativo. De fato, os sindicatos seriam utilizados pelo governo para fazer chegar às populações rurais alguns serviços assistenciais, forma, ao mesmo tempo, de procurar esvaziá-los de qualquer conteúdo político. O êxito dessa política seria apenas parcial, pois nas regiões de maior tensão social, os sindicatos conseguiram se transformar na grande força de representação dos trabalhadores rurais. Em cerca de quinze anos, o sindicato passou de zero a cerca de seis milhões de trabalhadores rurais sindicalizados, mais de 50% da força de trabalho do campo.

Algumas medidas tomadas de início pelo governo militar, em relação à questão agrária, acabariam afetando profundamente a Igreja e revolucionando o seu trabalho pastoral. O novo regime definiu critérios para as desapropriações de terras destinadas à reforma agrária. Claramente, o primeiro critério foi o de que seriam alcançadas as regiões em que houvesse tensões sociais ou que, potencialmente, as tivessem. Ao mesmo tempo, não seriam alcançadas pela reforma agrária as chamadas empresas rurais, aquelas propriedades cujas terras estivessem sendo usadas de modo rentável e produtivo por seus proprietários. Poderiam ser objeto de desapropriação os latifúndios – e não só as propriedades extensas, que ultrapassassem certa área padrão, mas também aquelas que, não a ultrapassando, estivessem tendo utilização econômica inferior à que deveriam ter. Além disso, a reforma agrária poderia atingir uma parcela significativa dos pequenos agricultores, na medida em que os minifúndios estariam sujeitos à desapropriação para remembramento e formação de parcelas maiores, que viabilizassem atividades econômicas de natureza empresarial. Por outro lado, uma parte do problema deveria ser resolvida através dos projetos de colonização, pública ou particular, que deslocariam populações sem terra para as chamadas frentes pioneiras: as terras supostamente livres da região amazônica, embora não só elas.

Esta última possibilidade, que chegou a ser amplamente estimulada, sobretudo com a construção da Rodovia Transamazônica, foi comprometida seriamente logo em seguida. O governo pôs em prática uma doutrina geopolítica de ocupação dos chamados espaços vazios. Para tanto, como já mencionei, decidiu conceder estímulos significativos às grandes empresas que, de modo geral, não estavam envolvidas em atividades agropecuárias, para que o fizessem. O governo aprovou legislação que permitia às empresas, concentradas sobretudo na região Sudeste do país, deixar de pagar 50% do imposto de renda (o mais importante tributo brasileiro), desde que investissem o dinheiro na Amazônia. Dinheiro que poderia constituir 75% do capital que aquela empresa aplicasse na região, entrando o empresário com os 25% restantes, de seus próprios recursos.

A preferência das empresas foi para a atividade agropecuária e, também, para a mineração. Terras baratas, facilidade para formação de grandes estabelecimentos rurais, mão de obra de baixo preço, isenções de impostos, além dos próprios subsídios governamentais, levaram a uma rápida ocupação do norte do Mato Grosso, sul do Pará, oeste do Maranhão, parte do Acre e Rondônia. A entrada das grandes empresas chocou-se com as correntes migratórias que se dirigiam para essas áreas, constituídas de pequenos agricultores, em busca de terras livres que pudessem ser ocupadas por camponeses pobres. Duas correntes, de origens diferentes e destinos diferentes, se estabeleceram: do sul do país, pequenos agricultores, quase sempre de ascendência europeia, sobretudo italiana e alemã, imigrados para o Brasil no século XIX, que estavam perdendo suas terras em consequência do empobrecimento, da concentração da propriedade, do crescimento da família e dos grandes projetos governamentais (como as barragens das hidrelétricas), começaram a deslocar-se para a Amazônia ocidental, principalmente Mato Grosso e Rondônia. Uma outra corrente, de pequenos agricultores sem terra, pobres, deslocou-se do Nordeste do país em direção à Amazônia oriental.

O primeiro grupo foi constituir a massa de colonos que adquiriu terras, com os recursos obtidos na venda dos pequenos lotes no Sul, comprando-as seja ao governo seja às colonizadoras particulares. O segundo grupo, sem recursos econômicos, já vinha se deslocando para a Amazônia desde os anos 1940, constituindo a categoria dos chamados posseiros, ocupantes de terras supostamente livres, sem qualquer título de propriedade e sem qualquer direito assegurado à terra ocupada. As duas correntes de pequenos agricultores, especialmente a segunda, foi logo alcançada pela chegada das grandes empresas, que iniciavam a devastação da floresta para transformá-la em pastagens.[32] Eram donas de propriedades imensas: num caso extremo, o do Projeto Jari, do americano Daniel Keith Ludwig, mais de três milhões de hectares de terras.[33] Ou num caso como o da Volkswagen, no sul do Pará, com mais de cem mil hectares. Para complicar ainda mais a situação, muitas das terras ocupadas, seja pelas grandes empresas seja pelos projetos governamentais, eram terras indígenas, até mesmo de tribos que ainda não haviam sido contatadas pela chamada civilização e viviam em estado primitivo e natural.[34] Desenhou-se, assim, o panorama de um imenso conflito social e étnico, que logo deixaria um grande número de vítimas, sem contar a quase dizimação de várias tribos indígenas, que não suportaram a violência do homem branco nem suas doenças.

Esse impacto, que atingiu mais da metade do território brasileiro, e centenas de milhares de pessoas, além de povos indígenas inteiros, no curto período de tempo de pouco mais de uma década, ainda não cessou seus efeitos. Atingiu a Igreja em cheio. O idílico trabalho missionário, que já durava séculos, vivia seus últimos momentos aí por 1965-1966. Nessa época, uma tribo inteira de índios xavante foi removida de seu território, com auxílio de missionários, para uma missão católica, para que, no lugar onde vivera até então, fosse estabelecida uma fazenda de criação de gado, com quase setecentos mil hectares de terras, a Fazenda Suiá-missú. Nessa remoção, dezenas de índios morreram contaminados por doenças de branco.[35] Com os posseiros, a violência foi diferente, mas não foi menor. Pistoleiros de aluguel, sob ordens das grandes empresas, começaram a expulsar violentamente das terras os pequenos agricultores sem títulos de propriedade, queimando casas e plantações, ferindo e matando pessoas.[36]

O modo que a Igreja desenvolvera para interpretar a questão agrária, ainda no tempo em que os problemas mais graves eram os do Nordeste, foi profundamente golpeado pelo modo como passou a se dar a entrada do grande capital no campo. A experiência do Nordeste ensinara à Igreja que a questão agrária era produto do atraso econômico, social e político. Esse atraso, aparentemente, podia ser vencido com a intervenção do Estado através de uma política de desenvolvimento econômico que estimulasse a presença modernizadora do capital nas regiões atrasadas.[37] A pobreza e a injusta distribuição da terra não eram concebidas como resultados da ação do capital, mas da sua ausência ou da sua insuficiência. Mesmo quando, em 1963, a Igreja já se convencera de que a reforma agrária era necessária e que talvez não houvesse possibilidade de indenizar em dinheiro os grandes proprietários, mesmo assim considerava o direito de propriedade um direito sagrado. Ainda aí se podia contar com certa conversão dos fazendeiros a uma ética católica de justiça social, como já preconizavam os militantes da Ação Católica na reunião que dera lugar à carta pastoral do bispo de Campanha, em 1950.

A Amazônia pôs a Igreja diante da evidência de que o capital e o desenvolvimento capitalista maciços, ao contrário do que se supunha, podiam criar problemas sociais de tal gravidade, que se equiparavam ou superavam os gravíssimos problemas da miséria rural do Nordeste. Até então, o conjunto das ideias que norteavam as concepções e a ação da Igreja em relação à questão agrária estava centralizado no princípio de que o progresso promoveria a equitativa distribuição dos bens, isto é, o próprio capital poderia resolver a questão agrária. A dificuldade estava em que o progresso era lento, não se dava no ritmo adequado à urgência dos problemas. Nesse sentido, a intervenção do Estado, para promover essa aceleração, era necessária.

Aqui estava encerrado um segundo princípio: o de que o Estado é supostamente justo, age segundo critérios de justiça social e é, portanto, o promotor da justiça. Subjacente a este segundo princípio, estava a contrapartida de que a inércia política do Estado pode comprometer essa possibilidade. Daí a necessidade de uma instigação moral, como a da Igreja, que rompesse essa inércia, provocasse sua intervenção no processo econômico para quebrar o círculo vicioso da pobreza. A Igreja destacava, assim, a importância da consciência crítica dos cristãos e dela própria. Nesse âmbito é que a doutrina social da Igreja ganhava consistência como alimento dessa consciência crítica. Ao mesmo tempo, já era clara a relação dialética entre pensamento crítico e ação, que se consubstanciava no método do ver-julgar-agir. Mais importante, historicamente, do que a intervenção da Igreja nas questões sociais foi a disseminação de um modo de pensar crítico, sobretudo entre os intelectuais católicos, instrumento de uma cultura de transformação da sociedade.

Aqui, porém, a relação entre pensamento crítico e sociedade ainda era polarizada em favor do pensamento, nos estritos termos da tradição conservadora. Os problemas sociais decorriam, nessa concepção, de insuficiências em face dos princípios que estavam presentes no pensamento crítico. O pensamento estava "certo" e a realidade social estava "errada". As transformações sociais deveriam ocorrer para que a perfeição do pensamento social se concretizasse. O modo de pensar a realidade era estático e a dinâmica da sociedade estava demarcada pela possibilidade de tornar real aquilo que a doutrina anunciava. Ao se defrontarem com a ampla expropriação de camponeses, com as intensas migrações e com a violência e as graves injustiças na região amazônica, os bispos, as seções regionais da Conferência Episcopal e a própria Conferência Nacional dos Bispos do Brasil (CNBB) agiram, num primeiro momento, de modo conservador, isto é, no sentido de corrigir os desvios representados pela realidade social dramática. O comprometimento da Igreja com os camponeses, os trabalhadores rurais e os índios não se constituiu numa conversão, pois as premissas de sua atuação já estavam presentes na própria doutrina e na própria formação recebida pelos religiosos, especialmente sob influência da Ação Católica.

Ao se envolverem dramaticamente na realidade dos pobres do campo, os bispos não deram o salto histórico da incoerência de conduta que representasse, eventualmente, a ruptura com a tradição conservadora. É nesse sentido que não se pode falar em conversões individuais. E é nessa perspectiva que se pode entender que bispos supostamente "conservadores" possam adotar comportamentos "progressistas" em determinadas circunstâncias e vice-versa. Foi a coerência doutrinária e ética dos bispos e dos agentes de pastoral que abriu a perspectiva que possibilitou a compreensão crítica do processo econômico e político. Por isso, a experiência pastoral nas adversidades da Amazônia foi fundamental para o avanço da Igreja Católica no seu compromisso com índios, camponeses, trabalhadores rurais, os pobres do campo.

A grande revolução que essa experiência promoveu na ação da Igreja foi a da mudança do sujeito social do pensamento conservador que demarca suas orientações. Na tradição clássica, esse sujeito era a elite territorial e pré-capitalista. Daí que o pensamento conservador fosse também o pensamento da ordem e da dominação política. Na experiência latino-americana, e particularmente na brasileira, as bases territoriais das elites não as opunham (e não as opõem) ao capital e sua lógica. Ao contrário, a aliança do capital com a propriedade da terra engendrou um capitalismo tributário que opera de modo distinto do capitalismo típico e contratual dos países desenvolvidos. Para extrair os tributos de que se alimenta, esse capitalismo tem que ser ao mesmo tempo um capitalismo violento. Daí resulta que sua ideologia seja liberal e sua prática seja, até fisicamente, repressiva. Ora, na tradição do pensamento conservador é central a crítica ao capitalismo, a crítica construída na ótica das relações comunitárias às relações societárias, a crítica do indivíduo na perspectiva da pessoa. Ao assumir camponeses e índios como sujeitos de sua crítica social, de tradição conservadora, repito, a Igreja assumiu a perspectiva da vítima e vítima do capitalismo tributário, especulativo e extorsivo.

A orientação conservadora do pensamento e da ação da Igreja defrontou-se, portanto, com uma forma atrasada de capital e capitalismo e, igualmente, com a forma atrasada do Estado que gerencia os interesses desse capitalismo. Estado que é ideologicamente corporativo e economicamente modernizador. O que aconteceu com a Igreja foi que, na contradição desse processo, não encontrou na sociedade brasileira a mesma base social que, na origem, dava sentido ao pensamento conservador. Viu-se, portanto, lançada num jogo de conflitos em que os que anelam pela preservação da integridade da pessoa contra as forças sociais, econômicas e políticas que querem fragmentá-la, aliená-la e marginalizá-la, são os pobres e não as elites. A tradição conservadora ganha consistência no confronto com a forma subdesenvolvida do capitalismo no país. E ganha consistência como desafio e contestação desse capitalismo. Daí que a ação pastoral e a ação política de inspiração conservadora, na contradição desse confronto, tornem-se ações contestadoras e transformadoras.

Essa compreensão brotou da constatação, clara na Amazônia, de que o capitalismo não se dissemina unicamente através do progresso material. Ele se difunde, também, necessariamente, criando e restaurando formas arcaicas de exploração do trabalho, expulsando, marginalizando, escravizando, criando privações e injustiças.

A influência da Amazônia na mudança da orientação católica

Não só os documentos procedentes da Igreja da Amazônia, a partir de 1971, mas também as informações sobre as primeiras dificuldades da pastoral católica com a ditadura anunciaram uma radical mudança no lugar social da Igreja. Era calar e consentir numa política econômica internacionalmente denunciada como genocida ou alinhar-se com as vítimas e denunciar as brutalidades que estavam sendo cometidas. No final de 1966, o governo militar já aprovava as primeiras leis de intervenção econômica (e, posteriormente, militar) na Amazônia. Rapidamente, as grandes empresas começaram a avançar sobre imensas áreas de terra na região, expulsando posseiros, promovendo a remoção de tribos indígenas, cometendo violências.[38] Não raro, apoiadas em títulos falsos ou em precários contratos de arrendamento de terras para seringais, concedidos pelos governos de Estado décadas antes. Já em 1968, missionários que trabalhavam com as populações indígenas e missionários que trabalhavam com os chamados posseiros, os camponeses da região, começaram a fazer reuniões de estudo e avaliação dos acontecimentos, bem como a fazer as primeiras denúncias. Ao mesmo tempo, todo o trabalho pastoral começou a ser redefinido em função dos graves desafios com que a Igreja se defrontava. Em 1964, a CNBB tomara uma medida vital para o trabalho pastoral: a criação de 13 regionais, cujos bispos podiam, assim, definir sua ação pastoral cotidiana com base numa colegialidade mais concreta e imediata, na troca de experiências, informações e opiniões com outros bispos da mesma região, com problemas parecidos, e de acordo com as peculiaridades sociais de cada desafio pastoral.[39]

A pastoral antiga, que vinha dos tempos coloniais, concretizada na chamada "desobriga", entrou em crise. Não só não correspondia a toda a significativa evolução da doutrina social da Igreja e seus imensos desafios, que representavam um empenho de situar a Igreja no mundo moderno. Também ficava inviabilizada pelo poder pessoal dos grandes fazendeiros e empresários, poder revitalizado pelo fortalecimento do latifúndio e o recrudescimento de relações servis de trabalho. Eles não tinham o menor interesse na presença de um agente crítico no interior da grande propriedade, em contato com os trabalhadores. Um bispo da Amazônia, Dom Pedro Casaldáliga, na sua primeira carta pastoral, de 1971, falando dos desafios sociais de sua prelazia, área dos primeiros grandes latifúndios modernos da Amazônia brasileira, registrou o impasse de modo preciso: "A desobriga sacramentalizou sem evangelizar, sem edificar Igreja".[40]

Em 1971, os bispos começaram a lançar os primeiros documentos de severa denúncia do que estava ocorrendo com camponeses, trabalhadores rurais e índios. Esses documentos e denúncias mostram que a propriedade territorial, ao contrário do que ocorrera no modelo europeu e, particularmente, do que ocorrera nas sociedades que acabaram se transformando em base das teorias sobre a expansão do capital, como a inglesa, estava no centro do modelo brasileiro de desenvolvimento capitalista. Enquanto para o modelo europeu no centro desse desenvolvimento está o capital, no modelo brasileiro, profundamente marcado pela tradição da dependência colonial, a terra é essencial para o desenvolvimento capitalista porque propicia uma acumulação de capital com base no tributo da renda territorial e na especulação imobiliária, isto é, com base na renda da terra. Portanto, nessas circunstâncias, o desenvolvimento se nutre de formas sociais e modalidades de relações sociais que lembram com facilidade o feudalismo, embora não o sejam. A centralidade do problema territorial, de que se podia suspeitar na época em que a realidade do Nordeste era a principal motivadora da pastoral da Igreja, e de suas interpretações, tornou-se transparente no caso da Amazônia. Isso deslocou o eixo das pastorais dos pobres e situou o trabalho social da Igreja num plano que era abertamente o do conflito de classes.

Ali, não era o latifundista atrasado, de comportamento arcaico e, até, anticapitalista, de esquematismos interpretativos, que criava os problemas sociais. Eram as próprias empresas modernas, instaladas no Sul e no Sudeste do país, sua região mais industrializada, que avançavam sobre a Amazônia, em nome do capital, através da expansão territorial. Eram empresas dotadas de amplo desenvolvimento tecnológico, dirigidas com base em modernas técnicas de gerenciamento empresarial. No entanto, essas mesmas empresas estavam implantando na Amazônia formas de organização econômica e de gerenciamento, que combinavam desde sofisticadas técnicas de produção até violentas relações de trabalho, as do chamado regime de peonagem, a escravidão por dívida.

Uma emblemática combinação do mais moderno com o mais atrasado foi o caso da Volkswagen, denunciado publicamente pela Igreja, que foi objeto de exame por uma comissão de parlamentares e jornalistas. A empresa implantou, no sul do Pará, a Fazenda Vale do Rio Cristalino, para criação de gado de corte, cujo produto seria exportado para a Europa. Na derrubada da floresta e sua transformação em pastagem, a fazenda empregou cerca de seiscentos trabalhadores escravizados. Ao mesmo tempo, o gado era controlado por sofisticada tecnologia eletrônica, de que a imensa maioria das fazendas brasileiras sequer dispõe. Outras fazendas da região amazônica, ligadas a empresas estrangeiras ou brasileiras, têm utilizado amplamente o recurso do trabalho escravo, ao menos numa fase de suas operações.

Registros relativamente cuidadosos feitos pela Igreja, em particular pelas dioceses e prelazias das áreas em que o problema se manifestou mais grave, apoiam-se em depoimentos de trabalhadores escravizados que conseguiram fugir das fazendas. Eles correspondem a 5% dos escravos de cujos locais de trabalho houve alguma fuga, com sobrevivência dos fugitivos. Esses casos permitem falar em pelo menos 90 mil trabalhadores escravizados a partir de 1970. Mas criteriosa pesquisa feita pelas jornalistas inglesas Sue Branford e Oriel Glock, com base no número de peões necessários para desmatar um hectare de terreno, sugere que, na década de 1970, na área total desmatada, entre 250 mil e 400 mil trabalhadores foram submetidos a cativeiro na região amazônica.[41] Muitos daqueles fugitivos foram abrigados pela Igreja, na tentativa de voltar a seus lugares de origem e a suas famílias. A quase totalidade dos fugitivos que foram assistidos por algumas prelazias e dioceses conseguiu formular denúncias às autoridades, com apoio da Igreja e do sindicato, embora nenhum empresário tenha sido efetivamente processado pela Justiça do país por essa violação da lei. Convém lembrar que nessas fazendas está interditada a assistência religiosa. Os trabalhadores (peões, como são chamados) trabalham sob vigilância de pistoleiros armados, são torturados quando seu trabalho não rende o que deles se espera e, fora do trabalho, permanecem trancados em barracões, sob vigilância. Os que tentam fugir, se capturados, são castigados e, muitas vezes, mortos.[42] Desde 1968, os bispos e os agentes de pastoral vêm se perguntando que capitalismo é esse e que Igreja pode ser edificada numa situação social como essa.

A expansão do grande capital na Amazônia não afetou apenas as relações de trabalho. Uma outra frente de conflito foi aberta com o confronto entre as grandes empresas e os posseiros, os camponeses sem títulos legais de propriedade. Muitos eram já ocupantes da terra há muito tempo, havendo até os que a ocupavam há gerações, dedicando-se a uma economia de subsistência, que se combinava com a comercialização de produtos extrativos ou, eventualmente, excedentes agrícolas, como o arroz. Os novos posseiros, oriundos sobretudo do Nordeste, foram se adaptando ao mesmo regime de posse da terra e ao mesmo tipo de economia, sobretudo a comercialização de excedentes agrícolas. Esse conflito implicou e implica ainda a expulsão de milhares de camponeses de suas terras, por meios violentos e, na maioria dos casos, pela ação de pistoleiros pagos pelas fazendas. Mesmo quando a expulsão era decretada por um juiz, a ação da polícia era invariavelmente auxiliada por esses pistoleiros, culminando, quase sempre, em incêndios de plantações, casas, objetos pessoais, ferimentos e até morte de camponeses. Mais de mil camponeses foram assassinados entre 1970 e 1985, metade dos quais na Amazônia.[43] Segundo a Comissão Pastoral da Terra, 442 trabalhadores, o que inclui índios, foram mortos de 1997 a 2008. Desses, 154 nos últimos 5 anos do governo de Fernando Henrique Cardoso e 232 nos primeiros 5 anos do governo Lula: um aumento de 50% de um período em relação a outro.[44] Essa intensificação dos assassinatos no primeiro mandato do PT aparentemente reflete um crescimento das expectativas de radicalização da reforma agrária e uma intensificação da militância, bem como o recrudescimento da reação violenta do outro lado. De qualquer modo, na média anual entre o período correspondente à ditadura e o período correspondente a anos pós-ditatoriais houve uma queda significativa para pouco mais da metade.

É preciso ter em conta que até mesmo no caso de expulsões determinadas pela Justiça, muitos dos títulos de propriedade das grandes empresas têm origem viciada. Isto é, foram obtidos por meios fraudulentos, até mediante falsificação de documentos, legalizados todos mediante artifícios de cartórios notariais, que dificultam sua recusa pelos tribunais ou, então, facilitam sua aceitação impune pelos juízes. O próprio governo militar baixou resoluções com força de lei para legalizar esses documentos ilegais. Para se ter uma ideia do volume das fraudes, basta considerar que, no estado do Mato Grosso, nos anos 1970, a soma da área de terra mencionada nos títulos de propriedade em circulação era três vezes superior à área real do estado. Muitos desses títulos foram emitidos e distribuídos por governantes corruptos com a finalidade de premiar auxiliares políticos, os chamados "cabos eleitorais", recrutadores de votos, peças importantes na política de clientela e de troca de favores, que caracteriza ainda hoje o sistema político brasileiro. Em 1981, a Comissão Pastoral da Terra, da CNBB, assinalava que mais de vinte milhões de hectares de terra haviam sido obtidos por meios ilegais e violentos. No conjunto do país, quase um milhão de famílias de camponeses estava sujeito à expulsão por falta do adequado título de propriedade. Quando era ministro do Desenvolvimento Agrário, do governo de Fernando Henrique Cardoso (1994-2001), Raul Jungmann anulou títulos relativos a sessenta milhões de hectares de terra, cuja legalidade seus detentores não puderam provar no prazo extenso que lhes foi dado.

No período ditatorial, todo o peso desses conflitos caiu sobre os sindicatos e sobre a Igreja. Invariavelmente, bispos e agentes de pastoral, que acabaram se transformando numa mediação importante, não só na denúncia das ocorrências, mas também na busca de soluções junto às autoridades, especialmente as de fora das localidades do conflito. Em muitos lugares, a Igreja retomou sua ação no sentido de estimular a organização dos trabalhadores, sobretudo a organização sindical. O fato de que mais de seis milhões de trabalhadores rurais e camponeses tenham entrado para o sindicato, nesse período, a partir de 1963, principalmente após 1964, se deve, entre outros fatores, à continuação do trabalho de mobilização desenvolvido pela Igreja. Essa era a única forma de revestir as demandas camponesas de alguma dimensão institucional, dirigindo-as para canais legítimos de comunicação com o Estado, forma de pressioná-lo para exigir o cumprimento das leis, em particular o cumprimento do Estatuto da Terra, que justamente preconizava a reforma agrária como solução para os problemas das áreas de tensão social.

O avanço das empresas sobre a Amazônia, em particular, não levou o conflito apenas aos camponeses. As populações indígenas foram gravemente atingidas por essa expansão. Especialmente porque o governo brasileiro começou a abrir uma rede viária extensa, que teve como um dos seus eixos publicitários a Rodovia Transamazônica. Essas estradas cortaram territórios tribais isolados, que mantinham os povos indígenas protegidos do contato com o branco e seus efeitos desastrosos. Não só porque o branco é portador de enfermidades para as quais os indígenas não têm imunidade, como a gripe, que lhes é, geralmente, fatal, mas também porque as frentes de expansão da sociedade branca estão povoadas por tipos humanos, não raro degradados pela marginalização e a violência.[45] Os índios são vitimados não só pela contaminação por doenças venéreas, com efeitos devastadores sobre o equilíbrio demográfico dos grupos tribais, mas também pela violência desses supostos pioneiros da sociedade branca que, geralmente, têm do índio uma concepção que os põe abaixo da escala humana. Muitos, e este ainda é um fato dos nossos dias, consideram que os índios não são humanos e estão muito mais próximos dos animais da floresta do que dos homens. Nas décadas recentes, várias tribos foram severamente atingidas por expedições punitivas, como se se tratasse de simples caçada de animais selvagens. Foi o que ocorreu, entre outros, com os Arara (da Transamazônica, no Pará), com os Uru-eu-wau-wau (de Rondônia) e com os Suruí (de Mato Grosso). Foi uma forma de castigá-los pelo simples fato de terem defendido seus territórios da invasão e agressão predatória do homem branco.

Em consequência da abertura da rodovia Cuiabá-Santarém, no Mato Grosso e Pará, em 1973, o povo Panará (Kreenakarore) foi contatado, às pressas, na região do rio Peixoto de Azevedo, para evitar que sua presença impedisse a conclusão da estrada no tempo previsto.[46] Desde os anos 1960 vinha-se tentando a aproximação com essa tribo, quando sua população fora estimada em 400 a 500 pessoas. Por ocasião do contato, estavam reduzidos a 140-150 indivíduos. Dois anos depois, eram apenas 82.[47] Foram quase exterminados. O representante da Funai (Fundação Nacional do Índio), supostamente encarregado de protegê-los, confiscara-lhes arcos e flechas, que são seus instrumentos de caça e sobrevivência, a pretexto de proteger os brancos que se aproximavam. Em pouco tempo, os índios deixaram de fazer plantações, prostituíram suas mulheres e filhas com os trabalhadores brancos que abriam a estrada ou dela se utilizavam, assimilaram o alcoolismo. Três anos após o primeiro contato, já eram vistos perambulando pela estrada, como mendigos, sujos, disputando restos de comida. Que no meio dessa tragédia não faltasse um gesto de grandeza humana: em 1975, seus inimigos tradicionais e mortais, os índios Txukahamãi, do Xingu, os convidaram para viver com eles. Para isso, fizeram-lhes casas e plantaram roças de que pudessem alimentar-se. Mas esse gesto criou outro problema. O excesso de proteção anulou a possibilidade de afirmação autônoma dos Kreenakarore, o que tornou necessária sua remoção para outra área, fora da influência dos Txukahamãi.

Não foi menor a tragédia dos povos Waimiri-Atroari.[48] Seu território foi atravessado pela rodovia Manaus-Caracaraí. Os índios lutaram contra os brancos de 1968 a 1975, tentando resistir ao seu avanço. Mas foram duramente atingidos pela violência, pela fome e pelas doenças. A situação de conflito e a necessidade da fuga permanente, em face do avanço dos brancos, começaram a dificultar e a impedir que fizessem as plantações, a caça começou a escassear. Em seguida, o território foi invadido por uma grande empresa mineradora e, ainda, parcialmente alagado pelas águas da hidrelétrica de Balbina, um projeto genocida de poucos resultados econômicos. É imensa a área alagada em relação à proporcionalmente pouca energia gerada. Destinada à produção de eletricidade para Manaus, fornece apenas 22% do que a cidade consome.

Mais de 3.300 ocorrências atingiram as populações indígenas do país, nos vinte anos a partir de 1971, incluindo invasões de territórios, violências dos brancos e ataques dos próprios índios contra seus agressores. Na maior parte dos casos, envolvendo tribos amazônicas.

A questão camponesa e a questão indígena, como foi dito antes, puseram diante da Igreja um capitalismo diferente do modelo presumido no trabalho pastoral que desenvolvera no Nordeste até 1964. A partir daí, claramente, os problemas sociais não estavam mais limitados apenas ou fundamentalmente à pobreza criada pelo crônico modo de apropriação da terra e de exploração do trabalho. Agora, o grande capital moderno se apresentava como proprietário de terra e o próprio Estado aparecia como seu mentor e financiador. Porém, o problema da terra tinha sua própria complexidade. Não era e não é o mesmo no caso dos povos indígenas e no caso das populações camponesas. No caso dos índios, não se tratava de mero problema de terra, no sentido que tem modernamente o conceito de propriedade territorial. Para eles, tratava-se de um problema de território,[49] no sentido mais político e ambiental que tal palavra pode ter para nós, brancos. De fato, a relação do índio com seu território é uma relação vital, altamente dependente de suas peculiaridades e de sua inscrição na memória tribal. Além disso, o território é delimitado pelas necessidades de perambulação que demarca o ciclo reprodutivo da tribo. Portanto, ao contrário do que frequentemente entenderam as empresas e o próprio governo, uma tribo não sobrevive apenas da terra que utiliza de modo mais intenso, momentaneamente. As tribos agrícolas, como ocorre com os povos Tupi, fazem a chamada agricultura de roça, itinerante, que implica cultivar uma área por um período relativamente curto e, depois, abrir nova roça em outro lugar, para que o terreno da antiga possa recuperar a sua fertilidade e permita o renascimento da floresta, da qual os índios também vivem. As áreas de caça estão sempre em outro lugar. E há, também, áreas específicas de onde são tirados materiais necessários à atividade artesanal que produz cestos, vasilhas, arcos, flechas etc.

Num certo momento desse período, o governo brasileiro promoveu a remoção de tribos inteiras de seu território para áreas ecologicamente diferentes. O resultado foi fatal. Foi o que ocorreu com o povo Nambikuara, do Mato

Grosso. Atingido, inicialmente, pela abertura da rodovia Cuiabá-Porto Velho, foi removido de seu *habitat* de floresta para permitir a instalação, na área, de fazendas de gado, que em pouco tempo derrubaram a mata e semearam pastagens. Os índios foram levados para uma região de cerrado, a savana brasileira, cuja flora e cuja fauna são diferentes da flora e da fauna da floresta. Mudanças dessa ordem praticamente anulam a cultura tribal e o seu saber regulador da relação entre o homem e a natureza, algo como tirar os suíços dos Alpes e transferi-los para o deserto do Saara. Os Nambikuara foram rapidamente atingidos pela fome. Muitos tentaram voltar ao seu território antigo. Ao fazê-lo, o encontraram devastado pelas 22 fazendas que nele se instalaram. Numa epidemia, em 1971, morreu toda a população Nambikuara de menos de 15 anos, comprometendo a sobrevivência da própria tribo.[50] Fato tanto mais grave quando consideramos que nos grupos tribais a interdição do incesto é mais ampla do que na nossa sociedade, reduzindo muito a possibilidade de cruzamentos matrimoniais. Com isso, qualquer epidemia ou massacre pode representar, de fato, a condenação dos sobreviventes à morte social por razões culturais.

A Pastoral Indígena e a Pastoral da Terra

Em 1973, no 25º aniversário da Declaração Universal dos Direitos do Homem e no 20º aniversário da encíclica *Pacem in Terris*, bispos de diferentes regiões do país, em encontros regionais, lançaram duas proclamações sobre a tragédia do campo. Os do Nordeste editaram o documento *Eu ouvi os clamores do meu povo*. Os do Centro-Oeste, isto é, da parte mais atingida da Amazônia pela expansão territorial do capital e das novas empresas, lançaram *Marginalização de um povo: grito das Igrejas*. No Natal do mesmo ano, bispos e missionários que trabalhavam com populações indígenas também lançaram sua declaração – *Y-Juca-Pirama: o índio – aquele que deve morrer*, que classificaram como "documento de urgência".[51] Esses documentos anunciavam uma verdadeira revolução no trabalho pastoral e constatavam que, de fato, o capitalismo subdesenvolvido e tributário, porque amplamente baseado na renda da terra, não levaria à emancipação dos pobres. Ao contrário, o desenvolvimento econômico, que o Estado e o capital levavam adiante, no país, semeava fome, violência, destruição e morte. Os bispos do Nordeste criticaram a Igreja assistencialista, identificada com os dominadores.[52] Eles se perguntavam: "Como podemos chamar de cristão um mundo que apresenta como resultado de seu funcionamento normal tantas iniquidades?". Observavam que "a Igreja tem feito o jogo dos opressores, tem favorecido aos poderosos do dinheiro e da política contra o bem comum". E proclamavam: "À luz, portanto, de nossa Fé e com a consciência da injustiça que caracteriza as estruturas econômica e social de nosso país, entregamo-nos a uma profunda revisão de nossa atitude de amor pelos oprimidos, cuja pobreza é a outra face da riqueza de seus opressores".[53]

Já os bispos do Centro-Oeste afirmavam: "Precisamos apoiar a organização de todos os trabalhadores. Sem isto, eles não se libertarão nunca".[54] Os bispos diziam, também, que:

> É preciso fazer um mundo diferente. Não sabemos bem como ele deve ser. Mas já desconfiamos. Queremos um mundo onde os frutos do trabalho sejam de todos. Queremos um mundo em que se trabalhe não para enriquecer, mas para que todos tenham o necessário para viver: comida, zelo com saúde, casa, estudos, roupa, calçados, água e luz. Queremos um mundo em que o dinheiro esteja a serviço dos homens e não os homens a serviço do dinheiro.[55]

Por sua vez, os missionários que trabalhavam com as populações indígenas diziam, com clareza, que "não aceitaremos ser instrumentos do sistema capitalista brasileiro". E, mais adiante, essa afirmação de consequências pastorais profundas: "O objetivo do nosso trabalho não será 'civilizar' os índios". E insistem na "urgente necessidade de reconhecer e publicar certos valores que são mais humanos, e assim, mais evangélicos do que os nossos 'civilizados' e constituem uma verdadeira contestação à nossa sociedade".[56]

A partir desse momento, bispos das regiões mais profundamente atingidas por esta forma perversa de desenvolvimento capitalista, sustentada pelo Estado militar e situada na sua geopolítica, proclamavam, na verdade, uma reorientação ampla do trabalho pastoral, que, aliás, já vinha sendo posta em prática em muitos lugares, desde 1968, pelo menos. Essa reorientação ganharia o aval de toda a Conferência Episcopal na assembleia de 1980, quando seria preparado e divulgado o documento *Igreja e problemas da terra*, em apoio não só à luta pela reforma agrária, mas também às formas alternativas de apropriação do solo que sustentavam as reivindicações camponesas e indígenas. Nesse documento, o episcopado estabeleceu a distinção entre *terra de trabalho* e *terra de exploração*, terra para trabalhar e terra para explorar o trabalho de outros.[57] Uma distinção conceitual que resgatou da doutrina social da Igreja a precedência do trabalho em relação ao lucro especulativo e rentista na definição dos direitos dos camponeses. Além disso, o episcopado insistiria no apoio à organização dos trabalhadores, para exigência de seus direitos. E afirmava: "Com os irmãos na fé e todos os trabalhadores, procuraremos organizar uma nova sociedade. Com eles, apoiados em Deus, despertaremos um novo espírito de convivência".[58]

As reorientações que aqueles documentos de referência anunciavam, dos anos 1970, ganharam corpo na criação de duas agências especializadas do trabalho pastoral: o Conselho Indigenista Missionário (Cimi), em 1972, e a Comissão Pastoral da Terra (CPT), em 1975, ambas vinculadas à Linha de Ação Missionária da CNBB. Na Pastoral Indígena, medidas já vinham sendo adotadas desde 1968, no sentido de fechar internatos, onde eram educados os jovens das tribos contatadas, e dispersar os missionários pelas aldeias. Elas se inspiravam em testemunhos, como o das Irmãzinhas de Jesus, que há muitos anos viviam uma experiência de missão encarnada na aldeia dos índios Tapirapé, no Mato Grosso.[59] Essa reorientação implicou uma profunda revalorização das culturas indígenas e o reconhecimento dos povos indígenas como povos com direito ao seu território e à autodeterminação. Um elemento prático dessa ação missionária, que teve grande alcance, foi a realização das assembleias dos chefes indígenas, reunindo representantes de diferentes povos, para que debatessem seus problemas e buscassem soluções para eles, sem a presença de brancos, nem mesmo missionários. Alianças tribais nasceram dessa experiência, mesmo alianças entre tribos tradicionalmente inimigas. Foi graças a essa inovação que muitos povos indígenas ergueram barreiras eficazes ao avanço das empresas sobre seus territórios e forçaram o reconhecimento de seus direitos territoriais por parte do Estado. Na verdade, essa nova concepção de missão desencadeou um verdadeiro movimento social indígena, que encontrou reforço em movimentos sociais da própria sociedade includente, em favor dos índios e de seus direitos. Certamente, o melhor sinal do alcance desse trabalho pastoral foi o despertar de uma consciência crítica nos povos indígenas e a construção de uma identidade, que inclui a crítica da própria atividade missionária.

A Comissão Pastoral da Terra tornou ativa a presença da Igreja nas regiões de conflitos sociais que têm vitimado camponeses. Ela se propôs a constituir-se num canal suplente de expressão e apoio para que os trabalhadores se organizassem, especialmente nos sindicatos, e exigissem respeito por seus direitos reconhecidos em lei e, até mesmo, avançassem na direção do reconhecimento legal de seus costumes relativos à concepção do direito de propriedade. A ação da CPT somou-se à dos sindicatos no sentido de transformar a violência, que proprietários de terra levam a camponeses, numa disputa legal. Mesmo que o aparelho judicial seja ainda muito dependente da influência das oligarquias, a que se soma hoje o poder dos grandes grupos econômicos, a transformação dos conflitos em casos judiciais criou uma espécie de duplo tribunal: o tribunal institucional, diante do qual os casos são apresentados, e o tribunal da opinião pública, que, sobretudo através dos meios de comunicação, acabou se transformando em grupo de pressão sobre as autoridades no sentido de encontrar saídas legais para superar a tradição das saídas extralegais.

Essa providência pôs em questão a tradicional violência privada do latifúndio, em que o proprietário ainda é rei e juiz, cuja vitalidade se revelou no seu recrudescimento no regime civil que sucedeu a ditadura militar, em 1985. Embora insuficiente, um surpreendente avanço nas desapropriações de terras para reforma agrária, nos últimos anos da ditadura, foi resultado indireto dessa pressão e da politização dos conflitos por meio do envolvimento da Igreja na defesa dos trabalhadores. Num certo momento, os militares chegaram a temer que essa politização criasse uma força política de fundo religioso, estranha aos quadros partidários submetidos ao jogo do poder e do Estado. Esse foi um dos argumentos utilizados por um influente general e teórico do regime em favor da abertura política, para que instituições como a Igreja retornassem a suas funções apolíticas.[60]

Tanto no caso da Pastoral Indígena quanto no caso da Pastoral da Terra, a repressão militar e policial do governo foi clara e ampla. A ela se somou a repressão de grupos privados, no sequestro, tortura e assassinato de religiosas e sacerdotes, bem como de agentes de pastoral leigos, em meio a um grande número de assassinatos de trabalhadores rurais, especialmente de líderes sindicais. Esses crimes, no geral, têm ficado impunes.[61] Eles têm denunciado uma ampla deterioração das instituições da ordem no Brasil, o que deu importância especial à organização dos grupos indígenas e camponeses e deu ao trabalho pastoral uma dimensão historicamente inovadora. Tanto a Pastoral Indígena quanto a Pastoral da Terra ganharam a dimensão de uma ação de inovação social que ultrapassa os limites de suas próprias intenções. A violência que sobre seus agentes tem se abatido, nas poucas décadas da sua existência, é apenas indicação de que sua ação incide diretamente sobre os mecanismos de reprodução da injustiça e da impunidade, necessária à sustentação dos interesses econômicos e políticos que constituem a base do Estado brasileiro. Essa é a razão pela qual um trabalho aparentemente inocente, como o da Pastoral, produz facilmente confrontos entre a Igreja e o Estado. Foi a consciência dessa complicada interpenetração de fatores e da incidência estrutural da ação pastoral que mobilizou tão amplamente o episcopado durante o largo período da ditadura. Mesmo nos anos 2000, de notório declínio dessa mobilização, particularmente no governo Lula (2002-2010), as tensões na relação entre a Igreja e o Estado continuam na ordem do dia e já não se limitam à questão agrária e à questão dos territórios indígenas.

Nesse âmbito, a ação pastoral acabou refletindo não só a reação contra as injustiças econômicas, mas também contra o próprio aparelho de Justiça. Num primeiro momento, ainda no regime militar, os bispos tentaram apelar às instituições civis (e até aos militares), denunciando que a violência econômica violava, também, direitos dos trabalhadores, camponeses e índios. Direitos, aliás, consagrados em lei. Aí, porém, não poucos juízes e promotores atuavam e atuam ainda de maneira que pode ser considerada tendenciosa, não raro, ao menos, pouco cautelosa em relação à complexa diversidade dos direitos em jogo nos litígios.[62]

Pequenos fatos relativos ao andamento dos processos nos tribunais, fatos aparentemente normais e legais, operavam contra a possibilidade de que os pobres levassem os processos adiante. Em particular na região amazônica, em que a citação judicial implica o deslocamento do interessado por distâncias de centenas de quilômetros, onde o transporte é raro, caro e difícil, não foi incomum juízes convocarem os camponeses e, após a chegada destes, adiarem as audiências para meses mais tarde. Ou, então, dificultarem os processos com exigências formais menores ou pequenas omissões, como descumprimento de datas e prazos, em prejuízo das vítimas. Sem contar os muitos despejos judiciais sem qualquer verificação da legalidade dos documentos dos fazendeiros e sem atenção aos argumentos dos trabalhadores, especialmente quando estes se encontravam na terra há muito tempo. Uma lei que assegura o direito de usucapião tem sido escassamente cumprida, porque seus custos e os procedimentos judiciais acabam operando contra aquele que o direito supostamente deve favorecer.

Houve até mesmo caso extremo de um decreto do presidente militar, de 1972, estabelecendo que despejos não poderiam ser feitos em áreas onde já existissem lavradores, sem prévia audiência do Ministério da Agricultura. Esse decreto resultara especificamente de denúncias feitas pela Prelazia de São Félix, no Araguaia (Mato Grosso), devido à verdadeira convulsão que se instalara na região de Santa Terezinha, quando a fazenda, de propriedade de um grande banco do Sudeste, decidiu expulsar moradores antigos do lugar, onde já existia um povoado dezenas de anos antes da chegada da empresa. Pois, mesmo assim, supondo que a lei tem validade nacional, quando advogados pediram em juízo a aplicação da medida prevista em lei, foram presos. Ficava claro, pois, para os bispos que o capitalismo não promovia a igualdade social e econômica, como também o Estado brasileiro não promovia a igualdade jurídica. Por isso, em grande parte, a concepção de *libertação* ganhou tanta força entre os católicos brasileiros, intensamente concebida como transformação social promovida em nome daqueles e por aqueles que vivem no limiar do direito, da possibilidade de sobrevivência e da justiça. Algo como sair do cativeiro.

Essa transformação ainda aparece segundo a tradição do pensamento conservador. Há nela um componente integrista, que na verdade revoluciona a prática. Não foi por acaso que, ao longo dos anos da ditadura, a Igreja tenha sido tratada pelo Estado militar como instituição subversiva e perigosa. Ela o tem sido deliberadamente. Uma vez que estabelece como medida de julgamento dos processos econômicos e sociais o homem inteiro, a pessoa, que esses processos procuram alienar, fragmentar e tornar descartável, literalmente. Foi o que observou a CNBB nos resultados da pesquisa que promoveu, com o Ibase, nos anos 1980, por meio da avaliação médica de causas de morte mencionadas nas certidões de óbito, sobre os efeitos de uma das secas do período, no Nordeste: quatrocentas mil mortes por fome. As vítimas morriam trabalhando nas frentes de emergência, pagas pelo governo, com salário de cerca de metade do salário-mínimo, para fazerem obras públicas ou, mesmo, obras nas propriedades dos grandes fazendeiros. Um salário que, sabidamente, levaria os trabalhadores e suas famílias à morte por fome. O pensamento e a ação dos bispos se organizaram em defesa desse homem inteiro, e vítima, contra um processo cuja perversão se revela na sua força de sujeição e destruição.

Nesse sentido, eu diria, concluindo, que os bispos, de fato, não se converteram e não havia por que fazê-lo. Sua interpretação da realidade e sua ação pastoral é que se tornaram profundamente transformadoras porque, na sociedade brasileira, o desenvolvimento capitalista dissemina a pobreza e não a riqueza e o bem-estar; e também porque, nessa sociedade, as instituições da Justiça fundamentalmente disseminam a injustiça. Essencialmente, é esse um sistema que dissemina e aprofunda as desigualdades e a desumanização das relações sociais. É nessa ótica que, necessariamente, a doutrina social católica ganha, nessa sociedade, uma dimensão reveladora, a da sua insuspeita radicalidade.

Notas

1 "A conversão da Igreja ao evangelho e sua capacidade de evangelizar só podem realizar-se na medida em que ela mesma se converte – no caso – ao posseiro, se solidariza com ele participando de sua luta". Cf. Cláudio Perani, "Bispos da Amazônia: a conversão ao posseiro – reflexões teológico-pastorais sobre o encontro das Igrejas da Amazônia Legal em Goiânia", *Cadernos do Ceas,* n. 39, Centro de Estudos da Ação Social, Salvador (Bahia), setembro-outubro 1975, p. 24.

2 Cf. Florestan Fernandes, *A revolução burguesa no Brasil,* 5. ed., São Paulo, Globo, 2006, passim; Octavio Ianni, *Origens agrárias do Estado brasileiro,* São Paulo, Brasiliense, 1984, esp. p. 192 e ss.; Octavio Ianni, *O ciclo da revolução burguesa,* Petrópolis, Vozes, 1984, esp. cap. 1 ("Monarquia e oligarquia").

3 Cf. Dom Pedro Casaldáliga, "Operação da Polícia Militar e outras forças armadas na área da Prelazia de São Félix-MT", *Cadernos do Ceas,* n. 26, Centro de Estudos e Ação Social, Salvador (Bahia), agosto de 1973, p. 57-65; Ricardo Rezende Figueira, *A justiça do lobo: posseiros e padres do Araguaia),* Petrópolis, Vozes, 1986, p. 73-93; Helena Salem (org.), *A Igreja dos oprimidos,* São Paulo, Brasil Debates, 1981, p. 139-141 e 194-196.

4 Cf. Dom Pedro Casaldáliga, *Yo Creo en la Justicia y en la Esperanza,* Bilbao, Desdée de Brower, 1975, p. 64-66, 71, 91-99.

5 Duas diferentes concepções de "conversão" têm sido utilizadas para explicar as mudanças na orientação pastoral da Igreja, no Brasil. Uma, de origem laica e política, poderia ser definida

como conversão pelo processo social, os bispos passando a orientar sua ação pastoral pela suposta lógica do próprio processo histórico (Helena Salem, op. cit., p. 212). Outra, de origem teológica e pastoral, concebe-a, de modo mais consistente, como conversão ao camponês, no entendimento de que "toda a palavra de Deus e sobre Deus chega a nós através dos homens e se manifesta no seio de sua experiência histórica". Nessa concepção, a relação social é lugar teológico – "lugar em que a existência humana se abre à revelação de Deus" (Cf. Claudio Perani, op. cit., p. 24-25). No meu texto, as referências críticas dizem respeito à primeira interpretação.

[6] Cf. Ralph Della Cava, "Igreja e Estado no Brasil do século xx", *Estudos Cebrap*, n. 12, São Paulo, abril-junho 1975, p. 11.

[7] *Gaudium et Spes*, n. 66.

[8] Cf. Dom Inocêncio Engelke, "Conosco, sem nós ou contra nós se fará a reforma rural", in Conferência Nacional dos Bispos do Brasil, *Pastoral da Terra*, São Paulo, Paulinas, 1976, p. 43-53.

[9] Cf. Comissão Brasileira Justiça e Paz, *CNBB & Nordeste, 1956-1984*, Rio de Janeiro, Liberjuris, s.d., passim.

[10] Falando das favelas do Rio de Janeiro, que abrigaram muitos dos migrantes nordestinos, a Declaração dos Bispos do Nordeste, de 1956, dizia que "tornaram-se [...] as favelas cariocas focos de perigosa agitação social, sobretudo a exploração comunista" (Comissão Brasileira Justiça e Paz, cit., p. 33).

[11] O trabalho referencial e clássico sobre o lugar do município na dinâmica política brasileira, de que me vali neste livro, é o de Victor Nunes Leal, op. cit.

[12] Cf. Raymundo Faoro, *Os donos do poder: formação do patronato político brasileiro*, cit.; Victor Nunes Leal, *Coronelismo, enxada e voto*, cit., p. 59 e ss.

[13] Cf. Ralph Della Cava, *Miracle at Joaseiro*, New York, Columbia University Press, 1970, p. 20-3; Pedro A. Ribeiro de Oliveira, "Religião e dominação de classe: o caso da 'romanização'", *Religião e Sociedade*, n. 6, Rio de Janeiro, novembro de 1980, p. 167-187.

[14] Sobre a dinâmica do relacionamento entre o Partido Liberal, propositor de inovações, e o Partido Conservador, seu executor, no Império, cf. Paula Beiguelman, *Formação política do Brasil*, v. 2, cit., p. 36-38.

[15] Cf. Ralph Della. Cava, "Igreja e Estado no Brasil do século xx", cit., p. 13.

[16] Idem, p. 13.

[17] Cf. Victor Nunes Leal, op. cit., p. 248-249.

[18] Cf. Ralph Della Cava, op. cit., p. 42.

[19] "Os primeiros documentos reformistas caracterizavam-se por um certo elitismo e supunham que os camponeses eram incapazes de desenvolver uma visão crítica da realidade." Cf. Scott Mainwaring, *Igreja Católica e política no Brasil*, São Paulo, Brasiliense, 1989, p. 74.

[20] Cf., especialmente, o capítulo II da *Declaração dos bispos do Nordeste*, de 1956, in Comissão Brasileira Justiça e Paz, op. cit., p. 25-26.

[21] Cf. Jerônimo Martiniano Figueira de Melo, *Autos do inquérito da Revolução Praieira*, Senado Federal, Brasília, 1979, passim.

[22] Cf. Scott Mainwaring, op. cit., p. 66-77.

[23] Cf.. José César Gnaccarini, *Latifúndio e proletariado*, São Paulo, Polis, p. 177.

[24] Cf. Luiz Eduardo Wanderley, *Educar para transformar: educação popular, Igreja Católica e política no Movimento de Educação de Base)*, Petrópolis, Vozes, 1984, esp. parte 2; Emmanuel De Kadt, *Catholic Radicais in Brazil*, London, Oxford University Press, 1970, p. 102 e ss.

[25] "Não foi a existência da pobreza, mas sim a politização dessa pobreza que fez com que alguns setores da Igreja repensassem o seu conservadorismo político." Cf. Scott Mainwaring, op. cit., p. 56.

[26] Cf. José de Souza Martins, *Os camponeses e a política no Brasil*, Petrópolis, Vozes, 1995, p. 81-91.

[27] Cf. Scott Mainwaring, op. cit., p. 103.

[28] "A República, porém, havia nefastamente levado ao poder uma minoria descrente, deixando os crentes, que constituíam a maioria, sem poder de decisão a respeito dos problemas da nação." Ralph Della Cava, op. cit., p. 11-12.

[29] Apenas em consequência da via inesperada da vacância da Presidência, com o suicídio de Getúlio Vargas, assumiu-a o vice-presidente Café Filho, presbiteriano.

[30] Cf. Ralph Della Cava, op. cit., p. 15; Scott Mainwaring, op. cit., p. 43.

[31] Confederação Nacional dos Trabalhadores na Agricultura, *Questões agrárias*, 2. ed., Brasília, s.e., 1975, p. 5-12.

[32] Cf. Octavio Ianni, *A luta pela terra*, Petrópolis, Vozes, 1978, p. 55 e 97.

[33] Cf. Lúcio Flávio Pinto, *Jari: toda a verdade sobre o projeto de Ludwig*, São Paulo, Marco Zero, 1986, p. 132-133.

[34] Cf. Shelton H. Davis, *Vítimas do milagre: o desenvolvimento e os índios do Brasil)*, Rio de Janeiro, Zahar, 1978, passim.

[35] Cf. Dom Pedro Casaldáliga, *Uma Igreja da Amazônia em conflito com o latifúndio e a marginalização social*, São Félix, s.d., 1971, p. 22.

[36] Idem, p. 55 e 60; Octavio Ianni, *A luta pela terra*, cit., p. 55 e 191; Ricardo Rezende Figueira, op. cit., p. 108-115.

[37] Cf. Ralph Della Cava, op. cit., p. 24 e 42; Scott Mainwaring, op. cit., p. 73.

[38] Cf. Lúcio Flávio Pinto, *Amazônia: o anteato da destruição*, Belém, Grafisa, 1977, p. 11-90; Lúcio Flávio Pinto, *Amazônia: no rastro do saque*, São Paulo, Hucitec, 1980, p. 1-46, 119 e ss.

[39] Cf. Scott Mainwaring, op. cit., p. 105 e ss.

[40] Cf. Dom Pedro Casaldáliga, op. cit., p. 9.

[41] Cf. Sue Branford e Oriel Glock, op. cit., p. 55.

[42] Cf. Dom Pedro Casaldáliga, op. cit., p. 26-28; Lúcio Flávio Pinto, *Jari: toda a verdade sobre o projeto Ludwig*, op. cit., p. 85-116; Neide Esterci, "Campesinato e peonagem na Amazônia", in *Anuário antropológico*, v. 78, Tempo Brasileiro, Rio de Janeiro, 1980; Neide Esterci, *Escravos da desigualdade: estudo sobre o uso repressivo da força de trabalho hoje*, Rio de Janeiro, Cedi/Koinonia, 1994; Ricardo Rezende Figueira, *Pisando fora da própria sombra: a escravidão por dívida no Brasil*, Rio de Janeiro, Civilização Brasileira, 2004; José de Souza Martins, *A reforma agrária e os limites da democracia na "Nova República"*, São Paulo, Hucitec, 1986, cap. 3 ("A escravidão hoje no Brasil"), p. 39-44; José de Souza Martins, "A escravidão nos dias de hoje e as ciladas da interpretação", in *Trabalho escravo no Brasil contemporâneo*, São Paulo, Loyola, 1999, p. 127-163; José de Souza Martins, "A escravidão na sociedade contemporânea: a reprodução ampliada anômala do capital e a degradação das relações de trabalho", *Revista do Ministério Público do Trabalho*, ano XI, n. 21, Brasília, março de 2001, p. 13-20; José de Souza Martins, "Trabalho escravo no Brasil", *Anais da I Jornada de Debates sobre Trabalho Escravo*, Organização Internacional do Trabalho, Brasília, 2003; José de Souza Martins, *Fronteira*, cit., p. 71-99. Em 16,5% das fazendas em que se constatou a existência de trabalho escravo, houve também assassinato de trabalhadores que tentaram fugir.

[43] Cf. Movimento dos Trabalhadores Rurais Sem Terra, *Assassinatos no campo: crime e impunidade (1964-1986)*, 2. ed., São Paulo, Global, 1987, passim.

[44] Dados compilados a partir da publicação anual da Comissão Pastoral da Terra, *Conflitos no campo – Brasil*.

[45] Cf. Darcy Ribeiro, *Os índios e a civilização*, Petrópolis, Vozes, 1977, passim.

[46] Cf. Shelton H. Davis, op. cit., p. 96-101.

[47] Cf. R. H. Heelas, *The Organization of the Panará, a Gê Tribe of Central Brazil*, Ph. D. Thesis, University of Oxford, Oxford, 1979, apud Roberto Geraldo Baruzzi et al., "Saúde e doença em índios Panará (Kreen-Akarôre) após vinte e cinco anos de contato com o nosso mundo, com ênfase na ocorrência de tuberculose (Brasil Central)", in *Cadernos de Saúde Pública*, n. 17, v. 2, Rio de Janeiro, março-abril de 2001, p. 407-412.

[48] Cf. José Porfírio F. de Carvalho, *Waimiri-Atroari: a história que ainda não foi contada*, Brasília, s.e., 1982, passim.

[49] Cf. Anthony Seeger e Eduardo B. Viveiros de Castro, "Terras e territórios indígenas no Brasil", *Encontros com a Civilização Brasileira*, n. 12, Rio de Janeiro, junho de 1979, passim.

[50] Cf. Vincent Carelli e Milton Severiano, *Mão branca contra o povo cinza*, São Paulo, Brasil Debates, s.d., passim.

[51] Cf. *Eu ouvi os clamores de meu povo: documento de bispos e superiores religiosos do Nordeste*, Salvador, Beneditina, 1973; *Marginalização de um povo: o grito das Igrejas*, Goiânia, 1973; *Y-Juca-Pirama: o índio – aquele que deve morrer* (Documento de urgência de Bispos e Missionários), s.e., s.l., 1973.

[52] Cf. *Eu ouvi os clamores de meu povo*, cit., p. 10.

[53] Idem, p. 27.

[54] Cf. *Marginalização de um povo*, cit., p. 42.

[55] Idem, p. 43.

[56] Cf. *Y-Juca-Pirama*, cit., p. 21.

[57] Cf. José de Souza Martins, "Terra de negócio e terra de trabalho: contribuição para o estudo da questão agrária no Brasil", *Cadernos do CEAS*, n. 67, Centro de Estudos e Ação Social, Salvador (BA), maio/junho 1980, p. 34-44.

[58] Cf. Conferência Nacional dos Bispos do Brasil, *Igreja e problemas da terra*, São Paulo, Paulinas, 1980, p. 36.

[59] Cf. Arlindo G. de O. Leite, *A mudança na linha de ação missionária indigenista*, São Paulo, Paulinas, 1982, p. 52-62.

[60] Cf. Golbery do Couto e Silva, *Planejamento estratégico*, cit., p. 521-522.

[61] Desde 1968, a Igreja vinha sofrendo repressão e perseguições do governo militar. De 1968 a 1978, 122 padres, religiosos, religiosas e seminaristas foram presos e bispos foram detidos ou mantidos sob cerco e vigilância. Instalações da Igreja foram invadidas, até na presença de bispos. Documentos foram confiscados. Foram submetidos a tortura 34 religiosos e seminaristas. Nesse período, 6 sacerdotes e 1 seminarista foram assassinados. Foram abertos 21 processos e inquéritos militares contra religiosos, inclusive contra bispos. Trinta bispos sofreram algum tipo de repressão, incluindo vários arcebispos e 3 cardeais. Sem contar ameaças de morte. Depois desse período, a violência continuou, com assassinatos de sacerdotes e agentes de pastoral e prisão de sacerdotes com base na Lei de Segurança Nacional. Cf. Centro Ecumênico de Documentação e Informação – Cedi, *Repressão na Igreja no Brasil*, Comissão Arquidiocesana de Pastoral dos Direitos Humanos e Marginalizados da Arquidiocese de São Paulo, São Paulo, 1978, passim.

[62] Já no início do governo militar, o Senado Federal reuniu e publicou, em vários volumes, uma coletânea histórica da legislação agrária brasileira. Em 1978, num dos momentos mais tensos da questão agrária, o governo federal publicou o *Vade-mecum agrário*, em 7 volumes (Instituto Nacional de Colonização e Reforma Agrária, Brasília, 1978). O objetivo, tudo indica, foi justamente prover a advogados e juízes o complexo elenco de leis e normas que regeram e regem toda a história fundiária brasileira. Quase no final do regime militar, quando o governo cogitou uma consolidação das leis agrárias e, portanto, um disciplinamento definitivo da questão agrária, o Ministério Extraordinário de Assuntos Fundiários publicou um volume no mesmo sentido – cf. Maria Jovita Wolney Valente (org.), *Coletânea: legislação agrária, legislação de registros públicos, jurisprudência*, Ministério Extraordinário para Assuntos Fundiários, Brasília, 1983 –, aí incluída a Lei de Sesmarias, portuguesa, de 26 de junho de 1375, que aqui teve vigência até às vésperas da Independência. O governo Lula retomou essa linha de provimento de uma sistematização de leis e de normas sobre a questão – cf. Joaquim Modesto Pinto Junior e Valdez Farias (orgs.), *Coletânea de legislação e jurisprudência agrária e correlata*, Ministério do Desenvolvimento Agrário, Brasília, 2007, 3v.

A ação pastoral das igrejas e o retrocesso na reforma agrária*

As mudanças políticas e as dificuldades do trabalho pastoral

Ao anotar as muitas falas de trabalhadores e agentes de pastoral que participaram da decisiva VIII Assembleia Nacional da Comissão Pastoral da Terra, em 1991, senti-me impelido a rever as anotações que fiz durante a assembleia de agosto de 1989. Aquela fora uma assembleia carregada de impasses e, ao mesmo tempo, de certezas fáceis. Era o momento em que a Pastoral da Terra, mais do que qualquer outra pastoral social, começava a sofrer a grande inflexão que a converteria em aparelho partidário e, com o tempo, a privaria da autonomia e da criatividade que lhe haviam assegurado um lugar na história contemporânea do Brasil.

Lembro-me bem de que, em certos momentos, alguns participantes agiram como se estivessem vivendo a euforia de um comício de encerramento de campanha eleitoral vitoriosa. A proximidade das eleições presidenciais de 15 de novembro (em que, no segundo turno, de 17 de dezembro, Fernando Collor de Mello, do inexpressivo PRN, venceria Luiz Inácio Lula da Silva, do PT) e o clima eleitoral em que o país vivia não deixaram de influenciar os

* Versão revista e atualizada de trabalho publicado originalmente como capítulo do livreto de José de Souza Martins e Cláudio Perani, *Sonhos e desejos dos lavradores: desafios para a CPT*, São Paulo, Loyola/Comissão Pastoral da Terra, 1992, p. 7-25.

pontos de vista e os debates. Já não era a questão social e política que mobilizava os agentes de pastoral; era a questão partidária. Um número grande de participantes, especialmente de agentes de pastoral, tinha quase certeza de que as esquerdas elegeriam o presidente da República e de que esse presidente seria o candidato do Partido dos Trabalhadores que, para eles, era o partido de esquerda por excelência. Essa certeza era certeza, também, de que o presidente da República pode tudo e de que, se o presidente "fosse nosso", a reforma agrária que, supostamente ainda não fora feita, seria feita em todo o país. Com isso, todos os problemas dos trabalhadores rurais seriam resolvidos, já que esses problemas, supunha-se, se resumiam a "dar terra ao trabalhador". E que a decisão de "dá-la" dependia exclusivamente do presidente. Ao mesmo tempo, para um grande número de pessoas, eleger o candidato do PT seria o mesmo que "implantar o socialismo". Desse modo, muitos participantes da assembleia raciocinavam a partir do pressuposto de um encadeamento necessário entre eleição–PT–reforma agrária–socialismo, um encadeamento mágico que acabaria com os problemas econômicos e sociais do país, acabaria com a pobreza, com a injustiça, com a violência – e com o latifúndio! E, na mudança, confirmaria o advento milenarista de uma terra sem males, apropriação extemporânea da utopia guarani, que animava um número grande de participantes dessas reuniões, especialmente os que vinham do Sul.

Lembro-me bem de que foi difícil fazer uma análise da conjuntura política que me havia sido solicitada. Naquele momento, qualquer análise minimamente objetiva já apontava para a fortemente provável vitória eleitoral do governador de Alagoas, Fernando Collor de Mello. O principal indicador dessa vitória estava não só na insatisfação do eleitorado com os partidos (preferindo, pois, um candidato que fosse crítico da política e dos partidos) e sua forte propensão em favor de um candidato personalista, que se mostrasse autossuficiente e autoritário. O principal indicador dos resultados prováveis da eleição estava na tradição pendular da política brasileira: ciclos de autoritarismo e centralização do poder no governo federal (isto é, ditadura), de governos desenvolvimentistas, industrialistas e modernizadores, seguidos de ciclos de governos de descentralização política, de base agrária, municipal e oligárquica, apoiados numa retórica liberal e democrática (isto é, abertura política).[1]

A movimentação dos políticos e dos partidos de oposição à ditadura, já no final do governo militar, indicava com clareza que as oligarquias haviam capturado o discurso contra a ditadura, em favor da liberdade e da democracia. Com base nele começaram a fazer acordos políticos, mesmo com os militares, para instauração, sob seu controle, de um novo regime político civil, a chamada "Nova República". O oligarquismo brasileiro sempre teve uma cara moderna como fachada necessária para preservar o atraso econômico do latifúndio e das relações sociais e de trabalho nele baseadas. Isto é, para preservar mecanismos atrasados de acumulação de capital, os mecanismos do nosso capitalismo rentista. Collor representava tudo isso, como representaram Tancredo Neves e José Sarney: o poder do latifúndio atrasado, dos chefes políticos do interior, mascarado por uma ideologia liberal. Era Collor, portanto, o mais provável vencedor, o que melhor reunia os ingredientes da circunstância política para reafirmar essa tendência histórica do país. A menos que a maioria da população decidisse interromper o movimento pendular dos ciclos políticos nacionais e elegesse um candidato com outra origem e outros compromissos. E, sobretudo, elegesse um Congresso Nacional comprometido com as necessidades de modernização com reformas sociais. Mas a fragmentação das esquerdas e seu profundo desacordo não viabilizavam essa alternativa. A interrupção histórica do movimento pendular começaria, parcialmente, com a eleição de Fernando Henrique Cardoso (1994-2002), do PSDB, para dois mandatos presidenciais, e sua sucessão por Lula (2003-2010), do PT, também em dois mandatos presidenciais. Dois partidos saídos do partido de oposição à ditadura militar, o antigo MDB.

Lembro-me bem, ainda, de que a análise ricocheteou na pedra dura do dogmatismo e da obsessão voluntarista que marcou tão forte aquela assembleia da Pastoral da Terra e a marcaria progressivamente daí em diante. Nem mesmo houve a reação política de debater essa interpretação da conjuntura, contra-argumentar, que era, de fato, a função da análise: abrir espaço para que se debatessem as mudanças sociais e políticas que acaso negassem a repetição da tradição cíclica do processo político brasileiro. A assembleia estava tomada pela eufórica esperança de uma rápida chegada dos trabalhadores ao poder. Porém, curiosa concepção de poder: uma concepção gerencial e administrativa (como se o presidente fosse uma espécie de capataz do território nacional), mas não uma concepção política; não a concepção de que o poder é constituído, numa sociedade diversificada como a nossa, pelos acordos e arranjos que conciliem em torno de projetos comuns o antagonismo dos interesses em jogo. E que a política é a arte de administrar esses acordos e arranjos e dos impasses tirar soluções.

No encerramento da assembleia prévia de 1989, eu fizera as seguintes anotações na minha caderneta de campo, que julgo oportuno transcrever:

> Temas fundamentais, presentes na ação pastoral cotidiana, ficam habitualmente fora da definição das linhas de ação pastoral.
>
> O tema da impunidade e da injustiça, tão presente na vida cotidiana dos agentes de pastoral e dos trabalhadores, não aparece como tema das linhas de ação (da CPT). Aparece apenas como violência gratuita.

A tendência é, às vezes, a de definir uma conduta quase exclusivamente sindical. Nenhuma ênfase nos movimentos sociais, no retorno ao trabalho de base. Retorno esse que deveria ganhar uma dimensão ecumênica, politicamente falando. A tendência tem sido a de pensar os temas na perspectiva da "classe trabalhadora". Esse ecumenismo deveria ampliar a base social da definição dos problemas e da ação. Porém, está acontecendo o contrário. Essa base está se estreitando, cada vez mais restrita a um tipo genérico de trabalhador. Em 1987, era claramente o pequeno agricultor. Agora, o tom da assembleia é relativo a um vago trabalhador operário, polarizando, também, do outro lado – todas as oposições reduzidas a uma categoria única, a "burguesia".

O tema da violência nas relações de trabalho nunca foi problematizado, como fato a ser denunciado e combatido. É um tema que se refere a violações mais amplas, de direitos que são direitos de todos.

O tema das migrações temporárias de trabalhadores rurais não aparece como algo que tenha a ver com as condições de vida e a privação de direitos. Basicamente, os agentes de pastoral não conseguem situar os problemas imediatos nos processos mais amplos. Não conseguem identificar o impacto do particular e cotidiano nos processos mais gerais, que são os que estão presentes nos esquematismos e nas palavras de ordem.

Não conseguem separar a redistribuição da propriedade e a sua exploração economicamente rentável, embora sejam de fato duas coisas diferentes. Não conseguem considerar que a luta pela terra é luta pela sobrevivência, resistência à marginalização, a tornar-se mão de obra sobrante. E que o problema para esses trabalhadores não é a produtividade, mas a sobrevivência, com dignidade.

Basicamente, o problema da reforma agrária é o de manter na terra quem dela está ameaçado de expulsão (são os que estão envolvidos nos conflitos mais intensos) nas condições econômicas e técnicas que tem.

Somente numa segunda etapa é que se poria o problema da extensão rural, da modernização, da elevação do nível tecnológico do pequeno empreendimento agrícola.

A questão da reforma agrária foi erroneamente apresentada como mera proposta de reassentamento de trabalhadores sem-terra.[2]

A vitória dos trabalhadores não estaria necessariamente na eleição do presidente da República, que não poderia governar sem maioria no Congresso Nacional. A vitória dos trabalhadores, mesmo sem eleger presidente e Congresso, estaria em pôr na ordem do dia e na agenda política do Estado suas demandas mais fundamentais e urgentes, as demandas por reformas sociais. Mas os trabalhadores estavam voltados (e os agentes de pastoral mais ainda) para a possibilidade da vitória eleitoral. Conseguiram, ao longo desses anos todos, sobretudo no final da ditadura militar, organizar-se e transformar suas organizações sindicais e políticas em organizações nacionais. Porém, não conseguiram criar um programa de reformas para as negociações políticas. Uma definição para as reformas sociais que as transformasse em condições de sobrevivência política das próprias classes dominantes, das elites, da classe média e de todos aqueles que a ideologia dualista cultivada pelos agentes políticos dos trabalhadores nos últimos anos puseram "do lado de lá", como inimigos da classe trabalhadora. O que genérica e impropriamente foi chamado de "burguesia". O programa dos trabalhadores era basicamente uma lista de prioridades administrativas, no caso de chegarem ao poder, entre as quais uma reforma agrária sem maior conteúdo político, que acabaria servindo para aumentar ainda mais o isolamento político dos trabalhadores rurais. Os trabalhadores foram municiados com uma concepção insuficiente do poder. E até utilizados como pretexto da transformação de agentes sindicais e políticos em funcionários públicos, em funcionários de uma proposta administrativa e produtivista de reforma agrária, de simples promoção de reassentamentos de trabalhadores sem-terra, que não tocasse nem no pacto político da "Nova República" nem no modelo econômico que a sustenta e que, adaptada e ajustada, herdou da ditadura militar. Foi, no fim, o que aconteceu com a eleição de Lula para a presidência da República, curiosamente resultante na própria atenuação da reforma agrária e na valorização do agronegócio.

O fim da ditadura militar e a ascensão do Movimento dos Trabalhadores Sem Terra produziu uma notável inversão de prioridades na fala e na ação do que posso chamar de *agentes de mediação* das lutas dos trabalhadores rurais, caso da Pastoral da Terra. Até o final da ditadura, essas lutas eram justificadas e explicadas como lutas contra a expulsão dos trabalhadores das terras que possuíam ou ocupavam e nas quais trabalhavam.

A figura social que então centralizou, como referência, o discurso sobre a reforma agrária, sobretudo na Igreja, foi a do *posseiro*, uma figura predominantemente regional da Amazônia Legal e não propriamente uma figura nacional. A inauguração da "Nova República" coincidiu com a substituição do posseiro pelo *sem-terra*, seja no discurso dos agentes políticos, seja nas reivindicações e na definição dos objetivos da luta pela reforma agrária. A luta pela permanência na terra foi rapidamente suplantada pela luta por desapropriações e assentamentos dos trabalhadores sem-terra e, particularmente, pelo impacto das ocupações de terras. Ocupações que, aliás, começaram espontaneamente nas faixas de servidão das rodovias, em Goiás, com o cultivo de arroz, por boias-frias nos intervalos de desemprego do ciclo agrícola.

A figura do *posseiro* foi substituída por outra figura regional, o *pequeno agricultor sem terra* da região Sul, já desalojado, como ocorreu claramente com os colonos expulsos da reserva indígena de Nonoai e acampados em vários lugares, entre eles, o mais emblemático, a Encruzilhada Natalino, em Ronda Alta, no Rio Grande do Sul. Os acampamentos tiveram um impacto devastador sobre o sentido e a direção da luta pela terra no Brasil. Essas mudanças indicam as muitas dificuldades que os diferentes grupos de apoio aos trabalhadores rurais têm tido para lidar com a diversidade dos problemas criados pela questão agrária no Brasil e pela diversidade das categorias sociais nela envolvidas.

É sempre útil, na compreensão tanto das variações da luta pela terra quanto dos projetos de reforma social que essas variações induzem, sobretudo no que diz respeito ao envolvimento da Igreja Católica na questão, levar em conta que nos últimos 60 anos não tivemos uma luta pela reforma agrária, mas três lutas sucessivas, substancialmente diversas entre si. No início, a questão agrária se propôs como expressão distorcida da questão do trabalho rural, no geral trabalhadores que pagavam em trabalho o uso da terra alheia no cultivo de seu próprio roçado. Era o caso dos moradores de favor das fazendas de cana no Nordeste, dos meeiros em várias regiões do país, dos colonos de café, no Sudeste, especialmente em São Paulo. Com o deslocamento da frente de expansão em direção ao que veio a ser a Amazônia Legal e a expulsão violenta de posseiros da terra, o posseiro se tornou a figura referencial dos diagnósticos, dos discursos e das propostas de reforma social. Com a abertura política, o interesse se desloca para a crise da agricultura da família, no Sul, a perda da terra e o fim das esperanças de reprodução da família camponesa.

Essas alterações de sujeito referencial foram, provavelmente, feitas de modo intencional pelos membros do governo, no que se refere aos destinatários do interesse governamental, e pela imprensa, no que se refere à formulação temática. De um lado, pelos próprios governantes com o objetivo de *deslocar o centro da questão fundiária do posseiro para o sem-terra.* As lutas dos posseiros estavam respaldadas por um forte conteúdo moral. Os posseiros não têm direitos legais reconhecidos sobre as terras que ocupam, mas suas lutas ganharam a legitimidade da precedência de seu trabalho na terra em relação ao mero comprador de um título de propriedade, muitas vezes obtido de modo fraudulento. Grileiro ainda é sinônimo de delinquente, de beneficiário de um ato criminoso e violento. Não por acaso, os próprios grileiros tentaram acobertar-se, e se acobertam, sob a denominação de "produtores rurais", e abrigar-se sob os legítimos direitos dos verdadeiros produtores rurais. Foi o forte conteúdo moral das lutas dos posseiros que lhes deu aliados políticos da maior importância, dos quais os principais são as igrejas. A luta dos posseiros era claramente legalista, legitimada pelo questionamento de títulos falsificados e ilegais daqueles que os expulsavam da terra.

Os sem-terra foram forçados a desenvolver sua luta num terreno desfavorável – o terreno do adversário. Isso porque a ocupação de terra já não se deu com base no mesmo *argumento moral* da precedência do posseiro, com seu trabalho, em relação ao grileiro, mero especulador fundiário. Mas se deu com base no *argumento econômico*, e pouco convincente, de ser improdutiva a grande propriedade. *Se a luta dos posseiros criou aliados importantes, a luta dos sem-terra criou inimigos importantes*. E nem poderia ser de outro modo.

As lutas dos posseiros, mais antigas e numerosas, foram substituídas, nos jornais e nas preocupações governamentais, pelas lutas dos sem-terra, mais recentes e numericamente menos importantes. Com isso, na formação da opinião pública e na sensibilização dos políticos responsáveis pela definição de normas constitucionais e legais relativas ao direito de propriedade, passaram a pesar desproporcionalmente os acontecimentos que se desenrolavam no terreno escorregadio e difícil das ocupações de terras. Antes, o posseiro é que aparecia como injustamente expulso de sua terra. Agora, os fazendeiros é que passaram a ser apresentados como vítimas de invasões e expulsões.

São muitos os indícios de que essa mudança de ênfase foi intencional, para desmoralizar as lutas dos trabalhadores rurais e os grupos que os apoiavam, especialmente a Comissão Pastoral da Terra. Toda a política de reforma agrária do governo Sarney, o primeiro governo pós-ditatorial, foi dominada pelo problema dos sem-terra e do confronto necessariamente radical que ele acarreta com os grandes proprietários, sem contar os temores que gera nos pequenos. O próprio governo, cuja montagem fora herdada das articulações e compromissos de Tancredo Neves, estava interiormente dividido. De um lado, pela atenuação do radicalismo agrário, arquitetada pelo próprio Tancredo, e de outro pela forte presença que nele havia de representantes dos interesses da grande propriedade e de adversários da reforma agrária.

O momento de maior evidência da conspiração antirreformista ocorreu com o caso de Londrina. A 2 de julho de 1985, o presidente da República baixou decreto declarando todo o município de Londrina área prioritária para realização da reforma agrária. É que havia, no município, propriedades a serem desapropriadas com base no Estatuto da Terra e o próprio estatuto previa que o município de localização de terra a ser desapropriada deveria antes ser declarado prioritário para a reforma. O pressuposto geográfico e político da reforma agrária dos militares era o das áreas de tensão social e não, propriamente, determinada propriedade. Daí esse pressuposto. O manipulado escândalo foi grande, a ponto de um programa de televisão, de variedades e divertimento, totalmente distante dessa temática, o de Hebe Camargo, ter dado lugar a uma entrevista em que se apresentava "a cidade de Londrina" como cidade próspera, totalmente urbana, sendo descabido "desapropriar uma cidade" para fazer reforma agrária. Obviamente, não era nada disso. Mas o presidente da República e o ministro do Desenvolvimento Agrário tiveram que ir a Londrina explicar que a boataria não tinha nenhum sentido. Não obstante, o governo Sarney (1985-1990), dos três primeiros governos pós-ditatoriais, foi o que fez maior número de titulações de reforma agrária (90 mil). A partir daí, a reforma agrária começou a ficar circunscrita, vigiada e boicotada dentro do próprio governo. O que culminaria com a demissão do ministro Nelson Ribeiro e do presidente do Incra, José Gomes da Silva, expostos a humilhações públicas, arquitetadas com o próprio envolvimento do presidente da República. A reforma declinaria nos governos de Collor e de Itamar Franco (1990-1994), quando foram tituladas apenas 35.600 famílias. Ela só voltaria a ganhar intensidade e importância no governo de Fernando Henrique Cardoso, em cujos dois primeiros anos e meio (janeiro de 1995 a agosto de 1998) foram tituladas 125.956 famílias.[3] No governo Lula, a reforma voltaria a perder importância, fato reconhecido e denunciado tanto pela CPT quanto pelo MST. Deixaram de aplicar a Lula o discurso de que a reforma agrária não havia sido anteriormente feita na amplitude e na intensidade por ele preconizada por mera falta de vontade política. Mas nunca perceberam que, no governo Lula, essa perda se deu justamente por deliberada vontade política e não o contrário.

Nesse confronto, o sem-terra ficou relativamente deslocado no novo regime político, pois tanto Sarney quanto Collor foram, no governo, típicos representantes das tradições oligárquicas e latifundistas, cujos interesses e cujas habilidades e alianças políticas os elegeram. Certamente, o efeito político mais grave do pacto que produziu suas vitórias está no teor ambíguo e conservador da Constituição de 1988 e no retrocesso que ela representa na definição da política fundiária. A posição deslocada da questão agrária no novo regime despolitizou-a em favor do produtivismo econômico da retórica dos grandes proprietários, retórica da qual acabaram sendo vítimas os próprios agentes políticos dos trabalhadores rurais. E, com eles, os trabalhadores. A reforma agrária passou a ser avaliada, sobretudo, por seus custos econômicos e não por seus benefícios sociais. No final do governo Lula a ideologia produtivista voltaria a ser a reguladora da avaliação da reforma agrária.

O clima eleitoral de 1989 deu nova vida ao já cambaleante projeto de confronto com as elites através, sobretudo, da reforma agrária. É preciso, aliás, que se diga que, no primeiro governo da "Nova República", não eram militantes do Partido dos Trabalhadores os funcionários que tentavam abrir caminho para uma reforma agrária economicista, produtivista e tecnicista. Os que estavam no governo imaginavam, equivocadamente, que a reforma agrária que propunham em nome dos trabalhadores era a reforma agrária aceitável pela burguesia e pelo capital, uma reforma agrária que incrementaria o desenvolvimento capitalista do país.

Não podiam ver que já não estávamos nos anos 1960, quando a reforma podia ser proposta, como o foi, como uma reforma que dinamizaria o mercado interno para promover o desenvolvimento capitalista comandado pelo que então se chamava de "burguesia nacional". Não podiam ver que o capital nacional se mesclara com o capital multinacional e que o capital se associara à propriedade da terra, o que ficou evidente no deslocamento da frente de expansão na região amazônica. Com isso, o capital se habilitou a receber subsídios e incentivos fiscais, formas gratuitas de lucro e rendimentos, que tributam e penalizam a sociedade inteira em benefício daqueles que têm a oferecer unicamente o seu título de propriedade. A orientação do regime militar, nessa questão, foi clara: subsidiar o capital e estimulá-lo a se tornar proprietário de terra, de modo a mesclar lucro e renda da terra. O capital se transformou em capital rentista, em titular de renda fundiária. Foi esse um poderoso reforço ao peculiar capitalismo brasileiro, apoiado na combinação de lucro e renda da terra, sua incontornável base desde a abolição da escravatura.

O nó da questão estava e está, em primeiro lugar, na supressão constitucional de todos os subsídios e incentivos fiscais à grande propriedade e pelo estabelecimento de um tributo de retorno sobre incentivos e subsídios, já concedidos com dinheiro público. Tratava-se, pois, de cobrar, no novo regime civil, a hipoteca social contraída pelo grande capital durante o regime militar. Porém, pouco se disse e quase nada se fez a respeito. A questão já não era simplesmente ou principalmente promover o crescimento do mercado interno, já substituído, em parte, pelo mercado externo e pela nova divisão internacional do trabalho. A questão era a de combater a renda da terra que passou a se esconder no interior do lucro do capital. Nem é preciso dizer que essa associação entre capital e terra é, na verdade, uma poderosa e devastadora aliança de classes sociais, que fragiliza enormemente os trabalhadores, em particular os trabalhadores rurais. E a forma desse combate não depende do voluntarismo dos burocratas de esquerda com vocação de funcionário. Depende dos problemas sociais criados por essa aliança e da consciência que dela tomam os trabalhadores. Indícios dessa tomada de consciência aparecem já nos muitos encontros de trabalhadores rurais, que têm ocorrido ao longo dos anos, e apareceu nas assembleias bienais da CPT, no imediato período pós-ditatorial, tanto na de 1989 como na de 1991, aqui comentadas.

Os operários das fábricas, e mesmo os identificados com o Partido dos Trabalhadores ou a ele vinculados, nas orientações do chamado "novo sindicalismo", exercitavam-se e exercitam-se na negociação política com seus opositores, inclusive sindicais. Ganham espaço e presença no debate sindical e nas relações de classes. Já os trabalhadores rurais têm sido levados ao confronto, à relação de força com adversários, que só ganharam e se fortaleceram durante a ditadura militar e o novo regime. Adversários que, na verdade, têm demonstrado escassa competência e habilidade para a negociação política, preferindo antes a solução bestial do confronto armado e do radicalismo autoritário das primeiras ações e manifestações da União Democrática Ruralista. A situação tem sido, portanto, de um impasse que só beneficia os grandes proprietários, pois não se sentem obrigados, pelos trabalhadores, a assumir as consequências de sua vitória: assumir suas responsabilidades sociais e econômicas para com o conjunto da sociedade, em particular para com os trabalhadores rurais, encontrando alternativas de sobrevivência para as classes sociais às quais impuseram o seu jugo e das quais extraem todos os benefícios. Sobretudo a grave marginalização social e os desenraizamentos que decorrem da expansão da grande propriedade e do agronegócio.

Uma nova consciência das debilidades das elites

Na assembleia da Pastoral da Terra de 1991, trabalhadores e agentes de pastoral manifestaram-se desalentados, desanimados, derrotados. A derrota eleitoral do Partido dos Trabalhadores e das esquerdas nas eleições de 1989 derrotou, também, a perspectiva que tinham de que só elegendo um presidente e "chegando ao poder" seria feita uma reforma agrária e seriam solucionados os problemas das classes trabalhadoras. Só o socialismo ali imaginado poderia resolver esses problemas e bastaria a eleição do presidente por um partido de esquerda para que o país se tornasse socialista. Como não se elegeu o presidente, não há socialismo. E como não há socialismo, não haverá reforma agrária nem serão resolvidos os problemas sociais. É como se os problemas existissem porque os trabalhadores e agentes políticos foram capazes de concebê-los e dar-lhes um nome: como se os problemas fossem produtos da "consciência" e da capacidade subjetiva de identificá-los, nomeá-los e até inventá-los (no sentido de que a proposição dos problemas sociais pode não corresponder à sua limitada realidade). Há aí uma clara dificuldade para entender que os problemas existem, e são problemas políticos, porque existe a classe trabalhadora e existem as diferentes categorias que a compõem, como as dos diferentes tipos de trabalhadores rurais, pois as classes só existem no antagonismo social que as gera.

Ao mesmo tempo, os trabalhadores e os agentes de pastoral, mais aqueles do que estes, deram lugar principal a uma fala que em assembleias anteriores da Pastoral da Terra também se fez ouvir, mas ficou diluída em formulações mais gerais e de maior impacto pastoral e político. Nessa assembleia, de 1991, ganhou grande peso a fala sobre as *necessidades de sobrevivência dos trabalhadores* (embora não tenha faltado quem se insurgisse contra a palavra "sobrevivência") em confronto com os problemas imediatos. E, sobretudo, um componente relativamente novo: os trabalhadores falaram de seus problemas e de suas dificuldades *em nome de seus filhos*, em nome das novas gerações. Portanto, o tempo da reivindicação política, sob a forma de demanda de reforma agrária, era predominantemente o tempo da sobrevivência e da reprodução social e não, propriamente, o tempo da ruptura e, menos ainda, da revolução. O radicalismo verbal dos agentes de mediação, que é a CPT, já se distanciava da realidade social de temporalidade oposta.

Um grupo disse textualmente que "não se sente à vontade, [não se considera] com seus filhos na escola e assistidos". Outro grupo falou contra a violência e a luta, *contra o confronto*, em nome da paz e da sobrevivência. Muitas afirmações foram feitas sobre as más condições de comercialização dos produtos agrícolas, sobre o favorecimento dos grandes proprietários, sobre juros altos, sobre inviabilidade da agricultura familiar, sobre agricultores que estão vendendo ou abandonando suas terras para os grandes proprietários, sobre migrações de pequenos agricultores, sobre seu fim iminente. Em todas essas falas, não mais a primazia da terra, mas a defesa do direito ao trabalho, do respeito ao valor do trabalho e ao trabalho como centro na definição da vida do pequeno agricultor. Mas trabalho vinculado ao seu meio de trabalho, à terra. Foram claras as queixas contra a alternativa do trabalho sazonal e incerto. E trabalho como meio de assegurar à família e aos filhos saúde, escola, casa, trabalho, paz, justiça etc. Portanto, *uma clara definição do direito à terra como direito ao meio de trabalho e àquilo que o trabalho pode assegurar*. Claramente, também, o trabalho pensado como produtor de mercadorias para um mercado que se reconhece como fator de desvalorização do trabalho e, portanto, carente de uma intervenção do Estado para que suas regras sejam justas, não desvalorizem o trabalho e não desmoralizem o trabalhador. Assim, pois, os trabalhadores falaram do trabalho como mediação da sobrevivência, um trabalho que se explica e se revela por meio de seus resultados na continuidade das gerações. Um trabalhador que disputa com seus exploradores o valor de seu trabalho, sejam eles patrões ou comerciantes, intermediários, bancos etc.

Portanto, para os participantes daquela referencial assembleia da CPT, no limiar da partidarização do trabalho pastoral e dos rumos que assumiria a partir de então, *a questão da terra e do trabalho foi posta em termos de reformas sociais e não em termos de reformas meramente econômicas, de mera redistribuição da propriedade da terra.* Os trabalhadores queriam mais. Queriam mais do que a reforma agrária encabrestada pelos agentes de mediação, os agentes de pastoral. Queriam uma reforma social para as novas gerações, uma reforma que reconhecesse a ampliação histórica de suas necessidades sociais, que os reconhecesse não apenas como trabalhadores, mas como pessoas com direito à contrapartida de seu trabalho, aos frutos do trabalho. Algo bem mais do que o mero salário ou seu equivalente. Queriam, portanto, mudanças sociais que os reconhecessem como membros e integrantes da sociedade e não como meros adjetivos da produção. Anunciavam, em suma, que seus problemas são problemas da sociedade inteira. Que a derrota política de seus agentes de mediação não os suprimia historicamente, era derrota dos agentes e não derrota dos trabalhadores. A falta de uma reforma agrária plena, como a concebiam, não acabava com o camponês, com o pequeno agricultor, com o trabalhador rural. Ao contrário, multiplicava as responsabilidades das elites políticas porque suprimia uma alternativa de integração política, social e econômica dessa massa de milhões de brasileiros que viviam e vivem no campo em condições cada vez mais difíceis.

A crise do socialismo de Estado, com a queda recente do muro de Berlim e o fim quase consumado da União Soviética naquele ano, certamente afetou uma das alternativas em jogo nos conflitos que têm sido vividos pelos trabalhadores rurais. É que o uso do socialismo estabelecido e institucionalizado como referência de uma possível e diferente sociedade, ainda que ilusória, perdeu sua eficácia política e simbólica e remeteu a ideia de uma sociedade alternativa claramente para o terreno da fantasia e da fabulação. A pobreza teórica do trabalho pastoral pesou e tem pesado poderosamente na incapacidade dos agentes de pastoral para realização de análises que revelassem o efetivo possível contido em sua práxis, o que concretamente se propõe na dialética de ação e situação. Ainda que se considere que a crise é do socialismo oficial, crise do Estado socialista, que, certamente, não é o fim das alternativas socialistas. Nem é o fim do pensamento e da prática revolucionários, potencialmente liberados e enriquecidos pelo fim do bloqueio e da distorção representados pelo Estado e pela ideia do golpe de Estado.

É possível que estejamos vivendo os últimos momentos de uma era de revoluções sociais, sobretudo na América Latina, uma era de confronto radical entre as classes sociais. Uma era em que os camponeses desempenharam o papel principal, menos por terem um projeto político próprio e viável e muito mais por serem as vítimas mais retardatárias do progresso limitado que, em graus variáveis, alcançaram as sociedades latino-americanas. Já são vários os indícios de que nossas revoluções inacabadas, como as denominou Orlando Fals Borda,[4] estejam sendo suplantadas pelas insurreições e revoltas nacionalistas, étnicas e religiosas e pelas acomodações que o próprio fim do socialismo de Estado tem permitido. No entanto, esse encolhimento das alternativas definidas pela "Guerra Fria" e pelo confronto Leste-Oeste, entre países socialistas e países capitalistas, não deveria acalmar as elites de um país de misérias mapeadas como o Brasil. Ao contrário, a supressão dessas alternativas transfere para elas a responsabilidade de encontrar outras alternativas e, sobretudo, a de abrir caminhos para a integração e a participação dos chamados excluídos, como é o caso dos trabalhadores rurais (e esse não é um problema tido pela classe operária) e é o caso das massas urbanas desempregadas e subempregadas. Combater a perversidade de diferentes formas de inclusão social iníqua é crescentemente de responsabilidade dos beneficiários dos lucros extraordinários que a miséria propicia.

A imposição de uma derrota tão extensa e radical aos trabalhadores, como a não inclusão de reformas sociais amplas na agenda política do governo brasileiro, numa extensão socialmente transformadora, implica estreitar enormemente o caminho da luta social organizada e politizada. Implica que as elites e a classe média que com elas se alinha tenham que engolir o arrombamento das barreiras de segurança do Estado e das classes dominantes pela violência irracional, anárquica e desorganizada dos sequestros, dos saques, dos linchamentos, dos quebra-quebras, como estamos observando claramente todos os dias. Com a diferença de que aí não há com quem negociar. Essas formas irracionais de reação social às injustiças e à pobreza, incluída a injustiça de atenuação das oportunidades de ascensão social ou de sua redução a logros sociais mínimos, estão devastando as instituições, particularmente a polícia e a justiça, em que se apoia a ordem social e política. O que, mais do que a insegurança dos pobres, amplia a insegurança dos ricos e dos mais bem situados e nela a insegurança de todos.

Tudo depende, agora, de que a massa dos trabalhadores rurais, particularmente os situados precariamente em face do mercado de trabalho e em face da agricultura por conta própria, desenvolva uma nova compreensão do que está ocorrendo. Da força, mas também, das novas debilidades das elites, nelas incluídos os grupos sociais originários da própria classe trabalhadora, que ascenderam politicamente e em larga extensão se descomprometeram com as reformas radicais preconizadas até 2002. E que tenha compreensão de que nessas novas debilidades das elites está a sua força principal, sobretudo porque elites que angariaram poderosos aliados entre os trabalhadores. Força para cobrar direitos sociais, políticos e econômicos que lhes estão sendo negados na insuficiência dos direitos reconhecidos após 2002; força para cobrar a negociação política desses direitos, em especial porque a parcela que da classe trabalhadora chegou ao poder depende largamente do voto e da lealdade de seus grupos de origem; força para denunciar que, na falta das reformas sociais, as elites e os trabalhadores que ascenderam politicamente são responsáveis não só pela pobreza e pelas más condições de vida, mas também pela corrosão e desmoralização das instituições e, portanto, pela deterioração das condições morais, políticas, sociais e econômicas da vida de todos e não só dos pobres.

A emergência política das necessidades imediatas dos trabalhadores

Muito do problema vem do fato de que os trabalhadores rurais não conseguiram *aliados políticos*, a não ser escassos aliados nominais. A pedagogia que as entidades de mediação utilizaram não convenceu *o outro*, porque não reconheceu os *problemas do outro*. Esqueceram-se, os que falavam pelos trabalhadores, de que estavam e continuam sub-representados no Congresso Nacional, que teria papel fundamental na definição dos limites do direito de propriedade por ocasião da Constituinte. Sem apoio de outros grupos e classes, a reforma, além do já preconizado e delimitado pelo regime militar, seria (como foi) inviável. Não houve reforma agrária nas sociedades capitalistas sem intervenção de um grupo estranho aos trabalhadores rurais que a considerasse vital para a sobrevivência da própria sociedade. O confinamento ideológico de um lado e de outro as reformas sociais deixadas ao deus-dará de embates de que resultam medidas muito aquém do possível. Mesmo a aliança que se supunha estabelecida, entre trabalhadores rurais e urbanos e até com os chamados lúmpens e a classe operária, com a ascensão de Lula e do Partido dos Trabalhadores ao poder, a partir de 2003, não confirmou a viabilidade política do proclamado radicalismo popular e agrário.

Durante o regime militar, os próprios militares pareciam propensos à viabilização extensa das demandas agrárias, basicamente motivados pela desativação das tensões sociais no campo. Mais propensos, aliás, do que os grupos de mediação das lutas agrárias puderam ou mesmo quiseram reconhecer. Após a derrota da chamada Guerrilha do Araguaia, em 1974, o governo militar aparentemente entendeu que essas lutas pareciam situar-se muito aquém do que temiam e do que faziam supor as revoltas camponesas latino-americanas e seus tênues desdobramentos no Brasil em décadas recentes. Puderam, portanto, reduzir sua disponibilidade à formatação de soluções jurídicas e administrativas da questão agrária e à criação de mecanismos de gestão política da conflitividade. Com a ascensão do PT à presidência da República, ocorreu um fenômeno político parecido: Lula e o partido compreenderam que a luta pela terra não afetava a governabilidade, a tradução de suas demandas pelos grupos de mediação como o MST, a Pastoral da Terra e mesmo as dezenas de grupos de reivindicação que surgiram com o mesmo propósito, extrapolava a modesta consciência que de suas carências tinham os próprios trabalhadores. O reflexo da versão lulista do Bolsa Família e a ampliação de sua clientela foi a redução da pressão pela reforma agrária, o que confirmou que a demanda agrorreformista se situava, de fato, também para o PT, aquém das pressões políticas.

A derrota das variantes da proposta que se tinha de reforma agrária (e que não é derrota da necessidade de reforma agrária, nem é derrota dos trabalhadores rurais) devolve o problema aos protagonistas, aos sujeitos da luta no campo, agora depurados na sua amplitude, e do radicalismo com que foram apresentados por terceiros. Na verdade, foram derrotados os mediadores, que traduziram mal e insuficientemente as necessidades e os projetos implícitos na prática e nas lutas dos trabalhadores rurais. Os trabalhadores foram derrotados também por seus aliados. A contida reforma agrária do governo Lula, um governo que é culminância também das lutas do campo, é indicativa desse declínio de protagonismo dos trabalhadores rurais e da redução do alcance de suas potenciais propostas de mudança.

O problema agrário tende agora a aparecer com maior clareza e maior pureza: *a reforma agrária aparece através das necessidades dos próprios trabalhadores.* Não aparece como pretexto (e meio) para outras transformações sociais que poderiam ser do interesse de outras classes e grupos sociais. Aqueles que, no fundo, falam através de grupos e organizações que expressam muito mais os dilemas e as carências da baixa classe média dos militantes.

Nesse sentido, *não aparece no primeiro plano enquanto problema agrário*. Aparece como *condição para que outras necessidades sejam atendidas*: necessidade de *sobrevivência*, necessidade de *emprego*, necessidade de *saúde*, de *educação*, de *justiça*, de *futuro*, de *paz* para as novas gerações, de respeito por seus costumes e *sua própria lógica* (camponesa) *anticapitalista* (isto é, por seu modo de pensar e de interpretar a vida, com base nos valores do conservadorismo popular), necessidade de *integração política*, de *emancipação* (isto é, de libertação em relação a todos os vínculos de dependência e submissão, genericamente chamados de "cativeiro"), de reconhecimento como sujeitos de seu próprio destino e de um *destino próprio*, diferente, se necessário.

Antes do restabelecimento do regime democrático, acreditava-se que a reforma agrária traria tudo isso para os trabalhadores, por extensão até atenuando seus desdobramentos urbanos. E que bastaria conquistar politicamente o Estado para que a reforma se concretizasse. Na negação da reforma agrária ampla e radical posta em prática pelo regime militar e de certo modo confirmada pelos governos civis subsequentes, incluído o governo do presidente Lula, foi sendo gestado um misticismo político de que a reforma agrária, completamente reconceituada, se tornou uma referência milenarista. De modo que nenhuma reforma chegará perto do ideal utópico. Hoje, depois dos dois mandatos presidenciais do PSDB e dos dois mandatos presidenciais do PT, é possível ver que a reforma da difusa aspiração popular dos desvalidos da terra é tudo isso, mas o Estado é apenas um intermediário que, ainda que poderoso, age nos limites da trama de alianças que o tornam um poder cambiante. Ele precisa ser novamente mobilizado pela sociedade civil, pelos movimentos sociais, pelos grupos de pressão e pelos partidos políticos que assumem tais demandas, ainda assim variavelmente limitado e tolhido pelas possibilidades históricas de cada momento político. O milenarismo popular, por mais autoritário que seja, como tem sido, num país socialmente diversificado e politicamente pluralista, como este, não tem a menor condição de realizar e de tornar efetivo o reino utópico dessas esperanças, senão parcial e condicionalmente. O unilateralismo do MST tem sido o seu principal adversário e o fator de bloqueio da eficácia política de suas ações.

Mais que tudo, é preciso reconhecer que, na nossa circunstância, a reforma agrária é um tema viável unicamente na perspectiva multipartidária, como expressão da questão agrária, que é um problema estrutural da sociedade inteira e não só de um setor social isolado, os supostamente representados pelos movimentos sociais e pelas organizações parapartidárias, como o MST. O erro político da Pastoral da Terra, do MST e de seus clones, que passam dos setenta, segundo documento da Ouvidoria Agrária do Ministério do Desenvolvimento Agrário, foi o de terem recusado a ampliação do protagonismo pela reforma. Assenhorearam-se do limitado e específico querer das vítimas da questão agrária, sobrepondo-lhe seu próprio querer elitista e de classe média, reduzindo uma luta social de amplas implicações à mediocridade de uma simplificação da luta de classes. Desinformação, voluntarismo e bajulação ideológica esvaziaram a luta pela terra e privaram os trabalhadores de alternativas cuja procedência e cuja viabilidade eles próprios deveriam debater e decidir.

Até aqui, no imediato, os trabalhadores têm enfrentado seus problemas através de estratégias *de sobrevivência*. Agora está posto que é imperioso transformar essas estratégias em estratégias *políticas*. Os mesmos atos, as mesmas reivindicações, as mesmas coisas, os mesmos fatos têm agora *outro sentido*, outro significado, pois as circunstâncias mudaram. As mudanças mencionadas e catalogadas como derrota da reforma agrária são parte de mudanças mais amplas e profundas que abrangem o mundo inteiro.

Antes, era o Estado que dava significado à luta pela reforma agrária. Era o Estado que dizia o que ela significava politicamente. E o Estado falava em nome da polarização do mundo gerada pela "Guerra Fria". A luta pela reforma, ao se tornar inevitável instrumento de aglutinação e direcionamento político das contradições sociais, alterava o equilíbrio político dos diferentes países e punha em risco a aliança ocidental. As revoluções agrárias na América Latina ganharam uma profundidade subversiva que não tinham necessariamente (Bolívia, Guatemala, Cuba, Chile, Peru, Brasil, Nicarágua, México). Os alinhamentos políticos internacionais ocorriam automaticamente. Tocar no problema fundiário alinhava o país com a União Soviética e a China. A questão da reforma agrária no Brasil, nos anos todos do regime militar, foi uma questão de segurança nacional, uma questão que pressupunha ser ela meio e instrumento de presumíveis inimigos externos, isto é, os governos dos países socialistas. *Quando deixou de ser uma questão de segurança nacional, deixou de ser necessária.* Mesmo com o surgimento do aparentemente agressivo MST, é notório o declínio da vitalidade política do tema da reforma agrária entre o período pré-ditatorial (que termina em 1964), o período ditatorial (1964-1985) e o período pós-ditatorial.

O importante das novas posições expressas naquela assembleia da CPT de 1991 está em que o mediador, desde então, tem que ser outro. Agora é a sociedade civil, e não mais o Estado, que deve dar sentido à reforma agrária em primeiro lugar. A reforma agrária deve se constituir numa *reforma social* e não apenas em *reforma econômica*. Por isso, não pode, em primeiro lugar, ser remetida à questão do abastecimento. Deve ser remetida à questão que foi anunciada ali pelos grupos de trabalho por meio dos quais se debateu os diferentes aspectos de seu entendimento atual da questão agrária; a questão que vem sendo anunciada pelos trabalhadores: *a da sobrevivência da sociedade no destino de suas novas gerações.*

O que estou chamando de necessidades de sobrevivência já se manifestava desde as primeiras reuniões de trabalhadores de que participei nos anos 1970.

Exatamente nos mesmos termos em que continuou aparecendo nos anos seguintes e aparece ainda hoje.

As chamadas tendências ou frações partidárias e grupos políticos de esquerda acabaram tendo êxito em convencer agentes de pastoral de que de nada adiantava todo o trabalho que faziam se sua proposta não fosse além dos limites da Igreja e da religião. Em grande parte, desse ponto de vista, todo o trabalho pastoral só teria sentido se transformado em momento do processo político. A política, e sobretudo a política partidária, passou a definir o sentido da ação pastoral. Em consequência, o objetivo maior de transformação política profunda predominou sobre as necessidades imediatas, de sobrevivência, proclamadas pelos trabalhadores rurais. A história presumível se sobrepôs à realidade cotidiana. Em consequência, também, os sobrepostos objetivos políticos impuseram a forma da mediação que viabilizaria o processo: a *organização* – o sindicato e o partido político. Finalmente, a própria mediação passou a definir a identidade do sujeito (o *trabalhador genérico*, bem diferente do trabalhador da ação local, o que reivindica direitos no âmbito da particularidade e não da generalidade), que devia enquadrar-se no estereótipo, assumir sua ideologia e projeto. E a natureza do projeto e das necessidades históricas de que decorria.

Nesse âmbito, o projeto da suposta classe de todos os trabalhadores de todos os ramos de trabalho predominou sobre a possibilidade e conveniência do reconhecimento das necessidades diversificadas e "menores" de uma categoria "limitada" como a dos trabalhadores rurais.[5] Predominou o pressuposto da classe social e de que só a classe é politicamente eficaz. Entretanto, a penúltima década, em vários países, revelou a emergência das categorias parciais como agentes ativos do processo político: o gênero (as mulheres), as gerações (os jovens, os velhos), as minorias étnicas (os índios, as nacionalidades, os negros) e religiosas (os cristãos identificados com a teologia da libertação, o fundamentalismo islâmico). Um quadro em que as classes sociais têm se revelado ineficazes se ignoram que no seu interior (ou, até, ultrapassando seus limites) há muitas e distintas forças, movidas por motivações que não se reduzem nem se explicam, em princípio, pela dinâmica de classes. Os projetos sociais não se reduzem nem se mediatizam necessariamente pelos limites e possibilidades das classes sociais. Além disso, as expressões da classe precedem a própria classe. A substância das classes, seus antagonismos mais fundamentais, recua para o fundo da cena em favor da precedência de suas formas imediatas e mais tensas. O processo atual revela a força das formas sociais e, com elas, das particularidades, como sugerem Guterman e Lefebvre.[6] Esse processo não está desligado das transformações na estrutura e nas funções do Estado, da sua perda de substância em favor da sociedade civil.

O surgimento do lulismo na crise do governo Lula, como expressão política das carências e da consciência do que Singer chamou de subproletariado,[7] acabaria sendo bem indicativo da negação da classe social na própria práxis de um partido originário do primado ideológico da classe social, da classe trabalhadora mais ampla sob hegemonia da classe operária.

No Brasil, o processo de crise e transformação política do Estado se confundiu com a transição do regime militar para o regime civil. E o crescimento da sociedade civil se confundiu com a oposição do povo à ditadura. Essa confusão não viabilizou a clareza das mudanças que ocorriam na sociedade civil e no Estado. Em consequência, superado o regime militar, não ficou claro que a sociedade civil tinha outras tarefas, que o Estado já era outra coisa, que as unanimidades acima das classes e das categorias particulares já eram relativamente ineficazes, pois haviam chegado ao fim.

Essa crise e esses desencontros tornaram possível a visibilidade das denúncias e demandas dos trabalhadores rurais, seus temores. Entretanto, isso não é tudo. Os agentes de pastoral tendem com facilidade ao maniqueísmo. E chegou a parecer-lhes que, devido a todas as mudanças que ocorriam, com o fim da ditadura, deviam retornar ao passado, rejeitar as organizações, despolitizar sua ação. Já entendiam ser assim quando se insurgiam contra a suposição – falsa – de que deviam deixar os partidos ou deixar a Igreja, dilema que afetou a muitos num certo momento, aqueles que intuíam que a mediação partidária era jogo e manipulação. Mesmo com a ascensão do PT à presidência da República, mais tarde, da qual seriam decisivos auxiliares, haverá grupos católicos que preferirão manter uma aparente distância, vacilação que os caracterizará durante quase todo o governo Lula. A formação de uma corrente anti-institucionalista entre os católicos petistas, envolvendo especialmente as CEBs, terá muito a ver com a consciência pré-política desses grupos, cujo alegado profetismo os moverá na direção de uma utopia localizada no pretérito, comunitária, antimoderna e conservadora.

O que se passou a ter, a partir de então, com o fim da ditadura, foi um novo desafio: restaurar a vitalidade "da base" e "do real". Porém, como parte de um quadro político em que os trabalhadores *já dispunham* de organizações nacionais (e não mais meramente locais ou regionais) – os sindicatos e os partidos políticos – e os trabalhadores rurais sem terra começavam a dispor, no lugar da suplência da Igreja, do MST. O movimento "de volta" à base e ao trabalho de base, de redescoberta da base, era um movimento enriquecido por essas conquistas – os trabalhadores criaram as grandes mediações políticas e sindicais de suas ações, de suas lutas, de suas necessidades. Quando a ditadura começou, os trabalhadores rurais não as tinham. Além disso, ganharam aliados importantes nesse crescimento – as igrejas.

Na "ida", no distanciamento em relação aos grupos de base, na busca das mediações politizantes, os trabalhadores foram "puristas", exclusivistas, genéricos (diluindo-se a si mesmos e aos outros na categoria genérica de *trabalhador*), excludentes – estabelecendo limites radicais para os de dentro e os de fora, eles e os outros, aliados e adversários.

Na "volta" à base, o processo só tinha sentido se enriquecido pela experiência, pelo pensamento crítico e o discernimento que dele decorria. Na volta, o processo só tinha sentido se pluralista, com a compreensão da diversidade do "nós" e do "outro", se nele se reconhecesse as particularidades num e noutro caso, a diversidade dos interesses do "nós". Se reconhecesse que o mundo da vida não se limita às oposições econômicas, mas envolve outras oposições e contradições, outras necessidades vitais, que não apenas a necessidade de trabalhar e de comer.

Essa "volta" propunha já na época grandes desafios, sobretudo em relação àquilo que os próprios trabalhadores construíram, os sindicatos e os partidos. O desafio está na aparência de desencontro e oposição que as diferenças podem assumir. A volta, porém, devia ser também o movimento de democratização das organizações, para que reconhecessem e assumissem a diversidade na unidade, a pluralidade das situações, necessidades e reivindicações. É evidente que esse movimento de volta questionava (e questiona) os monolitismos, as unanimidades obrigatórias, as lutas por hegemonia no interior das organizações como lutas prioritárias.

Cresceram e aprenderam na "ida" e deveriam aprender e crescer na "volta". Nesse movimento o fragmento se faria parte do todo, se reconheceria no todo e no próprio *movimento*. A ascensão ao poder, no entanto, interporia a perturbação que o poder pode causar em movimentos com essas características.

A tática do alternativo e seu sentido

Àquela altura, ganhara grande importância a construção tática das alternativas às dificuldades, misérias, injustiças e insuficiências do dia a dia – *a inventividade social dos trabalhadores*. As experiências e propostas de agricultura e comercialização alternativas sempre foram desaconselhadas e desdenhadas em nome da ideia de que ao capitalismo *é alternativo o socialismo*, quase sempre equivocadamente pensado em termos da estatização da sociedade, não só da economia. O que teria um significativo indicador na criação de uma central dos movimentos populares e na criação do seu equivalente na estrutura do Estado, além da estatização da economia. Por outro lado, as pequenas mudanças e reformas foram rejeitadas em nome da opção estratégica pelas transformações radicais e definitivas. Esse absolutismo bloqueou durante longos anos iniciativas táticas dos trabalhadores. Ações em nome de mudanças estruturais foram contrapostas à gradual construção da alternativa movida e determinada por necessidades urgentes, reais e imediatas, cotidianas. O que era meramente doutrinário se sobrepôs à realidade. Tais experiências ressocializaram os trabalhadores, romperam interpretações e dependências, viabilizaram a criatividade cultural e ideológica, ajudaram a construir um novo ponto de vista sobre a vida, sobre a sociedade, sobre os outros e sobre eles mesmos. Ainda persistem ideias sobre o trabalho coletivo, como espécie de solução mágica e definitiva para os problemas dos trabalhadores rurais. Em alguns lugares, chegou-se ao extremo de só aceitar a reforma agrária se a propriedade fosse coletiva, o que a lei não viabiliza nem reconhece. Em outros, os trabalhadores cometeram a imprudência de não aceitar reforma agrária, nem documentos de propriedade dela decorrentes, em nome do trabalho coletivo (o que quer dizer que, do ponto de vista oficial e desta sociedade, a conquista da terra não foi completada pelo reconhecimento e a consolidação de um direito). Nem sempre se percebe *o coletivo como relativo*, que pode dar certo em algumas coisas, mas não necessariamente em outras. Essa invenção de uma sociabilidade nova nem sempre é compreendida como experiência da diversidade. No mais das vezes, perde-se no esquematismo das polarizações absolutas e falsas – ou coletivismo ou individualismo. Não se leva em conta a necessidade social de viver a diversidade. Nem se leva em conta a criatividade que nela há.

O ponto de vista alternativo emergiu com mais facilidade na assembleia da CPT de 1991 porque as organizações políticas esgotaram o arsenal de suas fórmulas verbais manipuladoras. O acervo limitado de receitas passadas pelas organizações sindicais e partidárias deixou os agentes de pastoral desarmados diante das reiteradas queixas dos trabalhadores contra as condições de vida em seu conjunto.

Esse fato sugere o despreparo *teórico* dos agentes e a insuficiência de suas orientações ideológicas. Aliás, sugere que eles confundem, frequentemente, o *conhecimento teórico*, que é essencial para compreender os processos visíveis e os processos ocultos da vida social, com o *conhecimento ideológico*, disseminado pelos partidos, pelo qual se orientam. Na verdade, uma lentidão de aprendizado em face da rapidez, da profundidade e da direção das mudanças sociais e políticas. Mostraram-se dependentes do arsenal de fórmulas e conceitos ideológicos, mas não científicos, que vêm das organizações partidárias e sindicais, e pouco adestrados no manejo do pensamento crítico. Não separaram teoria e prática nem estabeleceram a relação entre teoria e prática. Para eles, a teoria não se enriquece com a (sua) prática nem a (sua) prática com a teoria e a crítica da teoria. Os agentes de pastoral não conseguem lidar bem com um dos aspectos do serviço aos pobres – o de serem mediadores na elaboração interpretativa e teórica de sua experiência, de sua prática, de sua luta. Numa perspectiva lefebvriana, há um desencontro entre o percebido, o concebido e o vivido.[8] As palavras e os conceitos não correspondem à prática e à experiência da prática.

A assembleia da CPT revelou, mais uma vez, as dificuldades teóricas (e doutrinárias) dos agentes de pastoral. Os agentes lidam com ideias que não correspondem à sua prática. E não conseguem fazer a revisão crítica das palavras e ideias a partir do vivido. Na verdade, eles têm uma relação de recusa com o vivido, suas contradições, o senso comum que o compõe etc. Recusa em nome de quê? Em nome da *hipótese da revolução*, mas não em nome da *revolução*, da revolução no modo de vida. Não em nome de rupturas reais (ou sua possibilidade); não em nome do que Heller chamou de *necessidades radicais* nem mesmo em nome das meras necessidades sociais de todos os dias.[9]

Em nenhum momento os agentes de pastoral, por bloqueio ideológico, conseguiram assumir que sua prática está contraditoriamente referida a várias classes sociais: os camponeses e sua diversidade (e sua autonomia relativa); os assalariados e sua diversidade (temporários e permanentes); o trânsito eventual entre essas duas condições (migrantes, pequenos proprietários temporariamente assalariados); a classe média (e suas limitações de compreensão) a que pertencem os próprios agentes de pastoral e os próprios agentes sindicais.

Esses desencontros respondem por fantasias que trouxeram grandes dificuldades ao trabalho pastoral. A maior delas, a de um anticapitalismo pré-político que implica a recusa dos símbolos do capitalismo (o dinheiro, a mercadoria), mais do que a superação do próprio capitalismo. Esquecem que o símbolo da coisa tem uma existência dependente da própria coisa, de sua vida útil, de seu uso. Marx já havia mostrado que o dinheiro não é uma só e mesma coisa todo o tempo. Em seu movimento dialético, muda de significado e de função. Nega-se no percurso. Assume funções opostas entre si. Afirma o capital e afirma o trabalho – reproduz um e outro. Não reproduz só o poder e os poderios, mas também, como sugere Lefebvre, expulsa um resíduo dos poderios distribuídos por diferentes níveis do institucionalizado, aquilo que não pode ser reduzido ao poder instalado em diferentes âmbitos da vida social e por ele subjugado. Cria a possibilidade da insurreição do incapturável.[10] O mesmo vale para a mercadoria, que não é apenas forma, mas contradição e unidade de forma e conteúdo.

Essas são dificuldades das circunstâncias que estamos vivendo. Tudo o que sabemos se torna muito depressa ultrapassado. E as palavras que nos deram segurança no passado recente, e já não nos dão, ganham um peso enorme e indevido.

Na hora de formalizar as propostas e interpretações que foi possível fazer durante os debates, aquela assembleia não teve condições de enfrentar o peso das palavras, da retórica de assembleias anteriores. De certo modo, na formalização das propostas novas e das prioridades, não conseguiu sustentar a convicção de que a expressão *reforma social* é reformista e não corresponde, portanto, à suposição de que a prática que desenvolvem é revolucionária (num texto, substituíram "reforma social" por "transformação social", o que é outra coisa, mais vaga, mais escamoteadora).

Durante os debates iniciais da assembleia, ficou claro que a proposta de reforma agrária (economicista) derrotada apareceu na consciência dos trabalhadores em termos de um projeto novo de reforma (integral) – a reforma agrária como parte de uma reforma social que deve ser cobrada das classes dominantes, da sociedade (como foi dito, não tem havido reforma agrária sem participação ou iniciativa das elites). A ideia que circulou (e que não aparece no documento final da assembleia de 1991) é a de que a reforma agrária deve ser concebida como reforma social na medida em que sua falta não penaliza apenas os trabalhadores vítimas da expulsão, do despejo, da exclusão, da carência de terra para trabalhar. Essa falta põe em risco a sociedade inteira. Daí que a ação deva ser a de responsabilizar as elites pela penalização que elas impõem a toda a sociedade, na medida em que não assumem plenamente a responsabilidade e os deveres do mando político.

Uma comparação entre as diferentes assembleias da CPT, desde 1975, provavelmente indicaria que cada uma esteve dominada por um tipo de emoção. E, ao mesmo tempo, que cada uma se ajustou às circunstâncias da conjuntura eclesial e política. Sem que isso tornasse conjunturais as demandas sociais e as propostas. Tudo isso parece indicar que diferentes níveis de urgência e de compreensão procuram encontrar-se nessas assembleias. E parece indicar, ao mesmo tempo, a força do desencontro. De qualquer modo, no desencontro e na tentativa do encontro parece sugerida a existência de uma perspectiva de onde se pode vislumbrar essas diferenças, a legalidade própria de cada nível. Basicamente, parece que cada tipo de prática revela e denuncia que a realidade social é constituída, na verdade, por diferentes realidades – dependendo da posição social de quem vive (e sofre) cada uma.

Nos discursos da CPT há sempre necessidade, sobretudo nas assembleias, de *distinguir a fala sobre a realidade da fala que é interpretação da realidade*. E quase sempre o pressuposto é o de que a "realidade" é mais verdadeira do que a sua interpretação. Ou, no mínimo, mais legítima. A "realidade", por sua vez, aparece, no primeiro plano, como o relato de casos, acontecimentos, experiências. Por aí se busca o *vivido*, quase sempre confundido com o *relatado*. Não se conseguiu, ainda, incorporar a ideia de que o *con-vivido* com o diferente, com as instâncias ocultas do real (com o que não é imediatamente realidade), é também vivido, experimentado, interpretado (e sofrido!).

A história das assembleias da CPT tem sido uma história de busca das mediações ocultas que dão sentido aos casos expostos, narrados, relatados, debatidos – uma espécie de cimento que emenda a fratura da dispersão e do desencontro entre os próprios casos. A busca do sentido do fragmento é a diretriz que ajuda a entender um dos aspectos do serviço pastoral.

Nesse quadro, o desencontro mencionado antes se revela na crítica à linguagem supostamente abstrata, ao teórico. Ao mesmo tempo em que se busca sentido, recusa-se a função e as peculiaridades do conhecimento interpretativo e teórico que dá sentido a essa busca de sentido.

É possível que por trás dessa ambiguidade haja o temor de que se perca o sentido daquilo que já tem um sentido próprio. E que a diluição da prática em esquemas mais amplos de significação represente perda de controle e alienação da própria verdade em favor da verdade "do outro", daquele que interpreta, do teórico.

Por aí talvez se possa entender o maniqueísmo conceitual e o corporativismo que nele se apoia. Enfim, a dificuldade para utilizar o pensamento como um instrumento criativo e flexível no entendimento da diversidade do social. O maniqueísmo do *nós absoluto* e do *outro absoluto*, o classificacionismo superficial, pode dar a segurança precária de uma interpretação das coisas centrada num nós fechado e autossuficiente.

Por aí vale a pena refletir sobre o papel do assessor dessas assembleias e do seu trabalho intelectual com esses grupos: o que pensa do intelectual esse tipo de militante? Como vê e percebe seu trabalho? O que é o trabalho intelectual para ele?

O assessor de ocasião é o interlocutor que ajuda a interpretar objetivamente os acontecimentos, as alterações na condição do trabalho pastoral, os equívocos. O assessor só o é na reflexão crítica sobre o trabalho pastoral. Ele tem de ser necessariamente o outro, o agente ativo da pedagogia do outro, do que sai de si mesmo para se ver melhor, inteiro. Ele não justifica nem absolve os moribundos. Seu trabalho intelectual só tem sentido enquanto o corpo está vivo, dotado de necessidade de consciência. Por isso mesmo, o assessor, enquanto assessor, não orienta, não define rumos. Deve fazê-lo quem tem consciência do que faz porque tem consciência do que quer.

Notas

1 O pedido dos organizadores da assembleia da Pastoral da Terra eram para que, extra-agenda, eu fizesse uma análise da conjuntura política e eleitoral, o que fiz. Usei o modelo de referir os momentos políticos às tendências políticas de longo prazo, no marco do movimento pendular da história republicana brasileira, que alterna ditadura e democracia, centralização no absolutismo da União e descentralização no oligarquismo das províncias. Embora esse modelo venha sendo alterado ao longo do tempo, ele era e ainda é referência estrutural para compreender as conjunturas político-eleitorais entre nós. A enorme dispersão das candidaturas (22 no total, na eleição presidencial próxima) já sugeria um quadro de amplas incertezas eleitorais e o esvaziamento das possibilidades do único candidato cercado por um apoio coeso e ativo, Lula. Nessa perspectiva, o quadro definido pelo modelo de análise que adotei indicava que era grande a probabilidade de eleição de Collor. Quando estava concluindo minha análise, com essa constatação hipotética, lá do meio do plenário saiu correndo em minha direção João Pedro Stédile, frequentador das reuniões da CPT, que pulou sobre a mesa do expositor e começou a gritar e cantar "Lula lá!", acompanhado pelo coro dos presentes, agentes de pastoral, padres, religiosas e bispos. Aquele episódio teatral foi antecipação do que se confirmaria plenamente depois: o aparelhamento da Pastoral da Terra pelo PT e pelo MST e o espírito de ácida hostilidade aos intelectuais e ao conhecimento científico, pela rejeição do que não fosse o pensamento cúmplice. Fatores que, com a ascensão política posterior do PT, redundaram na perda do referencial interpretativo crítico desses setores da Igreja. Enterrariam uma rica história social apenas para ganhar eleições e ter poder.

2 Cf. José de Souza Martins, *Diário de campo*, 1989, v. 22, fls. 262-267.

3 Cf. Maria Beatriz de Albuquerque David, Philippe Waniez e Violette Brustlein, "Atlas dos beneficiários da reforma agrária", *Estudos Avançados*, v. 11, n. 31, Instituto de Estudos Avançados da Universidade de São Paulo, setembro/dezembro de 1997.

4 Orlando Fals Borda, *Las revoluciones inacabadas em América Latina (1809-1968)*, México, Siglo-veinteuno, 1968.

5 Sobre as diferenças sociais e históricas substantivas entre o operário e o camponês, no caso brasileiro, cf. José de Souza Martins, *A sociedade vista do abismo: novos estudos sobre exclusão, pobreza e classes sociais*), 2. ed., Petrópolis, Vozes, 2003, esp. cap. 2: "Situações diferenciais de classe social – operários e camponeses", p. 49-117.

6 Cf. Norbert Guterman e Henri Lefebvre, *La Conscience mystifié*, Paris, Le Sycomore, 1979, p. 12 e ss.

7 Cf. André Singer, "Raízes sociais e ideológicas do lulismo", cit.

8 Cf. Henri Lefebvre, *La Production de l'espace*, Paris, Anthropos, 1974, p. 49 e ss.

9 Heller entende que mudar a vida é mais do que apenas mudança estrutural e que o móvel das mudanças está nas necessidades radicais, o que quer dizer mais do que as necessidades históricas de específica classe social. Cf. Agnes Heller, *Para cambiar la vida*, trad. Carlos Elordi, Barcelona, Crítica, 1981, p. 16 e ss.; Agnes Heller, *La Théorie des Besoins chez Marx*, trad. Martine Morales, Paris, Union Générale d'Éditions, 1978, p. 107-135.

10 Cf. Henri Lefebvre, *Métaphilosophie*, Paris, Les Éditions de Minuit, 1965, esp. p. 17-19.

O conformismo na modernidade brasileira: disfarces da permanência

"o radical, o agitador vermelho,
extinta a sua função demolidora,
fazia-se conservador no governo,
e vibrava a autoridade recém-adquirida
contra os que o haviam auxiliado
a destruir a autoridade antiga."

Euclydes da Cunha, 1909.

Procura-se o povo brasileiro*

Um mistério preside a República, o mistério do desencontro entre o povo e o poder. É estranho um país em que quanto mais se informa mais desinformado o povo fica. No ABC paulista, berço do Partido dos Trabalhadores e berço político de Lula, a região mais rica do país, em pesquisa eleitoral de setembro de 2006, às vésperas da eleição, apenas 22% dos eleitores da "classe E" ouviram falar do "caso do dossiê". Isto é, o caso de um dossiê falso contra o candidato a governador, José Serra, supostamente encomendado por pessoas ligadas ao PT.[1] Esse setor de uma população amplamente exposta à influência da mídia, especialmente o rádio e a televisão, vota, mas não sabe por que vota e em quem está votando. Portanto, o não ter ouvido falar não vem da falta de informação, mas da falta de compreensão da informação, como se fosse dita numa língua estrangeira. O que esperar de regiões em que a "classe E" é a quase totalidade da população? Regiões cujos votos podem decidir o destino político do país?

Ao longo da nossa história republicana, muitos foram os fatos, envolvendo partidos políticos e pessoas, suficientes para cassar mandatos, tolher ambições políticas e até mesmo banir da vida pública. No entanto, poucos foram alcançados pelo chamado "braço da lei" e poucos tiveram a dignidade da renúncia. O pior de tudo é que o eleitorado, com frequência, como na eleição de ou-

* Publicado originalmente com o título de "Procura-se o povo brasileiro, um decantado desconhecido" em *O Estado de S. Paulo*, caderno Aliás, 1º de outubro de 2006, p. J5.

tubro de 2006, manda de volta ao poder figuras que num país sério ficariam fora dele para sempre.

"O povo não sabe votar", já ouvi muitas vezes e tenho ouvido nestes dias. "Povo ignorante, político corrupto", li num muro, em trêmula pichação, numa das últimas eleições. Essas concepções depreciativas do povo são injustas. Esquecemos das heranças pesadas que levamos nos ombros. Os analistas da situação social e política querem pensar o Brasil como um país moderno, voltado para o futuro, negando-se historicamente todo o tempo. O que existe do passado no nosso modo de ser, no nosso modo de pensar, nas nossas insuficiências e no nosso atraso seria mero resquício de uma realidade em extinção, que não compromete nossa ânsia coletiva de deixar o passado para trás e mergulhar de vez no futuro.

No entanto, o passado que nos trava está mais presente entre nós do que qualquer um de nós possa imaginar. Desde o modo de falar, passando pelo modo de viver, até o modo de pensar a vida e a política. Ainda falamos em todo o Brasil um resquício da língua nheengatu, que se poderia chamar de língua nacional brasileira ou língua do povo. Foi uma língua criada pelos missionários jesuítas, provavelmente com grande influência do gênio que era o padre José de Anchieta. Baseada na língua tupi e organizada com base na gramática portuguesa, difundiu-se por toda a costa do Brasil. É ainda falada em vários lugares do país e não faz muito houve até mesmo tentativa da Anatel (Agência Nacional de Telecomunicações) de proibir o seu uso em programas de rádio destinados às comunidades nheengatu-falantes no Mato Grosso do Sul e no Alto Rio Negro. Alegava o órgão oficial, em português, para nós uma língua historicamente estrangeira, a proibição de transmissão de programas em língua estrangeira, como o nheengatu, na verdade a língua brasileira. Nessa última região, no município de São Gabriel da Cachoeira, o nheengatu é língua oficial e os documentos municipais devem ser publicados nela e em português, além do baniwa, língua de muitos.

Nem nos damos conta de que nossa geografia é predominantemente nheengatu. Só na região paulistana: Jaraguá, Ipiranga, Mooca, Carapicuíba, Butantã, Itapecerica, Embu. Ou que está na fala cotidiana: falá, contá, mexê, caí, rezá, votá, elegê, cassá, reelegê! Quando os brasileiros foram proibidos de falar essa língua, em 1727, e obrigados a falar a língua estrangeira que era o português, língua de administração colonial, de cartório e de Justiça, tiveram dificuldade para fazê-lo, pela dificuldade de pronunciar palavras portuguesas terminadas em consoante, caso dos verbos, e dos sons de f, l, r. Com a proibição, o português obrigatório começou a ser falado com sotaque nheengatu: orelha virou orêia, rezar virou rezá, mulher virou muié. Nasceu o dialeto caipira e sertanejo que, em vez de acabar, sobreviveu e divorciou o português escrito, o do poder, do português falado, o da consciência social e popular.

Essa era uma língua da servidão. Está aí o "mecê" caipira e o próprio "você" urbano, filhos, ambos, do "vossa mercê" com que os ínfimos tratavam os seus senhores. Mais do que um vocabulário, nessa linguagem sobrevivente há parâmetros de consciência relativos à subalternidade. Raramente dizemos uma sentença inteira. Nossa fala cotidiana tem sujeito e verbo, raramente objeto e complemento. Diferente do que ocorre com a língua portuguesa em Portugal, sempre dizemos as coisas pela metade: "Eu vou", mas não dizemos para onde vamos nem quando.

Essa é a linguagem do medo, de quem não pode dizer uma sentença completa porque não tem certeza. Ou, sobretudo, porque a linguagem incompleta é a linguagem dos subentendidos, da certeza de que o outro saberá o que estou dizendo. Ele é o dono da interpretação do que falo, não eu. Portanto, em última instância, o outro decide o que penso e o que quero a partir dos indícios de vontade de minha fala. Linguagem da dissimulação, da vergonha e da subserviência, do faz de conta. Dizendo metade, digo o que o outro quer ouvir e, de certo modo, me permite dizer. Não me exponho à crítica, à censura, nessa linguagem de duplo sentido. Sempre deixo um resto de sentença para que se complete conforme o andamento da conversa. Como pode um povo, cuja consciência política é expressão de uma fala mutilada, se tornar um povo político?

Essa língua tem sentido nas relações políticas que são ao mesmo tempo relações de dominação pessoal. O que hoje chamamos de corrupção não o era até não muito tempo atrás. O mundo colonial, que atravessou o Império e se estendeu pela República, subsistindo ainda nos nossos relacionamentos sociais e políticos, era o mundo dos potentados rurais, dos senhores de gado e gente, dos senhores de escravos e de agregados. Ao menos até o século XVIII eram eles chamados de pais da pátria. Era o mundo do mando e da obediência servil. Mas era também o mundo em que o patrimônio privado alimentava favores e dependências, circunscrevia até mesmo a liberdade dos livres.

Quando se começou a votar, o número de eleitores era muito pequeno em cada município. Onde viviam centenas e até milhares de pessoas, os eleitores eram meia dúzia, reduzidos numericamente pela peneira de malha fina que assegurava a coincidência de patrimônio e poder. Quem tinha bens, tinha poder. Quem tinha poder, tinha mais bens. Em troca de favores políticos, receber benefícios que se traduziam em patrimônio, na conversão do que era público em privado, fazia parte do jogo político e da cultura servil de que a política se alimentava. Não era corrupção. Eram relações de interesse. Isso se agravou na República, com a política de favorecimento dos amigos e aliados na distribuição e aforamento de terras. De certo modo, a dominação patrimonial ainda subsiste, alterada e disfarçada. Todos levamos a marca do ferro em brasa dessa cultura da obediência sem crítica, a ponto de que haja quem justifique com as conveniências da política as inconveniências da corrupção. E já não estamos no Império para que subsista essa mentalidade de escravo.

Esse é o cenário da lenta e contraditória emergência do povo como sujeito político. Foi com a República que surgiram os mais evidentes esforços para descobrir e afirmar a realidade de um povo brasileiro. Se não existia, o povo tinha que ser inventado. E o foi. São dessa época obras de arte, na música, na poesia, na pintura, na escultura, voltadas para a expressão de um imaginado povo brasileiro. Mais do que ninguém, as elites se empenharam numa busca das raízes e da cara do povo, aquela em cujo espelho todos nos reconheceríamos. O pintor paulista Almeida Júnior, no fim do século XIX, elegeu o caipira, o mestiço de branco e índia, como a figura humana que nos retratava, na face e nos modos. O espanhol Broco y Gómez, que estudou pintura no Brasil e aqui se radicou, expressou essa busca, em 1895, no mulato, com a tela simbólica "A redenção de Cam", que se encontra no Museu Nacional de Belas Artes. O antigo escravo indígena e o antigo escravo negro redimiam-se na mescla com o branco para a constituição imaginária de uma nação mestiça que se branqueava. A República nascia mestiça, querendo ser branca. Negava aquelas origens no apagamento da memória. A República e o povo nasceram no faz de conta de uma história sem passado, um povo debruçado sobre uma página em branco. Mas o passado continuava regendo a vida, na língua e na consciência social.

É verdade que a nossa República nasceu torta, em consequência de um golpe de Estado dos militares, mais contra os civis do que contra a monarquia. Nasceu enquadrada e o povo nasceu politicamente confinado. Não obstante, os constituintes de 1891 reuniram-se em congresso, pela primeira vez, como representantes do povo brasileiro. Um grande avanço em relação à Constituição imperial de 1824, redigida em nome da Santíssima Trindade. Só na Constituição de 1934 os constituintes afinal reconheceram o povo no singular: "todos os poderes emanam do povo, e em nome dele são exercidos." Mas que povo, afinal?

Já na Constituição do Império, falava-se em nome dos cidadãos. Mas havia nela uma lista de exceções: menores de 25 anos, criados de servir, religiosos de comunidades claustrais. Eram os que não podiam votar nem ser votados. Havia os que podiam votar, mas não podiam ser votados, porque sua renda era inferior a determinada quantia. Havia silêncio sobre os escravos e sobre as mulheres, que sequer eram reconhecidos como sujeitos de direitos políticos, por sua condição de coisa ou de agregada. Só em 1932 as mulheres tiveram seu direito de voto incorporado ao Código Eleitoral e, em 1934, à Constituição

Federal. Nesse ano, uma primeira brasileira foi eleita deputada federal: Carlota Pereira de Queiroz, de São Paulo.

A história do povo nas constituições brasileiras é a história do seu progressivo, mas lento, reconhecimento como sujeito político. A primeira Constituição republicana, de 1891, alargou conceitualmente a ideia de povo ativo, de cidadão, mas revigorou e ampliou o elenco das pessoas sujeitas a restrição de direitos políticos. Como já não havia escravidão, surgem no texto os substitutos conceituais dos cativos: o texto vetava o alistamento eleitoral de analfabetos e mendigos. Continuarão vetados na Constituição de 1934 e na de 1937. Os mendigos deixam de ser mencionados na Constituição de 1946. Só em 1985 foi revogado o veto ao voto do analfabeto. Ao longo do tempo mudaram-se os rótulos para manter basicamente as mesmas interdições, o povo encolhido nos limites de uma cidadania mutilada.

O povo brasileiro é um povo residual da história e das artimanhas do poder. Ainda é um povo descartável, que se incorpora como sujeito do processo político basicamente nos dias de eleição. Ou então, como mero sujeito da nacionalidade, nos tempos de Carnaval ou de Copa do Mundo, a identidade bonita, mas inócua e passiva, de quem não tem alternativa senão viver para ser visto ou para ver. Somos um povo que se propõe nas exceções do de vez em quando e não no dia a dia do sempre. Nossas revoluções para transformar nunca foram revoluções do povo. Afirmamo-nos como povo no negativo, no noticiário policial, na esquizofrenia das revoltas populares inconclusas e sem rumo. Ganhamos cara de povo na repressão e no sofrimento. Canudos e Contestado foram revoltas provocadas para justificar a repressão republicana do Estado, revoltas religiosas e autodefensivas, em nome da tradição!

Dizem que este é um povo de maus cidadãos porque algum tempo depois das eleições já nem sabem em quem votaram. Eu diria que este é um país de maus políticos, que algumas horas depois das eleições já não se lembram de quem votou neles, não se lembram dos compromissos éticos e políticos que invocaram para colher os votos. Não se lembram de que o mandato não lhes pertence. O povo não pode se lembrar de quem não se lembra dele, de quem faz da eleição uma loteria e não uma relação política. O político brasileiro, com as óbvias e reconhecíveis exceções, não tem com o povo uma relação cidadã. Ao adulterar o sentido da representação política, como temos visto nestes tempos de desilusão, solapa o protagonismo do povo e saqueia o próprio mandato.

Nota

[1] Cf. "Entenda o caso do dossiê", *Folha OnLine*. Disponível em: <http://www1.folha.uol.com.br/folha/brasil/ult96u83557.shtml>. Acesso em: 21 de setembro de 2006.

O fim das esperanças sem fim*

Chegamos ao final do século XX com anos de atraso. Um século muito longo e muito vagaroso que, para nós brasileiros, começou em 1888 com o fim da escravidão negra e, um ano depois, com a República. Esse longo século XX foi um século de promessas históricas de extensão plena ao Brasil da redenção do gênero humano, promessas de advento político do povo, promessas de supressão das injustiças sociais e promessas de ascensão social e política dos pobres e desvalidos. Foi o século das grandes lutas sociais, até de revoltas populares, dos movimentos sociais e de ocupação da fortaleza das estruturas referenciais e duras do Antigo Regime brasileiro. Mas foi, também, o século da repressão, da derrota das revoltas populares e dos movimentos sociais, o século de metas históricas realizadas pela metade e da história inconclusa.

A reflexão sobre o ano que se inicia e a era que ele, em princípio, inaugura, para ter substância, depende de que não se desconheça os fatores crônicos dessa lentidão e se identifique padrões de recorrência que nos remetem, de modo insistente, para a reiteração de fatores de bloqueio na mudança social e política e nos tornam reféns do mesmismo. É bobagem dizer que o Brasil é um país travado. Há, sem dúvida, governantes travados, mas o país avança a seu modo. Encontra seus caminhos de progresso nas veredas da ordem, avança conciliando com a permanência.

---

* Publicado originalmente em *O Estado de S. Paulo*, caderno Aliás, 1º de dezembro de 2006, p. J3.

Aqui o povo demorou muito para se manifestar como protagonista de demandas sociais e políticas próprias, para se dar a ver como dono de vontade coletiva e de projeto social. Temos sido, historicamente, um povo dependente das instâncias da dominação política do Estado e carente de vontade própria eficaz. Nosso drama está no abismo que separa a sociedade civil do Estado. Aqui o Estado se move como se fosse outra sociedade. A questão dos vencimentos dos deputados e senadores, que retorna sempre, é um dos indícios dessa distância no período recente: falta de convicção democrática da política como representação e delegação. Estado e sociedade se aproximam unicamente no período de eleições, de maneira esquizofrênica, um dizendo uma coisa e a outra entendendo coisa bem diversa. Essa é nossa herança estrutural da escravidão, da sociedade civil restrita e do povo descartável e irrelevante. A participação política do povo é, no Brasil, quase que tão somente teatro e, não raro, comédia.

Na sociedade contemporânea, as demandas e as esperanças se manifestam nos movimentos sociais. E aqui no Brasil é por meio deles que o mero processo eleitoral ganhou, às vezes, um coadjuvante, uma revisão periódica, um conteúdo renovado. Os países socialmente mais desenvolvidos, onde surgiram os movimentos sociais modernos, propriamente políticos, os incorporaram com criatividade e energia ao diálogo com o Estado. Isso não quer dizer que o Estado não tenha uma razão própria e que também ele não tenha que fazer ajustes, concessões e arranjos para reconciliar-se continuamente com a sociedade.

A compreensão e a realização desse equilíbrio é que define o chamado estadista. Governar, qualquer um governa, sobretudo porque o aparelho de Estado não raro voa no piloto automático. Vimos isso nos quatro anos do primeiro governo de Luiz Inácio Lula da Silva: nenhum desafio, nenhuma inovação. O problema é quando o piloto de carne e osso, o que deve pensar, tem que tomar decisões, quando o piloto automático chega ao limite de sua autonomia. O verdadeiro estadista se propõe nos momentos de transição, os difíceis momentos da mudança inevitável, que pede decisão, criatividade e diplomacia, momentos em que a bravata engana, mas não ajuda, não transforma, não cria.

Tivemos, na história brasileira, alguns desses momentos decisivos e nem sempre tivemos à mão um estadista para assumir as responsabilidades da mudança com discernimento, capaz de compreender e executar a esperança possível e substantiva. A Independência com unidade e conciliação revelou que o país nascia pelas mãos de estadistas, como José Bonifácio e não, propriamente, a não ser no plano simbólico, no Grito do Ipiranga.

Quando a questão do trabalho servil se tornou incontornável, embora o debate tenha se arrastado durante décadas, a solução foi construída politicamente de modo a não inviabilizar um projeto de nação que começara com a

Independência. Entre abolição com reforma agrária, uma alternativa proposta pelo senador Sousa Dantas, da Bahia, e a abolição com a preservação da grande lavoura de exportação, separada da questão da propriedade, vingou esta última. Gente como Antônio Prado amparava a tese de uma economia acumulacionista contra a de uma economia distributivista. Foi o que assegurou o desenvolvimento econômico capitalista, a industrialização e a modernização do país.

O trabalho livre, por seu lado, não assumiu a forma e as características do trabalho assalariado. Não criou um proletariado agrícola e resultou em mudanças sociais que já continham mecanismos de contenção do conflito social e da politização das demandas sociais. Com a expansão industrial e a conveniência política da conversão plena das relações laborais em relações contratuais, e o reconhecimento formal do trabalho livre como trabalho assalariado, com a Revolução de Outubro de 1930, as novas lideranças criaram uma legislação para a cidade que não se estendia ao campo. Preservavam, assim, o anseio de progresso no marco da ordem. Mantiveram formas rentistas, socialmente arcaicas, de acumulação da riqueza, combinadas com formas modernas e capitalistas de sua reprodução.[1]

A questão do trabalho no campo explodirá na década de 1950. O Brasil conseguira adiar por mais de um século a transformação da questão do trabalho em questão política. Surgirá, inevitavelmente, associada com a questão agrária. Durante a década de 1950, o trabalho rural se politiza como demanda por reforma agrária, remete a questão laboral no campo para a questão da propriedade da terra. Essa forma de encaminhamento da questão será atalhada pela aprovação de um Estatuto do Trabalhador Rural, no governo de João Goulart, separando a questão trabalhista da questão fundiária, tentativa de conciliação que não deu certo.

No entanto, o arcaísmo rural, religioso e político, autonomizou a questão da propriedade e levou adiante a luta pela reforma agrária através de grupos sociais enraizados na tradição conservadora. Tem sido assim desde então. Goulart não conseguiu encontrar saída na política de conciliação da tradição republicana. Foi deposto pelos militares porque, no fundo, não agiu como estadista, criativamente, no marco do progresso na ordem, em que se move o nosso destino político.

Por isso, não é estranho que onde falhou a política tivesse vingado a força: os militares que haviam derrubado o presidente constitucional para impedir a reforma agrária radical tomaram a iniciativa de promover a reforma constitucional que viabilizava a reforma agrária e de propor ao país um Estatuto da Terra.

A criação das condições institucionais da reforma agrária foi o último ajuste estrutural significativo da história brasileira, ainda no marco da conciliação.

Fez dela a última grande demanda das esperanças sem fim, das esperanças de mudanças sociais profundas a partir de contradições tópicas e de alcance limitado. Essa é a característica da história social brasileira: fragmentar as contradições, enfraquecê-las e resolvê-las separadamente, sem revoluções.

A era que termina abre um cenário de protagonismo social mediatizado. Hoje a ordem reguladora tem como agentes os chamados grupos de mediação, a extensa rede de instituições não estatais que servem a uma concepção de Estado e que direcionam as tensões sociais. Refiro-me às igrejas, em particular a Católica, ao MST, que nela nasceu, e similares, às ONGs, às muitas entidades supletivas do Estado, mas também supletivas das formas políticas de expressão da vontade e das necessidades do povo. Essa rede nasceu da falência dos partidos políticos e da própria falência do Estado, confinados do lado de lá do abismo que os separa da sociedade. Esse é o coroamento de um longo e difícil processo de encaminhamento político das demandas sociais. Não temos tido episódios significativos em que o povo se apresente como protagonista eficaz de sua própria história. É fragmentário e manipulável. E nada nos diz que esse cenário está mudando ou vá mudar.

Embora o povo tenha, enfim, condições de atuar politicamente, chegou tarde. Foi chamado à festa de construção política do país quando a festa já estava terminada, as decisões tomadas, o edifício da participação política da sociedade com suas estruturas erguidas, fora das quais pouco ou nada se pode fazer. Essa é a razão pela qual esse povo tardio se imagina no começo de uma festa quando está no fim dela. Imagina-se com a missão de refazer a história quando, tudo indica, sua missão será a de cumpri-la, promovendo mudanças nos limites do que ficou.

Quando Lula fala numa elite de quinhentos anos que fez um país em seu próprio benefício, está dizendo algo que não tem sentido, a não ser justamente o de induzir o povo a ver-se protagonista de uma história que estaria começando agora, com a sua própria e pessoal ascensão ao poder. Momento em que as organizações partidárias sucessoras dos movimentos sociais e das demandas populares querem recomeçar um Brasil sem agronegócio, sem capital nem empresas, querem anular a história que as produziu. Se isso fosse possível, o desmonte dessa problemática herança as desmontaria também, porque são dela expressões, na medida em que suas demandas são impotentes porque já determinadas pelas estruturas políticas que herdamos desse passado social. Nesse sentido, o discurso de Lula não está referido ao futuro, a uma era que teria começado com ele no poder, mas a uma era que acaba. Ele próprio e seu partido parasitaram os movimentos sociais, trataram de institucionalizá-los, de amansá-los e privá-los de criatividade social e política. Institucionalizaram a esperança como expectativa messiânica, como retorno milenarista à inauguração da história. Mas nos subterrâneos da sociedade podem ter sobrevivido os protagonistas insubmissos dos problemas sociais ocultados. A esperança, neste possível novo tempo, vai depender de democracia e liberdade no protagonismo social e político do povo.

Nota

[1] Sobre este tema, cf. José de Souza Martins, *O cativeiro da terra*, 9. ed., São Paulo, Contexto, 2010.

Eleitores ocultos da *jihad* brasileira*

Um pastor manda de Nova York aos crentes de sua numerosa e obediente igreja evangélica recomendação para que votem na candidata oficial. Um bispo católico publica declaração recomendando aos fiéis que não votem nela. Um pastor de importante igreja protestante lança apelo para que os adeptos de sua igreja votem na candidata não oficial. Um frade católico há muito declara que espera que a candidata oficial ganhe esta eleição de 2010 e que a oposição nunca mais retorne ao poder. Se é para a oposição nunca mais voltar ao poder, não se trata de eleição e sim de nomeação. Estamos em face do eleitor oculto, o das religiões, que vota corporativamente e sem liberdade, por motivos religiosos e não por motivos políticos.

A questão política como questão religiosa, no Brasil, se propõe desde a Proclamação da República e da separação entre o Estado e a Igreja. Bispos e padres deixaram de ter *status* similar ao de funcionário público e a Igreja deixou de ter privilégios de repartição pública. O caráter missionário da atuação católica foi largamente beneficiado pela cessação da tutela, dando-lhe a oportunidade de, pela primeira vez em nosso país, fazê-la Igreja livre e profética.

A Igreja Católica, porém, aproveitou mal a possibilidade involuntariamente aberta pela República do ideário positivista dos militares que a proclamaram. Do mesmo modo, a democracia da pluralidade religiosa não consolidou essa premissa básica do Estado moderno entre nós, como se es-

* Publicado originalmente em *O Estado de S. Paulo*, caderno Aliás, 3 de outubro de 2010, p. J6.

perava e era necessário. Os protestantes e as outras denominações religiosas foram tímidos na consolidação da democracia nascente e na defesa do Estado não confessional.

Politicamente marginalizada durante toda a República Velha, que era de inspiração positivista e anticlerical, preparou-se a Igreja nesse período para a Restauração Católica, fundada num ideário de direita e em valores da tradição conservadora. Significativamente, e por isso mesmo, lograria o *status* de "religião da maioria do povo brasileiro" no governo Vargas. Um intercâmbio claramente informado pelo populismo que nascia. O protestantismo se difundiu devagar, à margem da política e do poder, pesando sobre ele o informal veto católico. Poucos notaram, até, que um presbiteriano, Café Filho, sendo vice de Getúlio Vargas, assumira a presidência da República com o suicídio do presidente em 1954. Era a via silenciosa da ascensão política dos protestantes.

O golpe militar de 1964 teve a decisiva participação católica com as "Marchas da Família com Deus pela Liberdade". No entanto, um fato insólito se passou, revelador das grandes mudanças sociais que haviam ocorrido no país: diversos protestantes, especialmente presbiterianos, ascenderam em diferentes momentos do regime aos governos dos estados, no Rio de Janeiro, em Pernambuco, no Pará, na Guanabara e mesmo em São Paulo, indiretamente, quando Laudo Natel, ligado ao Bradesco, de Amador Aguiar, presbiteriano, assumiu o governo com a cassação de Adhemar de Barros e nomeou um secretariado com notória presença protestante. A escolha do luterano Ernesto Geisel para a presidência da República confirmou essa tendência do regime militar. A mudança de orientação da Igreja Católica em relação à ditadura, cuja instauração apoiara, e a hostilidade entre o Estado e a Igreja, nesse período, ganham clareza nesse cenário de fundo religioso.

É nesse quadro adverso e na consequente repressão que alcançou setores engajados da Igreja, até mesmo bispos, que sua atuação política evoluiu na direção do estímulo aos movimentos populares, a ação política orientada contra as incongruências do Estado, sobretudo o descompasso entre o legalmente possível e o politicamente realizado. Nesse legalismo antagônico ao Estado autoritário, os setores mais ativos da Igreja não tiveram outra alternativa para afirmação dos seus valores conservadores, dado que o espaço político de direita, de sua atuação mais coerente, fora bloqueado pela tendência anticlerical dos militares e capturado pelos evangélicos. Sobrou-lhes constituírem sua militância no espaço residual de oposição à ditadura. O rapto ideológico do vocabulário de esquerda deu um revestimento moderno ao programa conservador e nem por isso menos transformador de que a Igreja no Brasil se tornou protagonista.

Nem os católicos nem os evangélicos conseguiram formular uma concepção democrática de política, no sentido de resguardar as respectivas religiões contra o monolitismo ideológico a que tende a política partidária. Não conseguiram propor suas religiões, na política, como religiões universais e pluralistas, irredutíveis ao partidário. O que possa lhes parecer um êxito político-partidário, durante as eleições, é na verdade um fracasso religioso, sobretudo no fato de que tendo se proposto como instrumentos do aparelhamento religioso-ideológico do Estado, tornam-se inversamente aparelhos da política e do próprio Estado. No altar das ambições de poder de sua guerra santa, sacrificam a missão profética das igrejas e minimizam a grande função histórica e libertadora que poderiam e deveriam ter na miséria moral e política da sociedade contemporânea.

O Brasil místico e o Brasil racional*

Duas personagens polarizam o cenário da renovação ritual da conjuntura nacional de poder que se abriu com o início do segundo mandato de Luiz Inácio Lula da Silva, na presidência da República, e da posse de José Serra, no governo de São Paulo. Uma nova era pode ter começado. Os dois discursos de Lula, em Brasília, e os dois discursos de Serra, em São Paulo, contêm muito mais do que mero prenúncio do que seria o embate partidário de 2010, entre o PT e o PSDB. Há neles uma polarização de conteúdos, entre os quais se desenrola o processo político brasileiro e continuará a se desenrolar nos próximos tempos.

Serra e Lula são personagens de um mesmo cenário histórico. Ambos nasceram em 1945, na conjuntura do fim da Segunda Guerra Mundial e do fim do primeiro governo de Getúlio Vargas, que mudara profundamente a sociedade brasileira e abrira a era de progresso industrial que ambos conheceram. Aos 11 anos de idade, Serra morava no bairro operário da Mooca, de onde podia ver, do outro lado da estrada de ferro e do rio Tamanduateí, a Vila Carioca, o bairro operário em que morava Lula. Serra era filho de imigrantes italianos, oriundos da Calábria pobre, mística e dramática, dos que vieram para São Paulo tentar a vida, na onda da grande imigração italiana. Lula era de uma família de pequenos proprietários de terra, migrantes vindos do sertão de Pernambuco para São Paulo, não como retirantes, que eram as vítimas da seca, mas em busca do pai que abandonara a família. Também ele vinha, criança

---

* Publicado originalmente em *O Estado de S. Paulo*, caderno Aliás, 7 de janeiro de 2007, p. J5.

ainda, de uma região mística e pobre e não menos dramática do que a Calábria dos avós de Serra. Essas origens calam fundo na alma das pessoas, na sua identidade, na sua visão de mundo, em seus compromissos éticos e políticos.

No discurso do parlatório, no Palácio do Planalto, Lula explicou que "chegar onde eu cheguei, saindo de onde eu saí, eu só posso dizer que existe um ser superior que decide os destinos de cada um de nós e, por isso, eu estou aqui". No discurso do Palácio dos Bandeirantes, Serra se referiu à conjuntura histórica em que nascera, como a de uma época de trabalho e de oportunidades: "sou fruto das oportunidades que um Brasil dinâmico dava aos filhos dos mais pobres".

Se há coincidências na biografia de ambos, parece que elas terminam nas concepções opostas da história e da política. Para Lula, o seu mandato político é expressão da vontade divina, o governante como objeto dos imponderáveis do transcendental. Para Serra, o mandato é expressão das oportunidades democráticas do processo político, da inserção do cidadão como sujeito de vontade política. O destino levou Lula ao poder. A ação política levou Serra ao poder. O cenário político que se abriu com as eleições de 2006 antepôs o Brasil místico e o Brasil racional, o Brasil tradicional e o Brasil moderno, o Brasil que cumpre um destino e o Brasil que elege um destino.

Não é casual, portanto, que eleitos ambos pelo voto democrático do povo, tenham concepções tão desencontradas da democracia. Lula agradeceu aos trabalhadores que "ajudaram a conquistar a democracia": "os trabalhadores conquistaram o direito de entrar nesta Casa como se esta Casa fosse a casa deles, porque não pode ser diferente, o palácio de um governo tem que ser o palácio do povo brasileiro". Serra, porém, assinalou: "que o Estado seja cada vez mais controlado pela sociedade, que esta possa se defender de seus abusos e nele possa influir alterando os rumos das ações públicas, na perspectiva da contínua democratização". Para Lula a democracia é a presença física do trabalhador na arquitetura palaciana. Para Serra, a democracia é a presença política da sociedade no controle da arquitetura do Estado e, portanto, das ações do governante. Lula se considera o povo no poder. Serra se considera representante do povo no poder. Lula tem uma compreensão pessoal do processo democrático. Serra tem uma compreensão política do processo democrático. A sociedade não precisa entrar no palácio para que haja democracia. Ela ali entra através de seus eleitos, mesmo Lula.

Não obstante essas polarizações e discrepâncias, estamos em face da ascensão política dos filhos dos bairros e subúrbios operários de São Paulo, os filhos das oportunidades sociais do nacional-desenvolvimentismo e da herança da Revolução de Outubro de 1930, quando a questão social deixou de ser questão de polícia para se tornar questão de política.

No final de seu discurso no Palácio dos Bandeirantes, Serra fez emocionada referência a três pessoas: o Cardeal Dom Paulo Evaristo, o ex-governador Franco Montoro e a Madre Cristina (1916-1997), a corajosa e suave religiosa que não tinha medo da política e das ideias. Três figuras emblemáticas da renovação política e religiosa influenciada pela Ação Católica. De algum modo, identificadas com as ideias de Emmanuel Mounier, o dirigente da revista *Esprit*, cuja doutrina do personalismo em oposição ao individualismo propunha a reconversão do homem de objeto em sujeito. Foi a Madre Cristina que conduziu Serra, estudante da Escola Politécnica da USP, da Juventude Universitária Católica, à sua primeira disputa política, a da presidência da União Nacional de Estudantes.

Os valores da Ação Católica e as ideias de Mounier também chegaram ao ABC através da ação pastoral de Dom Jorge Marcos de Oliveira, bispo de Santo André. Sua pastoral operária mobilizou os trabalhadores católicos e criou as bases do grupo político que participará da fundação do PT e da transformação de Lula numa figura nacional.

Nos dois discursos de Serra, são invocados e proclamados valores comuns aos do humanismo cristão. Nos dois discursos de Lula, Deus é invocado diretamente 12 vezes.

Poder e linguagem*

Referência recente ao vacilante português de Lula, por parte do ex-presidente Fernando Henrique Cardoso, teve ácida reação do presidente Luiz Inácio, na costumeira linha de que não é preciso ser um acadêmico e doutor para ser o melhor presidente que o Brasil já teve. Deixando de lado que, segundo a sabedoria popular, elogio em boca própria é vitupério, o que está em jogo nas recíprocas alfinetadas é o fato de que o povo brasileiro é bilíngue e que um abismo ainda separa culturalmente pessoas de distintas origens sociais.

Fernando Henrique Cardoso vem do meio acadêmico e, por isso, do ideal republicano que começou a vingar com a formação das nossas universidades públicas, em particular a Universidade de São Paulo, de que ele foi aluno e docente, de que a cultura erudita deveria ser desconcentrada e chegar até a massa do povo e da população pobre. A criação da Faculdade de Filosofia teve por objetivo preparar os docentes que levassem para o ensino médio o saber e a visão de mundo que se cultivava e difundia na universidade. E no ensino médio, nas escolas normais, seriam preparados os professores que levariam esse saber para as escolas primárias do campo e da cidade, para os ricos e para os pobres. Na cultura acadêmica criou-se e difundiu-se a concepção do dever de corrigir e ensinar, expressão de uma grande esperança pedagógica na missão emancipadora e libertadora do educador. Justamente por isso, houve tempo

* Publicado originalmente com o título de "Ignorância, sabedoria e nhenhenhém" em *O Estado de S. Paulo*, caderno Aliás, 2 de dezembro de 2007, p. J7.

em que o professor era visto com admiração, respeito e acatamento. Dois petistas eméritos e destacados, Antonio Candido e Florestan Fernandes, que foram professores de Fernando Henrique Cardoso, tornaram-se, como o próprio Fernando Henrique, verdadeiros apóstolos dessa maravilhosa concepção do ensino e da educação. Talvez não tenham sido suficientemente ouvidos por Lula e outros petistas que tropeçam na dualidade cultural.

Lula fala o dialeto que se desenvolveu no subúrbio operário, especialmente no meio sindical e político. Dialeto que é uma colagem de vocabulários, uma junção do imaginário do futebol e sua língua, com o vocabulário de uma difusa religiosidade de desobriga e, finalmente, o vocabulário dos dirigentes sindicais, que se sentem obrigados a falar a língua travada, kafkiana e cartorial dos formalismos da lei. Muitos dos operários que subiram na vida, como Lula, vinham do interior e da roça, habituados a falar o belíssimo dialeto caipira ou sertanejo, o português arcaico e literário que, mesclado com sonoridades e palavras da língua nheengatu, que foi nossa língua brasileira até o século XVIII, então proibida pelo rei de Portugal, tornou-se a língua popular, a língua cotidiana de todos nós.

A fala ágil e prática de Lula, não obstante os atritos gramaticais, que não são superiores em número à média nacional, representa bem comportado progresso. É um milagre que Lula não fale com sotaque italiano, do brasileiro de terceira geração que era diretor da escola primária em que estudei no mesmo subúrbio, e que era o sotaque de muitas crianças aqui nascidas. Nossa fala brasileira não esconde o substrato comum e popular da língua que todos falamos. Fernando Henrique foi injustamente crucificado, em 1997, por muitos petistas que hoje dele reclamam pelas referências ao português de Lula, por ter usado palavra da língua nheengatu e do dialeto caipira ao criticar seus críticos de ocasião, que o questionavam pelo suposto neoliberalismo, e dizer que isso era "nhenhenhém". Isto é, para simplificar, "falação", falar demais e sem fundamento. "Nhenhenhém", aliás, que todos usamos na nossa fala cotidiana, composta em boa parte de palavras do vocabulário tupi.

Temos aí um fenômeno histórico e social que não tem merecido atenção nem debate. A ascensão do PT se deu com base em polarizações de uma cultura dualista quase imperceptível, que nos divide como povo: os que são sujeitos da cultura erudita e os que o são da cultura popular. Até aí, nada muito diferente do que ocorreu em outros países, em que houve a valorização da cultura popular em nome da necessidade histórica e política de reconhecer nos pobres e nos trabalhadores uma identidade própria, sólida e antiga. Na Itália, foi a antropologia gramsciana de Ernesto De Martino e seus seguidores que reconheceu nos simples um saber próprio e legítimo. Na Inglaterra, foi a corrente historiográfica que teve no historiador Raphael Samuel uma das referências no estudo de costumes e tradições do povo. Com a diferença de que os trabalhistas ingleses criaram em Oxford o Ruskin College, um "college" para dar a trabalhadores a oportunidade do estudo num dos melhores centros universitários do mundo.

No Brasil, o "racha" linguístico e cultural ganhou força política por essas influências externas, especialmente a de Antônio Gramsci, a partir dos anos 1960. Deu-se no reconhecimento da legitimidade da língua do povo, mas também de sua medicina, de seu direito, de sua agronomia, de sua botânica, de sua zoologia, de sua arquitetura imaginativa (de que as favelas estão cheias de exemplos), de sua literatura oral, de sua arte primitiva, de sua música antiga e, não raro, refinada, na viola de dez cordas. As pastorais sociais da Igreja Católica abrigaram, e trataram com respeito, durante um tempo, a cultura acadêmica voltada para o popular e diferente. Pesquisas foram feitas, estudos realizados. As complicações começaram com as simplificações da militância política e partidária, que levaram ao rompimento com o verdadeiro mundo acadêmico e levaram à desqualificação do saber erudito, o que, por grave viés político, que o diminui e empobrece, o MST faz reiteradamente.

O resultado, certamente perigoso, foi a afirmação da tendência de que a ignorância é sábia e de que o saber erudito é luxo. Lula repetidamente se aventura nessa linha, pensando em si mesmo, em vez de pensar em milhões de crianças e adolescentes que não podem nem devem ser desestimulados em relação à importância vital da escola, da educação e do conhecimento de alto nível para que este país se torne logo o país que queremos.

A solidão do cidadão Lula: o nascimento do lulismo

Na noite do Dia da Pátria de 2005, o presidente Luiz Inácio fez um discurso molemente ufanista, alinhavando êxitos de seu governo e anunciando os próximos triunfos. Quase três anos depois da posse, os fatos do poder, no entanto, esvaziavam o discurso social e radical do PT, o discurso das transformações sociais pautadas pelas difusas demandas populares, mal acomodadas na tentativa de dar-lhes coerência ideológica e consistência partidária. Nas ruas de todo o país, marchadores de várias cores e tendências, tradicionais bases de apoio de Lula e do PT, como os movimentos sociais, as organizações populares e o MST, deixaram em casa a bandeira vermelha da estrela e proclamaram exatamente o contrário do que foi dito pelo presidente. A massa não se saciara com discursos nem com as metas próprias do Estado, mas distantes do cotidiano do povo.

Luiz Inácio defendeu a política econômica como um de seus êxitos, que seus aliados de rua abominam por ser herança do governo anterior, de Fernando Henrique Cardoso. Proclamou os resultados de sua política social, que é na verdade maquiagem de políticas sociais supletivas do governo anterior, que os porta-vozes dos excluídos consideram boa, mas insuficiente. Mais ainda: mais da metade dos marchadores habituais de outras Marchas dos Excluídos ficou em casa. A política do espetáculo declina. O presidente foi colocado a muitos metros de distância do público para que não ouvisse vaias e protestos, cercado apenas por atores do aplauso. O rosto de Lula, na televisão e nas fotos de jornais, mostrava os sinais de quem, mais do que ninguém, sabe o que é massa popular e aprendeu a ler gestos, sons e silêncios. Lula sabia que estava numa encruzilhada e sabia o pior, sabia que estava sozinho.

A solidão de Lula não vinha de então. A solidão de Lula nasceu das contradições de origem do Partido dos Trabalhadores, que se propunha ser um partido operário e acabou se tornando um partido que reúne grupos descaracterizados, cujo clamor pretende ser o clamor dos excluídos, não dos operários. Um partido que pretendendo ser um partido de esquerda não o foi. De um lado porque recolheu como herança os muitos fragmentos de uma esquerda esfacelada desde os anos 1950 por sua própria dependência externa e por suas graves insuficiências teóricas. Uma esquerda desenraizada, que raramente compreendeu, salvo exceções como a de Caio Prado Júnior, as contradições deste país, suas singularidades, sua diversidade, seus dramas e seus atrasos – sua diversidade social e seu tempo peculiar e próprio. Uma esquerda que ainda hoje viaja imaginariamente a Paris para justificar aqui os intelectuais do silêncio, mimetizando Sartre e Merleau-Ponty, os intelectuais da primeira fila do palanque quando há aplausos, mas que dele fogem, e não sabem o que dizer, quando há queixas e críticas. Em vez de compreender o país também em revelações e análises como as de Darcy Ribeiro, de Florestan Fernandes e de Fernando Henrique Cardoso. Um silêncio que o é porque estrangeiro e alienado. Uma nova esquerda que, incapaz de fazer a revolução social porque fantasiosa e descolada do real que é a do país da pobreza domesticada, do Carnaval permanente e da esperança messiânica sem reticências, optou pelo oportunismo de fazer do Estado aparelhado partidariamente o sujeito por excelência da História.

De outro lado, o PT se constituiu a partir do sindicalismo autodenominado autêntico, o sindicalismo afluente do operariado da indústria moderna e de ponta, o sindicalismo de resistência à tradição sindical do Estado Novo, mas nem por isso muito melhor, o sindicalismo de elite e não da maioria. De qualquer modo, o sindicalismo da negociação inteligente e não da negociação subserviente, o sindicalismo para por o militante dentro da fábrica e não o sindicalismo de conveniência para manter o sindicato longe do trabalho. O novo sindicalismo é o sindicalismo de Lula e é dele que faziam parte os "companheiros" substitutivos da esquerda residual e parasitária, recém-removida do governo, que tentava o aparelhamento do PT.

Mas o grupo mais significativo daquele Dia da Pátria foi o da facção religiosa, majoritariamente católica, do PT, um terço do partido. A facção religiosa se manifesta no Dia da Pátria desde 1995, através da Marcha dos Excluídos, uma das formas processionais de protesto social, organizadas e apoiadas pela Igreja Católica, que nela mistura fé e política, sobretudo partidarismo político, uma peculiaridade brasileira. Nasceu para questionar em nome dos excluídos de todo tipo a política econômica do então recém-instalado governo de Fernando Henrique Cardoso, indevidamente definida como neoliberal, a mesma que o PT e Lula adotariam ao assumir o governo em 2003. Uma interpretação desprovida de conteúdo analítico, mera cópia do discurso internacional antithatcheriano. A estrutura da Marcha é crônica e funcionalmente oposicionista e de fato não conseguiu se adaptar à realidade de um governo que se tornou petista. Preservou sua dinâmica de oposição e passou a demolir o governo que se tornou o seu.

Esse não é o maior e mais complicado problema desse grupo e da santíssima trindade partidária que pôs Lula no poder e depois não conseguiu sustentá-lo devidamente. A facção religiosa considera de esquerda qualquer oposicionismo a tudo o que ela abomina e questiona. Na verdade, os fundamentos filosóficos e políticos dessa facção vêm do que havia de mais interessante na tradição conservadora, que na sua banalização e popularização perdeu os conteúdos críticos. Essa facção nasce politicamente, no Brasil em oposição ao comunismo e ao Partido Comunista. Nasce direitista. Teve, no devido tempo, a enorme importância de trazer para o centro da militância política o personalismo de Mounier, fundador da revista *Esprit*, o que para muitos inspirou a releitura de Marx na perspectiva propriamente sociológica de sua obra em contraposição ao economicismo indigente do marxismo oficial, de orientação soviética.

Foi a facção religiosa que deu dimensão nacional ao PT e foi ela que forneceu ao partido algo que os outros dois grupos – o sindical e o esquerdista – não tinham a menor condição de oferecer: a mística política de fundo religioso, o sistema conceitual que baliza os discursos do partido, o didatismo maniqueísta que demarcou a fala presidencial daquele Dia da Pátria, o Brasil classificado na sua pobre e equivocada divisão em duas categorias sociais e políticas, a das pessoas de bem e a das mal-intencionadas, as que são pelo governo e as que são contra o governo, os "pobres" e os "ricos". Isso pode ser bíblico, mas não é dialético nem é político.

O moralismo de fundo religioso tem um projeto político para o Brasil, expresso na fala de um dos organizadores da Marcha: "O que todos os movimentos sociais estão dizendo é que esse sistema de representação política baseado nos partidos não serve". Ao impugnar o sistema partidário e de representação política e, portanto, a democracia, estão sugerindo a alternativa da democracia direta, de massa e de rua, mediante pressão, a do governante-fantoche. Em decorrência, "Lula lá" já é Lula só, assediado para se tornar instrumento de uma das três facções do PT que disputam a alma de Luiz Inácio. Essa é a originária mãe da crise. É aí que começa a nascer o lulismo, o esvaziamento do PT por seu maior líder, em cuja popularidade se proclama a desnecessidade do partido.

Vencer ou vingar: a questão do perdão político*

O debate em torno do alcance da anistia política, decretada ainda no regime militar, não põe apenas na agenda da nossa consciência política os temas opostos do perdão e da vingança. Sobretudo, expõe as limitações do nosso ideário político no Brasil, já decantado pela anômala duração do regime autoritário, que expressou a fragilidade da nossa competência democrática. Decantado, também, pela extrema fragmentação das esquerdas, que o regime acentuou, dispersas por dilemas doutrinários.

A anistia foi um convite ao esquecimento do terrorismo do Estado e dos crimes que inventou para prender, torturar e matar. Num certo sentido, na lei de anistia o regime militar reconheceu oficialmente sua derrota pela sociedade civil obstinada que, por caminho diverso do dos que optaram pela luta armada para derrubá-lo, acabou por vencê-lo e superá-lo. O retorno à questão da anistia, concedida pelo próprio culpado, deixa de lado o fato de que a tortura era apenas a ponta extrema de um encadeamento perverso que ia do informante ao torturador. Informante que, como mostram os documentos da espionagem e da repressão políticas, desde os anos 1920, não raro era membro do próprio grupo político, conhecido, vizinho, amigo e até parente da vítima. Sem contar o fato de que no regime autoritário recente o Estado brasileiro se

* Publicado originalmente em *O Estado de S. Paulo*, caderno Aliás, 17 de agosto de 2008, p. J6.

duplicou. Havia o Estado legal, mutilado pelas leis de exceção, e havia o Sistema, o Estado paralelo e invisível da tortura, dos decretos secretos e das verbas secretas. Havia o Estado para inglês ver e o Estado para brasileiro sentir. É estranhíssimo que se defenda o torturador como se fosse legítimo funcionário do Estado legal.

Nesse processo à margem das opções radicais, uma das grandes transformações políticas ocorridas no Brasil durante a ditadura foi a fragilização da esquerda materialista e o fortalecimento e disseminação de uma nova esquerda fortemente enraizada no pensamento religioso, em particular no pensamento católico. Isso não ocorreu apenas no Brasil. Em vários países da América Latina, sob influência da Teologia da Libertação, Marx ganhou adeptos onde até então só tivera inimigos.

Essa nova esquerda chegou ao poder na Nicarágua, com o sandinismo, e no Brasil, com o petismo, aparente mescla de esquerdas antigas e novas. Mas na verdade sólida e nova organização política e ideológica, fortemente dependente da esquerda religiosa, que entre nós se disseminou com vigor e competência, sobretudo a partir dos anos 1970. Uma esquerda que nasceu para ocupar o espaço perdido pela velha esquerda, esvaziada por suas próprias contradições.

A substancial diferença entre a velha esquerda e a nova esquerda está no abandono da concepção dialética da história e sua redução a uma concepção maniqueísta da política e a uma concepção caritativa da questão social. Em relação à velha esquerda, a nova esquerda desconhece completamente o princípio da superação como ponto referencial da prática política e desconhece, em decorrência, o primado do historicamente possível na orientação da ação política. Uma renúncia completa ao reconhecimento de que o historicamente possível se propõe no plano das condições sociais e políticas do agir histórico e não no mero e vulgar plano da opinião partidária.

Renúncia não apenas neste retorno à questão da anistia, mas no próprio móvel da nova esquerda, de que o agir político se resume à revisão da história consumada, à revisão da própria historicidade que trouxe este país até o ponto em que estamos. Em vez de transformar, retroceder para recomeçar. Em diferentes momentos destes últimos trinta anos, temos testemunhado surtos de revisão da história, propostos como tentativas radicais de refazer o já feito. Tudo compreensivelmente dominado por uma larga e amarga consciência das grandes injustiças que marcaram a história social do Brasil ao longo dos séculos, das escravidões indígena e negra e, mesmo, branca, na peonagem de hoje, até às iniquidades sociais do presente.

Já nas comemorações do quinto centenário da descoberta do Brasil, a mentalidade da nova esquerda se fizera presente, na própria celebração da missa pelo enviado papal, na Bahia, na tentativa de transformá-la numa celebração alternativa e num questionamento das comemorações oficiais. Decantando a realidade mestiça e mesclada, resgataria a pureza virginal das supostas raças constitutivas da sociedade brasileira para pedir-lhes perdão pela iniquidade de tê-las transformado em brasileiras, é verdade que através de penoso, violento e iníquo processo histórico, o da escravidão, do genocídio e do aniquilamento cultural. O próprio cardeal celebrante sentiu-se obrigado a mencionar que a história não é só de perdas, mas também de ganhos. O que, evidentemente, não legitima perdas e injustiças. Ali, justamente, o pedido de perdão aos índios por ter o Brasil e terem os brasileiros privado-os de suas terras, de sua cultura e de seus direitos imemoriais careceu de sentido. Só é legítimo e político o pedido de perdão quando a vítima a que se dirige está em condições de perdoar. Os mortos não têm como fazê-lo. Os culturalmente desfigurados tampouco. No mínimo está em jogo, em casos assim, a legitimidade da representação dos que foram vitimados pelas injustiças e violências reconhecidas, que contraditoriamente são também herdeiros de seus benefícios. Em relação ao negro tem se repetido pedidos de perdão que não alteram os fatos consumados nem reorientam a sociedade no sentido de que tais iniquidades não voltem a ocorrer.

Volta e meia, os militantes da nova concepção de revolução social se emaranham num passado idealizado, como o dessa ficção das três raças originárias, para reivindicarem e imporem mudanças em nome do pretérito. Na verdade, uma idealização vingativa do passado, em que o vingador se iguala, na lógica e nos procedimentos, aos responsáveis pelas iniquidades cujo reparo pede, porque pleiteia a anulação de identidades e o apagamento da pluralidade do ser social de agora. Não há aí a concepção de superação do presente, de construção da sociedade nova que todos almejam. Há apenas a recusa do atual em nome do passado idílico e, portanto, a negação da legitimidade histórica de quem pede o perdão, que se propõe como ser desencarnado e destituído de contradições, destituído de historicidade e, portanto, privado da herança iníqua que proclama. O mesmo ocorre em relação à anistia, décadas depois. A superação que se pretende baseia-se no pressuposto anti-histórico da anulação da história. A nova esquerda pensa a nova sociedade como restauração e punição, pensa-a na perspectiva e nos limites estreitos da tradição conservadora.

O Estado paralelo*

As vicissitudes do governo do presidente Luiz Inácio expuseram, ainda que dissimuladamente, as ameaças e riscos da existência de um Estado paralelo no Brasil. As comissões de inquérito que, entre 2004 e 2006, trataram da corrupção em diversos e melancólicos casos de criação de canais de transferência de dinheiro suspeito para partidos, através de parlamentares, trataram, sem o reconhecer, exatamente dessa duplicidade do poder. Os corruptos, do mensalão de 2005-2006 ao encomendado dossiê de 2006 contra o PSDB, foram vistos como se fossem simples e imprudentes batedores de carteira. Esse foi o erro político dos homens de bem que, no Parlamento e fora dele, entenderam que estávamos diante de corrupção no sentido lato e vago da costumeira ladroagem que, volta e meia, aparece associada a nomes de políticos. O delito é maior e bem mais complicado. Trata-se de crimes reiterados contra o sentido do mandato político e da democracia no Brasil, minados ambos pelos agentes ocultos, ou de duas faces, do Estado ilegal e paralelo.

Sem contar que o Estado legal está mutilado pelos vícios da representação política. Aqui, não é o povo que vai às urnas. São as urnas do poder que vão ao povo recolher, mais do que o voto, o consentimento sem limite, a carta branca pela qual os políticos mandam e, não raro, desmandam.

* Publicado originalmente com o título de "Prendas de um Estado paralelo" em *O Estado de S. Paulo*, caderno Aliás, 29 de outubro de 2006, p. J4.

Não é estranho que a política brasileira contemporânea esteja marcada por diferentes manifestações de paralelismo político extrapartidário, de modo a distorcer a representação política e a estabelecer canais de mediação entre o povo e o poder que instituem autoridades ocultas na definição prévia daquilo que supostamente será decidido na instância propriamente política. É a nova cara do direitismo político.

Estamos em face da instituição de um poder paralelo e mesmo de um Estado paralelo que governa ocultamente e de fora das instâncias propriamente de expressão democrática da vontade política do povo. A ostensiva declaração do presidente Luiz Inácio, pouco depois do primeiro debate do segundo turno da eleição de 2006, de que o PSDB não tinha o direito de ter candidato à presidência e de pleitear o retorno ao poder, foi, sem dúvida, nítida manifestação desse autoritarismo, expressão da fala oculta do Estado paralelo que, se não governa, tenta governar.

As fontes dessa distorção são várias. Primeiramente, a referência mais ampla do divórcio entre o povo e o poder e a distância perigosa entre o legítimo e o legal. Em segundo lugar, a cultura de esquerda que se firmou no Brasil jogou sempre com o pressuposto de que o Estado "burguês" não merece confiança nem respeito, porque estado corrupto, nutrido econômica e financeiramente pela exploração do povo e pela iniquidade que enriquece os ricos e empobrece os pobres. Não é nenhuma surpresa que intelectuais, supostamente responsáveis, tenham abertamente justificado a corrupção do mensalão, em nome da superioridade política e do compromisso alegadamente social e socialista do Partido dos Trabalhadores. Ou que um destacado político desse mesmo partido justifique a prática da mentira autodefensiva e acobertadora como um direito dos autores de ilícitos políticos motivados por propósitos que são, digo eu, golpistas. O Estado paralelo para subsistir precisa corromper e mentir sobre a corrupção. Pior, recorre a racionalizações dessa ordem e outras mais que a intelectualidade produz com facilidade para dar uma cara aceitável ao que aceitável não é.

Essa cultura, no fundo, é meio de questionamento do direito de representação política legítima do povo. É evidência de que os que, nessa perspectiva, falam em nome do povo, e sobretudo dos pobres, usurparam de fato o direito de expressão direta e cidadã da vontade popular. Instituíram uma tutela cerceadora nos currais ideológicos em que forçam ao confinamento, por meios que vão da religião ao assistencialismo, os que chegam tardios, cansados e famintos à boca de cena da história política do país. Na multiplicidade dos grupos e agências de mediação da vontade política das camadas populares criaram a prisão de uma sociabilidade de cerceamento, que tolhe e deforma a vontade política do eleitor. O direito à mentira, defendido pelo então governador eleito da Bahia, difere muito da mentira comum e cotidiana e tem propósitos claros. Não vê quem não quer ver.

O Estado paralelo vem, há anos, definindo seu espaço, no aparelhismo, na infiltração e na manipulação. Nem os movimentos sociais escaparam. Uma central dos movimentos populares emergiu dessa escuridão política para colonizar e dirigir a vontade social do povo organizado e motivado por temas e reivindicações, não raro urgentes.

Também a sociedade caiu no ardil do poder paralelo ao subscrever e sustentar moral e politicamente a ideologia do Estado paralelo que anima organizações políticas como o Movimento dos Sem Terra desde sua origem. Não só a reforma agrária oficial, a única legal, passou a ser apresentada pela organização, pelo PT e por setores da Igreja como reforma agrária do MST. Suas ocupações de terra, em lugar de expressar reivindicações legítimas dos trabalhadores, acabam expressando reivindicações político-ideológicas da própria organização política. Cavam a própria sepultura ao não se darem conta de que sua ação como braço do Estado paralelo mina a sustentação do governo legal, que é do seu próprio partido.

Ainda que desde o início tenha havido tensões e desligados, o primeiro governo Lula foi parasitado pelo Estado paralelo, por sua vez robustecido pelas numerosas nomeações de membros desse Estado para o corpo funcional do Estado legal. O eleito das eleições de 2006 teria que disputar com esse Estado paralelo o poder legítimo, as diretrizes de Estado, as políticas sociais e até a política diplomática, mesmo que não fosse Lula. O varrimento do poder e das proximidades do poder dos agentes do Estado paralelo foi o fato que no segundo mandato de Lula restabeleceu a ordem na estrutura do Estado e, em boa parte, criou o cenário de consolidação do lulismo.

A armadilha eleitoral dos apelidos*

O Brasil é um estranho país em que, a pretexto de ser democrático, torna mais fácil eleger alguém para uma função política se se apresentar ao eleitorado com apelido de animal de estimação, o que ocorre com muitos dos chamados "nomes de urna", do que com o nome de gente. A lista de apelidos eleitorais esdrúxulos e de nomes vagos, que pode ser constatada em todos os municípios brasileiros na eleição de 5 de outubro de 2008 e novamente na de 2010, é tão extensa que se pode legitimamente duvidar do caráter político das eleições brasileiras. Para nascer, para viver, para trabalhar, para casar, para procriar, para estudar, para votar, para ficar doente e até para morrer temos que ter um nome civil, registrado e legalmente reconhecido. Até bandido precisa de um nome de gente para ser preso, processado e condenado. Menos o político e quem quer atuar na política. É verdade que certo número de candidatos e um número extenso de eleitos o são com o nome apropriado, de seu registro civil e de seu título de eleitor.

A possibilidade legal das pessoas se candidatarem usando apelidos permite que os eleitos o sejam mesmo para altas funções públicas sob um disfarce, uma máscara nominal que lhes oculta a verdadeira identidade e os torna conhecidos na política para serem desconhecidos no conjunto de sua condição de pessoas. São casos de dupla e desencontrada identidade que ferem, justamente, o princípio básico da política que é a transparência e a identificação de quem

---

* Publicado originalmente em *O Estado de S. Paulo*, caderno Aliás, 28 de setembro de 2008, p. J5.

se oferece para a representação política. Representação quer dizer presença do ausente, atuar e falar no lugar de alguém, que no caso é o eleitor. Na cultura política da dupla identidade quem nos representa moral e politicamente: o do apelido ou o do nome oculto?

O "nome de urna" é uma dessas mistificações que expressam o atraso na política brasileira. Como eleitores, nenhum de nós tem a possibilidade de, no dia a dia, buscar informações sobre a pessoa que se esconde por trás do apelido eleitoral, informações que nos ajudem a decidir politicamente. Somos despistados pelo apelido do candidato. Porque o apelido eleitoral fratura a sua identidade. Podemos saber muito do superficial contido no apodo eleitoral, mas praticamente nada sobre o sujeito que se esconde na outra identidade, aquela que não é posta em votação. Em princípio, o apelido eleitoral é a mentira transformada em instituição política, é apenas o fragmento de uma imensa teia de interesses e procedimentos que, no geral, têm por objetivo assegurar a ordem sem progresso social e político, a preservação dos interesses estabelecidos. O voto obrigatório e subinformado por essa artimanha acrescenta componentes à farsa de uma democracia nominal que está muito longe de se constituir na verdadeira democracia representativa.

São esses os andaimes do poder do atraso, o atraso que, no fundo, equivocadamente queremos e não o atraso que supostamente não podemos vencer. O Brasil tem uma longa história de refuncionalização de arcaísmos, capturados pela mentalidade interesseira e, não raro, pouco escrupulosa de uma modernidade aleijada por suas insuficiências e seu faz de conta. Há uma cultura do atraso que cimenta as nossas estruturas políticas. Ela vem de longe, desde quando não tínhamos propriamente política.

Volto ao tema dos apelidos de urna. Os apelidos têm, entre nós, raízes profundas como nominação de ocultamento da verdadeira identidade das pessoas. Foi e ainda é próprio das nossas culturas indígenas o nome como segredo e ocultamento de identidade. Só o nominador e, eventualmente, os pais sabiam e sabem o verdadeiro nome de alguém, que é a designação do seu lugar no mundo. O nome é mágico e não mero rótulo identitário, como ocorre entre os que não são indígenas. Saber o nome é capturar a pessoa. Muitas vezes, nem a esposa sabe o nome do marido. Helena Valero, brasileira do Amazonas, que, ainda adolescente, fora flechada e capturada pelos índios ianomâmis quando estava com sua família na roça, cresceu e se tornou adulta entre os índios e ali casou e teve filhos, até fugir e retornar à "civilização" muitos anos depois, com os filhos adolescentes. Só ficara sabendo o nome do marido casualmente, quando ele morreu.

A facilidade com que índios descidos e escravizados aceitaram o batismo e nomes cristãos tem muito a ver com a necessidade de ocultação do verdadeiro nome. Não era adesão, mas autoproteção. Ainda hoje, pelos ermos, onde as raízes indígenas são culturalmente fortes, é muito comum que alguém seja conhecido por seus relacionamentos parentais, como Zé da Maroca ou Maria do João, e não por seu nome. Já entrevistei, em pesquisa, um homem adulto e casado, no Alto Paraíba, que, quando lhe perguntei o nome, teve que consultar a mãe, pois ele se conhecia apenas pelo apelido. A dupla nominação, que se difundiu com o trabalho missionário, entre índios e negros, criou de fato uma nacionalidade de dupla identidade. Hoje os ermos estão nas cidades, para onde migraram esses brasileiros de origem antiga, com os resquícios da cultura de dominação colonial e escravista.

O reconhecimento eleitoral do apelido dos candidatos para computação dos votos e para seu desempenho político pode ser uma tentativa de construir uma ponte entre o Brasil legal e esse Brasil marginalizado. Uma farsa, sem dúvida, para que façamos de conta que somos um país de integrados. Se isso viabiliza a participação política dos desprovidos de identidade política, ao mesmo tempo gera oportunismos nocivos à democracia, como o do candidato a vereador em São Paulo que até alterou o nome e a aparência para, usando o mesmo tom de voz, apresentar-se como filho do falecido deputado Enéas Carneiro.

O "nome de urna", no caso dos apelidos de ocultamento da identidade do candidato, consagra o atraso como regente da República. O atraso vota não só para eleição de prefeitos e vereadores, mas também, disfarçadamente, para deputados estaduais e federais, senadores, governadores e o próprio presidente da República. Antes da apuração dos votos, a malícia e o oportunismo já derrotaram a razão.

A classe média e conformada*

Se a notícia de que o aumento do número de brasileiros que podem ser definidos como de classe média traz algum conforto ideológico, a realidade cotidiana ainda não nos traz nenhum conforto visual. Continuam ardendo nos olhos de todos nós os cortiços e favelas, as crianças de rua, as evidências de uma numerosa humanidade sem futuro. Tanto os dados do Ipea quanto os da FGV, divulgados em agosto de 2008, sobre a expansão da classe média, nos põem diante da persistência de indicações de que um número imensamente maior dos beneficiários da meramente aparente ascensão social permanece na fila de espera das próprias regiões metropolitanas, que são a referência desses dados. Sem contar os ocultos e invisíveis, refugiados no restante do Brasil, os estatisticamente mal-amados.

Há, sem dúvida, certo jogo do contente na eufórica proclamação dessas verificações numéricas. Longe do que supõem os ideólogos do conhecimento quantitativo, mesmo os números, aparentemente precisos e até exatos, podem ser compreendidos nas suas tensões internas se situados no quadro ideológico que os motiva e justifica, o da história contemporânea das mentalidades. É aí que está a principal revelação dos dois relatórios agora difundidos por fontes diferentes e até opostas. Até o advento do governo Lula e a ascensão política do PT, os números serviam para satanizar o chamado neoliberalismo econômico. Era o tempo em que se falava em 50 milhões de pobres no Brasil, em 16

* Publicado originalmente em *O Estado de S. Paulo*, caderno Aliás, 10 de agosto de 2008, p. J6.

milhões de famélicos, justificativa para malabarismos de políticas sociais contra a pobreza e a fome que marcariam os primeiros tempos do governo Lula. Depois disso, apesar da persistência do chamado neoliberalismo, a chave de interpretação de todos os números relativos ao Brasil começou a ser mudada para, com a mesma realidade e as mesmas tendências, dizer o contrário do que até então se dissera.

Não há dúvida de que se deve receber com ânimo a informação de que o número dos estatisticamente pobres se reduziu em três milhões entre 2003 e 2008. Esses três milhões da diferença, que correspondem ao que o Ipea chama de "classe média emergente", não se defrontam propriamente com afortunado futuro. É que os definidos como ricos (boa parte dos quais é de fato apenas alta classe média) se mantiveram na proporção de 1% da população dessas regiões. Portanto, o que as fontes indicam é o aprisionamento dessa "classe média" numa faixa de rendimentos que, se conforta, não redime. Até porque o Ipea demonstra que os ganhos de produtividade do trabalho estão crescentemente acima dos ganhos propriamente salariais. Ou seja, progressiva redução do salário em relação aos ganhos possibilitados pelo trabalho. Provavelmente, um peneiramento tecnológico da mão de obra, que anula o futuro da imensa massa humana cuja qualificação profissional já não lhe dá condições de buscar um lugar não só na "classe média emergente", mas sobretudo na estrutura produtiva emergente. O que aí se vê é expressão de uma circulação de gerações, com a renovação etária na economia. Mudança que é, sobretudo, resultado de incremento nos índices de escolarização no longo prazo e não apenas de indicadores de crescimento econômico no curto prazo e nos limites cronológicos de um governo.

O documento da Fundação Getúlio Vargas, com outra orientação teórica, menos preocupado com quem sai da pobreza e mais preocupado com quem entra na classe média, confirma essa mesma mobilidade estatística. Mas ambas as análises se enredam nas limitações interpretativas de sua concepção do que é classe média. Ambas tratam do estrato econômico médio e não propriamente de classe média, conceito muito mais abrangente e teoricamente muito mais complexo. Essa simplificação empobrece a compreensão das mudanças que estão ocorrendo. As classes têm referências profundas de situação social, de mentalidade, de comportamento e de aspirações sociais e políticas. No estrato social médio até entra aquela parcela da classe operária a que pertencem a elite sindical e os operários qualificados, os bem remunerados e os bem-postos que, não obstante, vivem num mundo muito diverso do mundo propriamente da classe média. Essa é a classe social dos tecnicamente improdutivos ou só indiretamente produtivos, os de referência vacilante na conduta política e nas aspirações sociais, aqueles cuja orientação ideológica está mais voltada para o modo de vida dos ricos do que para o dos que se devotam ao trabalho propriamente produtivo.

A "nova classe média" dessas análises se nega na mera consideração de que sua população é constituída pela contribuição econômica à formação da renda doméstica dos que têm de 15 a 60 anos. Ora, esta é uma sociedade em que o tempo da maturidade para o ingresso no mercado de trabalho tende a demorar cada vez mais. Tende, portanto, a retardar o tempo da chegada à estabilidade própria da classe média, que é a da constituição da família depois do emprego. Considerar pessoas de, pelo menos, 15 a 21 anos de idade como contribuintes da renda domiciliar é a primeira e fundamental indicação de que não se trata de classe média. Trata-se de uma categoria social cujas possibilidades econômicas ainda dependem da exploração das novas gerações e dos imaturos, pela própria família, e, portanto, do comprometimento da possibilidade de sua ascensão, que é uma das marcas próprias da classe média.

A proclamação do triunfo estatístico da classe média é antes a indicação de uma mudança de orientação ideológica na era do petismo, uma mudança do sinal negativo para o sinal de positivo para os mesmos dados que antes justificavam o oposto do que justificam hoje. É documento menos de uma classe média emergente ou nova e muito mais documento do novo conformismo social e político, subjacente não raro a uma mentalidade e a uma linguagem pseudorradical e pseudossocial. O deslocamento do ânimo social da situação propriamente de classe média para a referência de um estrato médio, que é mera construção estatística, nos fala da ampliação das condições materiais de um novo conformismo social. Tudo indica que chegamos ao fim da era das demandas radicais e socialmente transformadoras.

Brasília: arquitetura moderna do Brasil arcaico*

Há cerca de 30 anos, recebi carta de Henri Lefebvre, sociólogo e filósofo francês, um dos maiores teóricos da vida urbana, das cidades e do espaço urbano, em que mencionava seu interesse em vir ao Brasil e conhecer Brasília. Não chegou a fazê-lo, mas compreendi perfeitamente essa disposição do grande pensador das cidades e da revolução urbana. Há 50 anos, Brasília simbolizava a ousadia de um país relativamente atrasado em direção à modernidade. Era a época em que o próprio governo patrocinara a edição brasileira do livro de Jacques Lambert, *Os dois Brasis*, que descrevia e comparava o Brasil moderno ao Brasil arcaico.

O presidente Juscelino Kubitschek compreendeu que o desenvolvimento econômico brasileiro não podia deslanchar se dependesse de um Congresso Nacional dominado politicamente pelo Brasil retrógrado. Duplicou, então, as instituições: com uma do atraso concorria uma do moderno. Manteve o Departamento Nacional de Obras contra as Secas (DNOCS), que era um dos redutos do clientelismo político, transformador de dinheiro público em benefícios privados dos latifundiários e poderosos, o que travava o desenvolvimento econômico e social do Nordeste. Contrapôs-se ao Estado do Brasil atrasado, crian-

* Publicado originalmente com o título de "Poderoso reduto de um Brasil arcaico", *O Estado de S. Paulo*, caderno Aliás, 25 de abril de 2010, p. J6.

do o Estado paralelo do Brasil desenvolvimentista, entre outras medidas com a Sudene, a Superintendência do Desenvolvimento do Nordeste. Capitais do Sudeste e do Sul, com incentivos governamentais, destravariam o desenvolvimento econômico daquela região. Com o tempo, o Brasil inteiro seria moderno.

Brasília era um episódio poderoso nesse imaginário, seu símbolo mais do que sua realidade. Nesses anos todos, o desenho do Plano Piloto, de Lúcio Costa, causou mais impacto do que a própria área da cidade em que foi plasmado. Os esboços dos palácios e das obras de Oscar Niemeyer tornaram-se muito mais atraentes do que os edifícios cuja forma anteciparam. A forma das colunas invertidas do Palácio da Alvorada chegou a ser copiada em modestas construções de vários pontos do país.

O poder simbólico de Brasília expressou-se em fabulações, como a de que Dom Bosco, o padre fundador da congregação dos salesianos, teria um dia profetizado o nascimento de uma cidade no centro do Brasil. Os inventores de Brasília estavam atentos à mentalidade milenarista do povo brasileiro, a mais forte expressão do nosso atraso político e social, para legitimar a simbologia da nova capital. Mais do que superar o atraso, JK queria torná-lo colônia da modernidade. A mística do Brasil arcaico cimentava os traços atrevidos e inovadores do novo Brasil, que deixava de arranhar as praias do litoral para invadir e tomar as terras centrais do coração do país, distante e retrógrado. As colunas invertidas de Niemeyer, no Alvorada, eram muito mais do que uma ousada inovação arquitetônica. Eram, sobretudo, o meio simbólico de que se valia a modernidade para dar forma política às poderosas crenças do milenarismo brasileiro. O Brasil messiânico da justiça social, da liberdade e da esperança tentara sangrentamente, em Canudos e no Contestado, nascer da inversão social, na busca do futuro nos contrários e não nas superações.

Henri Lefebvre intuíra que havia uma dimensão heurística na contradição entre a Brasília concebida, a percebida e a vivida. A cidade da prancheta e a cidade do cotidiano de seus habitantes. Se a intenção era a de fazer de Brasília a fortaleza simbólica da ocupação do Brasil atrasado pelo Brasil moderno, a crua realidade gerou, dialeticamente, o contrário: Brasília tornou-se o reduto poderoso do Brasil arcaico que nos governa, tomado pela mentalidade do neoclientelismo do Bolsa Família, tomado pelas oligarquias e pela sobrerrepresentação política das regiões atrasadas em relação às regiões mais desenvolvidas. Tomada pela mentalidade, pelas regras e preceitos da dominação patrimonialista, pelo clientelismo populista e retrógrado. O desenho moderno de Brasília desencontrou-se com a sua realidade política. O desenho, a arquitetura e os grandes espaços abertos de Brasília, que tornam ínfimo o cidadão que neles se manifesta, são, sobretudo, expressões simbólicas do poder sem povo, do atraso travestido de progresso.

O autor

José de Souza Martins

É um dos mais importantes cientistas sociais do Brasil. Professor titular de Sociologia da Faculdade de Filosofia, Letras e Ciências Humanas da Universidade de São Paulo (FFLCH-USP), foi eleito *fellow* de Trinity Hall e professor da Cátedra Simón Bolívar da Universidade de Cambridge (1993-1994). É mestre e doutor em Sociologia pela USP. Foi professor visitante na Universidade da Flórida (1983) e na Universidade de Lisboa (2000). Autor de diversos livros de destaque, ganhou o prêmio Jabuti de Ciências Humanas em 1993 – com a obra *Subúrbio* –, em 1994 – com *A chegada do estranho* – e em 2009 – com *A aparição do demônio na fábrica*. Recebeu o prêmio Érico Vannucci Mendes do Conselho Nacional de Desenvolvimento Científico e Tecnológico (CNPq), em 1993, pelo conjunto de sua obra, e o prêmio Florestan Fernandes da Sociedade Brasileira de Sociologia, em 2007. Pela Contexto, publicou os livros *A sociabilidade do homem simples*, *Sociologia da fotografia e da imagem*, *Fronteira* e *O cativeiro da terra*.

GRÁFICA PAYM
Tel. [11] 4392-3344
paym@graficapaym.com.br